Proust, prix Goncourt

# 普鲁斯特龚古尔奖
## 一场文学骚乱

Thierry Laget

〔法〕蒂耶里·拉热 著
赵一凡 译

上海文艺出版社

# 目录

松露与婆罗门参（1897年—1913年） / 001

比许多新人还要无名（1913年） / 011

知道小说为何物的人（1918年—1919年） / 025

马塞尔·普鲁斯特病例（1919年，6月—11月） / 041

拼死杀敌的荣誉（1919年，4月—11月） / 049

谁能摘得龚古尔奖？（1919年，11月16日—12月9日） / 057

一个睡觉的人（1919年12月10日，星期三） / 085

他们会重新捧起"幽灵魔盗"（1919年12月11日，12日） / 099

女士温柔之手（1919年12月12日，星期五） / 111

没事人（1919年12月—1920年4月） / 121

无事生非（1919年12月—1920年4月） / 139

千封贺信（1919年12月—1920年4月） / 151

达那伊得斯灌水似的啰里吧唆（1919年12月—1920年4月） / 163

中了法兰西行动党的毒（1919年5月—1920年4月） / 179

霍朗·多热莱斯，龚古尔奖（1919年—1999年） / 195

时光的另一边 / 209

附录 / 223

致谢 / 269

## 松露与婆罗门参
### 1897 年—1913 年

  1897 年 2 月 15 日，龚古尔兄弟的收藏开始从德鲁奥拍卖行流散。三十三场拍卖会勉强清空了五十年间聚起的宝藏。拍卖厅里，"奥特伊顶楼房"丰饶角的倾吐一直持续到了夏季。拍品包括：布勒①出品的家具，克洛迪雍②的陶制雕像，弗拉戈纳尔的红粉笔画，华托的粉彩画，根据格勒兹或布歇画作——《风流卖花女》《漂亮娃娃》《秋千下的巧遇》——翻制的风俗版画，萨克森瓷器，戈布兰、博韦、奥比松的织毯，日本册页，蛋壳画，象牙件，扇子，还有红色摩洛哥皮与浅黄褐小牛皮的书壳，浪漫主义与自然主义文学名著——巴尔扎克、雨果、福楼拜、左拉的书，都带着作者亲笔题

---

① André‑Charles Boulle(1642—1732)，法国木器大师，以善于使用各种材料在木器表面拼砌精美图案而闻名。（本书页脚注释均为译注。原注主要涉及引文出处与相关文献，现以不加圈的数字为序号，按章节顺序统一汇总于书末附录。）
② Clodion，本名 Claude Michel(1738—1814)，法国雕塑家，洛可可艺术代表人物，其陶制神话女性群像极为著名。

赠，以及兄弟俩稀见本收藏的全部重器——《土豆炊制简方》《腹语者》《疗足术》①！拍卖的热焰吞下了一切，最后共卖得"法郎一百三十万有零"——是能兑换成黄金的金法郎②，它们应能像这金属一样，永不蚀损，并据说将确保龚古尔兄弟名垂不朽！

埃德蒙·德·龚古尔已经提前品尝了这一成功。他为自己的收藏估过价，也曾在报章上谈起，甚至在遗嘱里对藏品的流散预先作了安排，务令这些曾使"［他的］生活充满快乐的艺术品逃脱博物馆冰冷的坟墓和冷淡看客无知的目光"。按他的想法，这样一来，"购入它们每一件［给他］带来的愉悦，［就将］由它们每一件，再次带给某位［他的］趣味继承人"。

因为真正的死亡，是名字被遗忘，趣味被埋葬。为了使这两者得以流传，儒勒与埃德蒙弟兄二人想出一个计划：建立一个文人社团，用将来拍卖所得资本产生的利息，每年为一名有成就的作家颁发奖金。儒勒于1870年早逝，故此由埃德蒙在遗嘱中确定方案细节。

---

① 均为十八世纪初版的稀见书籍。《土豆炊制简方》(*La cuisinière républicaine, qui enseigne la manière simple d'accommoder les pommes de terre; avec quelques avis sur les soins nécessaires pour les conserver*) 初版于1795年；《腹语者》(*Le ventriloque*) 初版于1772年，《疗足术》(*L'art de soigner les pieds*) 初版于1781年。

② 根据法国1803—1928年的币制，1法郎可兑0.29025克纯金。

方案第一条话里有话地暗讽法兰西学院①:"有幸加入该社团的必须是文人,且只能是文人;既不收王侯,也不收政客。"

他接着规定:"另外 5000 利勿尔②[作为旧制度的遗少,埃德蒙不承认法郎]年利,将用作一笔年度奖项的资金,奖励一部想象力作品。该奖授予当年出版的最佳长篇小说,或最佳短篇集,或最佳印象③集,总之,最佳非韵文虚构作品,且仅限于非韵文。社团诸君如能称其'龚古尔兄弟奖',那将是对我最好的纪念。"

最后一条带有歧义,似乎是专为方便不同解读、制造争议,从而令该奖长久延续而设:"我最大的心愿,请未来年轻的院士们务必牢记,乃是用它来奖励青春和独造之才,奖励在思想与形式方面崭新的、勇敢的尝试。在平局的情况下,长篇小说应为首选。"¹

龚古尔兄弟一生没有写过一行诗,而当时的法兰西学院也不认为小说比餐后的劝酒歌或童话更有价值——它曾经拒绝了巴尔扎克和大仲马对院士席位的申请,它还将拒绝爱弥尔·左拉直至二十五次之多!因此,龚古尔文学院肩负着修正这一不

---

① Académie Française,始建于 1635 年,其宗旨是规范并完善法语,设 40 名院士。十九世纪上半叶与科学院、艺术院、铭文与美文院、精神科学与政治学院共同组成法兰西学术院(Institut de France)至今。
② 利勿尔(livre)是法国古代货币单位。按 1803 年确定新币制时的换算标准,1 利勿尔基本等同 1 法郎。
③ Impression,十九世纪一种混合了感觉、情感、思考与叙事的文学体裁,近似日记、杂谈。

公、为无韵文学张目的使命,它首先能做的便是接纳小说作者。埃德蒙生前便拟订了一份继承者名单,而随着历年新作问世、朋友反目、老人物化,其中的名字屡有删补,以至到了后来,起初的福楼拜、左拉、弗罗芒坦①、巴尔贝·德·沃雷维利②、阿尔封斯·都德、莫泊桑、洛蒂变成了德卡夫(Lucien Descaves)、塞亚尔(Henry Céard)、埃尼克(Léon Hennique)、阿雅尔贝(Jean Ajalbert)、莱昂·都德(Léon Doudet)③之流,变成了一群记者小说家、政府旧官僚、特权诗人和文艺小职员的集合,汇集了模仿家、鼓吹家、难产作者与绳墨之徒,成了一茬茬二流文人的十人队④。除去个别例外(于斯曼、科莱特、季奥诺等),龚古尔文学院的构成绝少超越这一平庸的理想,那成了它的主要追求,获奖作品为证。

莱昂·都德曾风趣地分析过法兰西学院的缺点,这个本该是文学殿堂的地方成了社交的殿堂:"他们通过无休止的让步或虚伪,把甫斯特尔·德·库朗日⑤与弗雷德里克·

---

① Eugène Fromentin(1820—1876),东方主义画家、作家。
② Jules Barbey d'Aurevilly(1808—1889),作家、评论家,象征主义与颓废主义先驱。
③ 以上五人均为1919年普鲁斯特得奖时龚古尔文学院院士。第三章对他们有详细介绍。
④ 龚古尔文学院设10名院士。
⑤ Numa Denis Fustel de Coulanges(1830—1889),历史学家,实证史学代表人物,1875年当选精神科学与政治学院院士。

马松①，吕谢尔②与阿诺托③，德·屈雷尔④与白里欧⑤，杰出与平庸，实学与虚谈，松露与婆罗门参都塞到了一个篮子里。久而久之，这些低劣的选择透支了这个古老、可敬、有益的机构的信誉。然后轮到这些'选择'们授出奖项、头衔、桂冠，授予那些与他们相像的，或努力向他们看齐的庸才。"²但他可能没料到，这样的缺点注定有一天也会威胁龚古尔文学院。

不过埃德蒙与儒勒·德·龚古尔自己倒是意识到了这一方案的不足。1866年他们就说过："发明'学院'的唯一目的就是要选博纳西厄⑥而非巴里⑦，选弗路朗斯⑧而非雨果，就是要选谁也不选巴尔扎克。"两年后又有这段："鉴于本次是两

---

① Frédéric Masson(1847—1923)，历史学家，1903年当选法兰西学院院士，1919年当选终身秘书。
② Achille Luchaire(1846—1908)，历史学家、文献学家，1895年当选精神科学与政治学院院士。
③ Gabriel Hanotaux(1853—1944)，外交家，1897年在外交部长任上当选法兰西学院院士。
④ François de Curel(1854—1928)，小说家、剧作家，1918年当选法兰西学院院士。
⑤ Eugène Brieux(1858—1932)，剧作家，1909年当选法兰西学院院士。
⑥ Jean‑Marie Bonnassieux(1810—1892)，新古典主义雕塑家，以宗教题材见长，1866年当选艺术院院士。
⑦ Antoine‑Louis Barye(1795—1875)，画家，浪漫主义雕塑家，以动物题材闻名。
⑧ Pierre Flourens(1794—1867)，医学家、生物学家，实验神经科学的奠基人之一。1840年在法兰西学院院士席位争夺战中击败雨果。

位诗人同时向法兰西学院发出申请，一位叫奥特朗①，一位叫泰奥菲尔·戈蒂埃，而法兰西学院选择了奥特朗，因此我有绝对的信念，这是最终结论，那就是法兰西学院绝大多数人要不是傻瓜，要不就是真的心术不正——随他们挑。"当盖尔芒特公爵夫人②提到"这些前卫艺术家一辈子都在拍打法兰西学院的大门，临了，索性搞起了他们自己的小'学院'"时，马塞尔·普鲁斯特是否想到了埃德蒙这位他曾于1895年在阿尔封斯·都德或玛蒂尔德公主③家遇到过的"高傲、羞涩的老者"呢？³

埃德蒙·德·龚古尔于1896年夏去世，但龚古尔文学院直要到1903年才首次颁奖。因为在决定遗产分配的诉讼里，文学院为保住自己的权益费尽了周折。它一方面要面对龚古尔兄弟从外省冒出的不知名远亲——他们当然想要分一杯羹，一方面要面对希望接手全部遗产并将之用于福利事业的慈善机构，甚至还要面对行政法院寻章摘句的反对。多亏了未来的共和国总统、当时遗嘱执行团队的律师雷蒙·普恩加来的雄辩，埃德蒙·德·龚古尔的最后心愿才得以落实。

打官司的喧嚣，被忽略的作家，遭质疑的获奖者，与法兰西学院的竞争，这一切使得龚古尔奖从一开始就得到了唯恐天

---

① Joseph Autran(1813—1877)，诗人、剧作家，1868年当选法兰西学院院士。
② 普鲁斯特小说《追寻逝去的时光》中的人物。
③ Mathilde Bonaparte(1810—1904)，拿破仑一世的侄女。其文学沙龙是法兰西第二帝国与第三共和国时代巴黎重要社交场所。

下不乱的报纸的关注。虽然初期获奖作品的印数上涨幅度尚无可观，但至少授予赢家的 5000 法郎是个足令愿者上钩的开价，就算本来最反感这类交易的人也不例外。比如保罗·莱奥托①。1903 年，他不情不愿地以《小朋友》一书参评龚古尔奖，因为此举在他看来实在"丑陋"："文学奖！获奖文学！倒霉玩意儿！一群中学生！"然而他也说："的确，有 5000 法郎呢！"⁴ 这一届龚古尔奖授予了约翰-安托万·诺（John-Antoine Nau）。此后几年，新生的文学院陆续凑起了一串新晋的世俗圣人——虽然今天只有少数忠实信徒才会去拜祭他们破败的神庙：莱昂·弗拉皮耶（Léon Frapié）、克洛德·法雷尔（Claude Farrère）、哲罗姆与让·塔罗兄弟（Jérôme et Jean Tharaud）、埃米尔·莫塞利（Émile Moselly）、弗朗西斯·德·米奥芒德（Francis de Miomandre）、马里于斯-阿里·勒布隆（Marius-Ary Leblond）、路易·佩尔戈（Louis Pergaud）、阿尔封斯·德·沙托布里昂（Alphonse de Châteaubriant），还有安德烈·萨维尼翁（André Savignon）②。

而龚古尔文学院这个怪兽则吸收着一切，在爱与憎，还有丑闻的滋养中不断壮大。它越是跌份，公众就越是仰视它。越是攻击它，它就越是显得超脱于恰恰由它挑起的战端。罗贝尔·舍费尔③写道："这只文学的吸血鬼，这个可笑的老龚古

---

① Paul Léautaud（1872—1956），作家、剧评家，著有四卷《文学日记》（1893—1956）。
② 依次为 1904—1912 年龚古尔文学奖得主。
③ Robert Scheffer（1863—1926），作家、记者。

尔,因为虚荣设了这个所谓的奖,为了拯救他那注定要被遗忘名字,我们就该按规矩把削得尖尖的木桩扎进他的心窝,叫他再也不能作祟。至于他那文学院的其他人[……]就该吊死他们,他们竟敢评判甚至摒除比他们的文字更高明的作品。"⁵

文学奖的世纪开始了。1904 年,女性杂志《幸福生活》(*La Vie heureuse*)推出了自己的文学奖,是为费米娜奖的前身,奖金同样是 5000 法郎。该奖立刻成为龚古尔奖的主要竞争对手:其评审全数为女性,谁叫龚古尔奖没有女性评审呢。1914 年,法兰西学院终于也设立了"小说大奖",授予优胜者 10000 法郎奖金。文学奖数量越多、名目越荒唐,龚古尔奖的行市就越好:1919 年,就连平价百货与春天百货也搞起了它们各自的文学奖,推出了"50 万"奖金,不过是"诗人券"的 50 万,换不了现钞。据 1924 年的统计,当时文学奖总数已接近四百种,而今更达两千有余。但龚古尔奖的盟主地位无人能撼动。1923 年,瓦列里·拉尔博①解释说这是由一个"被视作青年文学院,为了艺术而艺术"的机构颁发的奖励:"一年只买一本书的人会买龚古尔文学院选中的书,因为他相信那就是'年度最佳长篇'。"⁶

龚古尔文学院有自己的一些规则。比如,院士们会在首都一家高级餐厅的包间聚餐后选出大奖得主,福兰②因而谑称其

---

① Valery Larbaud(1881—1957),作家、翻译家,曾三次入围龚古尔奖,并担任过乔伊斯小说《尤利西斯》法语版的校译。
② Jean‑Louis Forain(1852—1931),画家、插画家。

"桌布上的文学院"。最初是晚餐,起先在证券广场香浦饭店,而后移师歌剧院大街巴黎咖啡馆。正如莱昂·都德所解释的,聚餐令争论坦诚而祥和;他表示,同桌用餐的大部分都是"文学老战友",他们的情谊"战胜过最险恶的政治风云",从前他们曾一起在尚普罗赛的花园里"玩球,跳高,赛跑",房子的主人,阿尔封斯·都德,"拄着手杖,给优胜者颁奖,晚餐时再开几瓶第戎酒商雷尼耶父子出品的罗曼内-孔蒂来庆祝,这酒,用有些人的话说,盖了帽了":"然后我们大啖奶油葡萄酒浓香小龙虾——这是我家的名菜,它从 1886 年起,就打消了我们互相吞食的念头。"[7]

只是一年年过去,龚古尔文学院的院士们也上了岁数,晚餐喝一杯蛋黄奶酒就要早点上床歇着了。因此,从 1914 年开始,十院士转移至加永广场的德鲁昂饭店就食,他们每月在那儿午餐一次,平摊下来"每位 28 法郎"。"太贵了,就这么个破地方,吃的也大有问题。"埃米尔·贝热拉(Émile Bergerat)①抱怨说。[8]

大奖得主将于每年最后一次聚餐时揭晓。伴随着外婆菱鲆鱼排和肥鸡配龙蒿冻,先是几轮礼节性的投票,目的不在于立马决出胜负,而是兑现投票许诺、避免冒犯许诺对象,或是为他们做些免费宣传。大家举手表决——有些人对这一评选方式非常看重,比如古斯塔夫·若弗鲁瓦(Gustave Geffroy)②,

---

① 龚古尔文学院院士。详见第三章。
② 1912 年起担任龚古尔文学院主席。详见第三章。

他在1913年的评选开始前警告他的同事们:"还有就是避免无记名投票——或许会有人提。但在这一点上我决不让步,我不会丢下我们已经确立的、当面表决的传统。"假面游戏究竟让他有何担忧?[9]

餐桌上,斟有特拉米内芳香白葡萄酒和伏旧园佳酿的酒杯被挪开,秘书摊开记事册,翻到当日这一页,记录投票结果。用完了埃尔默农维尔冰激凌、餐后小食和果篮,当杯中咖啡热气升腾,点燃的雪茄火星闪烁,院士们选出优胜者,将他的名字书于一柬,递与侍者,侍者将此柬送至账台,账台再将此柬交与记者,记者们奔走搜寻获奖者,以采写他的肖像,记录他的即时感想,把他赤裸裸活生生地推入荣耀的大火炉。

## 比许多新人还要无名
## 1913 年

龚古尔文学院之所以也会失了眼力,皆因它有时会被群星共辉的刺眼光芒晃了眼。当马塞尔·普鲁斯特的《斯万家那边》与瓦列里·拉尔博的《巴尔纳布特》、阿兰-傅尼埃的《大莫纳》、罗杰·马丁·杜·加尔的《让·巴鲁瓦》、莱昂·魏特①的《白房子》于1913年同时出版,该如何选择?只好不选,只好逃避,只好屈尊下就马克·埃尔德②的《海之民》——这本书的第一句话与保尔·瓦莱里声言拒绝书写的有关侯爵夫人和傍晚时分的句子③堪称绝配:"教堂开裂的钟敲响九点的时候于尔班·科埃从古斯丹家出来。"[1]

这一年,普鲁斯特就已在考虑如何竞评而又不至于显得对一名自信的作家本该鄙夷的东西有所觊觎了。即便他不承认,

---

① Léon Werth(1878—1955),作家,反战主义者,圣埃克絮佩里《小王子》的题赠对象。
② Marc Elder,真名 Marcel Tendron(1884—1933)。
③ "侯爵夫人五点出了门。"瓦莱里认为这种陈述性的句子属于巴尔扎克的时代,是他所追求的"纯诗"必须抛弃的。

但事实上他很早就有意角逐龚古尔奖。还在1913年2月,他就问过把他介绍给贝尔纳·格拉塞的勒内·勃鲁姆①:"您或许可以告诉格拉塞先生,我想他会对这类事情感兴趣:鉴于我很久都没有发表作品,非常之久,我想我的文字的友人们一定会将他们对于我的思想的殷殷厚意也施予这本书。如果格拉塞先生乐意,我可以把它送去评个龚古尔奖之类的——我只是随口一说,因为我还不太清楚龚古尔奖究竟是怎么回事。只是'幸福生活'那样的奖应该是不可能了,书里某些部分太没遮拦、太伤风化了。"²这便是淡泊的普鲁斯特,将愉悦留予出版商,自己却不为所动;而且他是如此远离社交圈,以至于对全巴黎的喧嚣一无所闻。所以他将《斯万家那边》交予格拉塞出版社出版的决定与该社1911、1912两年连续斩获龚古尔奖的成绩完全无关?

然而对于普鲁斯特来说,一切都可以成为犹豫的借口。无疑,留名于塔罗兄弟、阿尔封斯·德·沙托布里昂或克洛德·法雷尔之后绝不是一个令他兴奋的图景:他曾抱怨《新法兰西杂志》将塔罗兄弟称为"大作家";他也读过几页沙托布里昂的《卢尔迪纳先生》,"不作任何评价";1921年,他认为与蹩脚作家为伍危害不了"任何稍有格调的作者",否则他就不会接受龚古尔奖,"因为克洛德·法雷尔和其他很多人也都得过这个奖。"³

但毫不意外的是,横亘在他面前的最大障碍是时间。《斯

---

① René Blum(1878—1942),记者、艺术评论家,文艺经理人。

万家那边》于1913年11月14日出版，而龚古尔奖预定于12月3日揭晓。短短半个月，评审们能读完这五百二十三页密不透风、足以颠覆他们认知的文字吗？

只是普鲁斯特认为，这一奖项有助于将其作品的影响力扩散至朋友圈子之外："如果拙作能在龚古尔奖评审团中得到讨论，那将略微抵消这许多年来我远离文学界的后果：在我这个年纪，竟然比许多新人还要无名。或许有些人看到这些评审讨论我的书，也会想去阅读，而在他们当中，也许还能出现几位我的思想的友人，若无此机缘，他们可能永远也接触不到我的思想。"[4] 一如那些由群众从隐居中请出并拥戴上位的治国者，普鲁斯特期待事情能自己发生，不用他操任何心。果然，神了，他的朋友们出手了！

首先，当然有贝尔纳·格拉塞的推动。普鲁斯特写道："就在我很少有时间考虑这本新书之际，我的出版商希望我拿它去评龚古尔奖，要我提供联系人，处理一些远非我关心重点的事项。"他又解释："我的出版商让我把书送去幸福生活奖评审团（太晚了），他自己也给龚古尔奖评审团送了书，那里还没有正式截止，仍然接受申请，不过我估计获奖者大约已经定了。"在他的故纸中，找到了一份打字清单，上面列了龚古尔奖1913年届"评审团"成员的姓名地址。寄送的样书无甚特别。作为一个能把题赠写得隆重辉煌的人，在送给吕西安·德卡夫的那册《斯万家那边》上，他只礼节性地题了句不甚用心的"作者敬上"。[5]

不过他的朋友们可没闲着。吕西安·都德①在《费加罗报》上激情澎湃的文章率先为《斯万》一书唱起了赞歌,今天看来,他的结论充满了预见性:"倒不如更简单地说,多年后,许多许多年后,当人们谈起马塞尔·普鲁斯特先生的书,它一定会被视为二十世纪智慧的杰出表现。"⁶他向所有人夸赞这本书,首先就是他在龚古尔文学院的哥哥莱昂,后者在《斯万》进书店发售当天就给普鲁斯特写信:"请相信我无意冒犯,我一定会向我的朋友们推荐您的书的。只是……只是他们大多数人不愿支持 35 岁以上的作者。这是您的情况吗?我个人并没有这种想法。"普鲁斯特四十二岁了,莱昂·都德知道这一点,他最后建议:"总之先把您的书寄来吧。会清楚的。"⁷实际上,他后来没来得及读完《斯万》一书,而且当时已经做出了自己的选择,他支持的是阿兰-傅尼埃。

如此空洞的支持无法令吕西安放心,如他后来追记的那样,他又去寻求其他评审的支持:"我去找了两位龚古尔文学院成员(他们从前不离我父亲左右),向他们介绍这本不知名的作品,请求他们读一读,并尝试说服他们这是一部杰作,没有哪一部'年度'作品能与它相提并论。这些操作,我那时一点也没告诉马塞尔·普鲁斯特。"马塞尔·普鲁斯特还是从他的秘密渠道听到了风声。可他的头脑中发生了什么,竟会让他认为这些拜访的目的是阻止他获得龚古尔奖?于是某晚他就此

---

① Lucien Daudet(1878—1946),作家,阿尔封斯·都德次子,普鲁斯特密友。

事指责吕西安,吕西安大发雷霆,搞得他因"听信如此逸言而大窘",窘到他直至1919年提及这个他所谓的"错误"——而在吕西安看来就是"轻信"——的时候依旧懊恼不已。[8]

但在一封致大J.-H.罗尼(J.-H.Rosny aîné)①——他应该是吕西安试图说服的两位龚古尔院士之———的信中,普鲁斯特还是对他的这位斗士表达了敬意。此处,真相爱好者普鲁斯特并没有如实讲述,因为他喜爱隐藏在谎言里的真相,而涉及龚古尔奖,他往往在讲故事。两句话,他就把事情描述成了对自己有利的样子:"吕西安·都德把一个我完全不信但出于对真诚的荒唐恪守而没有向他隐瞒的中伤谣言太当回事了。他为了捧我的书多方运筹,这是他可敬的高贵心灵的证明,而且他完全是自发地去做:我没有要求他做过任何事。"[9]

路易·德·罗贝尔②也一样,他也全力以赴地去做了两位评审的工作,保尔·玛格利特③和大罗尼。"全都是自发的,"普鲁斯特在写给德·皮埃尔堡夫人④的信中澄清,"因为写给您的这封信是我的第一个动作。"然而,很显然是普鲁斯特自己先写信给路易·德·罗贝尔询问竞评龚古尔奖合适与否。他

---

① 比利时裔法语作家,真名Joseph Henri Honoré Boex。J.-H.罗尼是他与弟弟Séraphin Justin François Boex共同创作时使用的笔名。他们单独发表的作品分署大J.-H.罗尼与小J.-H.罗尼。详见第三章。
② Louis de Robert de Lédergues(1871—1937),作家,1911年幸福生活奖得主。普鲁斯特友人,第一个阅读了《斯万家那边》的稿件。
③ Paul Margueritte(1860—1918),作家,马拉美的表弟。
④ Baronne de Pierrebourg(1856—1943),女作家,文学沙龙主持人。

的朋友回信说龚古尔奖通常授予贫穷作家。普鲁斯特指出其中悖论:"这就有些滑稽了,在一个我还没有完全,但已经在很大程度上破产的时候,[……]我的'财富'倒反而是个障碍了!但看在老天分上千万别用这理由,要我为了赢得一个'文学'奖去拄着拐棍装上假的断肢扮演乞丐会把我恶心死。我唯一能做的(假如我得了这个奖),如果您这样建议的话,那就只能是不去碰那笔钱。"路易·德·罗贝尔回信道:"可是我亲爱的马塞尔,那将是拒绝授予您龚古尔奖的唯一理由,不会有其他理由了。这令人悲哀,但对您来说一点都不羞耻。"[10]

1919年9月,重提这档往事,普鲁斯特向已然淡忘此事的路易·德·罗贝尔回顾他们的交流:"当时您反对说这个奖一般授予贫穷作家,我回信说我已破产,您又反驳说这不算,因为不管怎样我生在富人家,以前经常出入上流社会,即使没了钱看上去还是有钱人。您甚至还极其热心地把我推荐给几位院士。您说您和米尔博①是朋友,但我确信当时您联系的不是他。我想更有可能是玛格利特或德卡夫,但也不确定。而且我那时还没去竞评。"[11]

普鲁斯特向他那些在文坛上略有几分权力空间的朋友发出召集令。路径有时可谓崎岖。比如,他请求德·皮埃尔堡男爵夫人——女小说家,笔名克洛德·费瓦尔(Claude Ferval),时任幸福生活奖评审团主席,去为他疏通龚古尔奖。"或许[……]您有朋友在这个龚古尔文学院,"他问道,"有两位

---

① Octave Mirbeau(1848—1917),作家、记者、艺术评论家。

不必再联系了。一位是大罗尼，因为蒂奈尔夫人①，我不认识她，但她似乎很喜欢我写的东西，已经向大罗尼推荐了我的书（而且她自己还没看）。另一位是莱昂·都德，他应该不会投我的票，但我和他关系太紧密，托别人为我说项太可笑了。［……］或许您认识其他人。我想还有若弗鲁瓦、小罗尼、埃莱米尔·布尔舍（Élémir Bourges）②、德卡夫（但估计他不会因此就改变主意）、米尔博（但我想他的一位秘书也在竞评［ ］）。而且这一切或许都是徒劳。"[12]

普鲁斯特的消息很准确：奥克塔夫·米尔博不遗余力地为他的朋友兼前秘书莱昂·魏特争取胜利，他为之作序的小说《白房子》由一场化脓的耳炎开篇，随后在一个诊所里发展，有点像是《魔山》③的前身。魏特正好三十五岁，"他很穷也很有才"。[13] 米尔博自1910年起就疾病缠身，他没有读普鲁斯特的书，而且很难想象《女仆日记》的作者会欣赏《斯万家那边》。

普鲁斯特在考虑其他奖。前文提过，他觉得出于风化和日程方面的原因，要拿幸福生活奖比较难。《斯万家那边》里某些"章节如此骇俗"，他都不敢给年轻女性读。他向德·皮埃尔堡夫人也即克洛德·费瓦尔表示："我甚至承认，这些章节我只敢给克洛德·费瓦尔过目，请德·皮埃尔堡夫人跳过它

---

① Marcelle Tinayre（1870—1948），女作家。
② 详见第三章。
③ 德国作家托马斯·曼的名著，1924年出版。

们。"但私下里对路易·德·罗贝尔,他透露:"而万一这并非不可能,那我的胜算会更大,因为我的书将得到一位极为热情、忠实的——如果这样说不算太可笑——崇拜者德·皮埃尔堡夫人的庇佑,在龚古尔奖评审团我可找不到与之相当的支持。"[14]《斯万家那边》在幸福生活奖评选中未得一票。

他也打算申请将于1914年1月颁发的法兰西学院文学大奖。他给几位认识的法兰西学院院士寄去样书,如保尔·埃尔维厄①或莫里斯·巴雷斯②。然而他不认为法兰西学院能为他带来什么:"它那些小奖不能为作家增光,只能满足自恋,而我并不自恋。它那些大奖,我猜想,并不是颁给某部尽管没有不道德的意图,但无论表述如何不得体也决不回避任何真相的作品的。"另外他得知保尔·埃尔维厄——他每晚去已与丈夫分手的女邻居德·皮埃尔堡夫人家幽会——反对他得奖。或许保尔·埃尔维厄还记得年轻的普鲁斯特曾经在他某出悲剧首演时两次发笑,他为此指责过他,又或者1901年他们差点就要决斗?[15]《斯万家那边》在法兰西学院文学大奖评选中未得一票。

至于龚古尔奖方面,鉴于没有一名联络人向他发出明确的支持信号,普鲁斯特最终放弃正式竞评——但参加竞评其实不需要公开宣布。[16]

---

① Paul Hervieu(1857—1915),小说家、剧作家。
② Maurice Barrès(1862—1923),作家、政治家,民族主义者。

在古斯塔夫·若弗鲁瓦的主持下，龚古尔文学院于某个星期三召开全会。院士们是如此为难，以致需要创纪录的十一轮表决从摆在他们面前的十个选项中选出最糟的那一个。记者们搜集了大量内幕消息，阅读他们的报道，我们仿佛回到了巴黎咖啡馆9号沙龙，和院士们同桌共餐。莱昂·都德姗姗来迟，一点十七分才到，但投票要到三点才开始，因为先要解决俄式冷盆、面拖鳟鱼、煨小牛腿、鹅肝配波尔图酒冻，以及后续各道菜品及配菜。

第一轮，选票分别投给了七名候选人，没人得票超过两张。人名冒出、消失、重现，但都没能达到多数票。如预想的那样，莱昂·都德和埃莱米尔·布尔舍对阿兰-傅尼埃的支持保持到了最后——差不多是最后，奥克塔夫·米尔博十一轮都投了莱昂·魏特，莱昂·埃尼克也一轮不缺地投了瓦列里·拉尔博。但其他人的选择一直在变，这轮投了这个作家，下一轮又投另一部作品。大罗尼就相继投了乔治·皮奥什①、魏特、拉尔博、阿兰-傅尼埃、魏特……¹⁷马克·埃尔德的名字直到第三轮才出现，得了一票，第四轮后又消失不见。魏特与阿兰-傅尼埃的对峙出现在第六轮，两人各得四票。第八轮，魏特五票，阿兰-傅尼埃四票。第九轮，形势倒转。评选走进了死胡同。

这时吕西安·德卡夫又提起马克·埃尔德。就像中了魔法，疲惫不堪的评审们纷纷聚在这个名字周围。是否就在此

---

① Georges Pioch(1873—1953)，诗人、记者，和平主义者。

时，莱昂·都德为了阻击被"社会主义报纸"《人道报》目为一员、但他任主编的"极致民族主义报纸"《法兰西行动》(*L'Action française*) 所称的"犹太佬魏特"而从支持阿兰-傅尼埃的阵营倒戈了呢？埃尔德在第十一轮胜出。[18]

大罗尼向焦急等待的记者们宣布了结果。吕西安·德卡夫则向他们解释蹊跷的投票经过。莱昂·都德一言不发，微笑着穿过扎堆的记者，米尔博也一样，但笑容要少许多。小罗尼语无伦次地为结果辩解："马克·埃尔德或许不是最有资格，但这个奖颁给他很公平。他有才华，而且选择他也符合龚古尔兄弟的初衷，他们希望这个奖尽可能地颁给年轻且经济不宽裕的作家。"[19]

然而次日，报纸便开始了大肆嘲讽。欧仁·蒙福尔①对情况作了概括："两位青年作家对垒，得票数量均等。奇了，最后不知通过怎样的评选操作，得奖的既不是他也不是他，而是一个第三者，一个在前十轮表决中，十院士压根没有想过的家伙。可以认为这位第三者，这也是龚古尔奖评审们自己的意见（鉴于他们一开始没有选他），实力不如另两位；然而拿奖金是他，扬名也是他。"《费加罗报》嘲笑其中的文学算数法则："十院士定下的优胜者不是他们各自定下的优胜者。单独选，谁都不选他；一起选，却选中了他。[……]要想搞明白《海之民》凭什么入了十院士的法眼是徒劳。每位院士都会回

---

① Eugène Montfort（1877—1936），作家，天然主义（naturisme）创始人之一。

答并未被《海之民》吸引,但是《海之民》得了龚古尔奖。"《不阿报》(*L'Intransigeant*)批评:"十院士为什么不索性抽签决定获奖者,而要像议员那样钩心斗角、不负责任地投票?"亨利·马西斯①说了一句话,1919年又被引用:"我们现在知道了,十院士评奖是一出年度闹剧,有人企图收买文学青年。"[20]

1912年,阿兰-傅尼埃曾表示并不想争龚古尔奖,它"会永远地阻止你像事情本该发生的那样,自然而然地,获得你所期待的可敬的陌生人的喜爱。如果我要争这个奖,那只是为了能让我的面孔出现在报纸上"。然而,被友人(夏尔·贝玑、朱利安与波利娜·班达堂兄妹②、雅克·里维埃③)与出版商的秘密操作赶上架,他渐渐投入其中,到处拜会,到处写信,怀抱希望。当他发现最后一轮投票他的小说连一个守护者都不剩时,不禁难掩苦涩。据他所知,《大莫纳》遭遇了米尔博"执拗的反对",但他依然认为他的书是"当年龚古尔奖精神上的优胜者"。他给保证支持他但最后也弃他不顾的德卡夫写了一封尖酸的信,不过似乎后来他自己有点懊悔:"总之,想到一个不幸家庭从此衣食无忧,我和您一样感到欣慰。"这一下刺着了德卡夫的神经,他回击:"哦!先生,您为何要如此

---

① Henri Massis(1886—1970),文学评论家,民族主义者。
② Julien Benda(1867—1956),哲学家、作家,曾多次获得诺贝尔文学奖提名。Pauline Benda(1877—1985),女演员、作家,阿兰-傅尼埃的情人。
③ Jacques Rivière(1886—1925),作家、出版人,阿兰-傅尼埃的妹夫,后曾担任《新法兰西杂志》主编。

侮辱龚古尔文学院，同时侮辱一个同辈作家？［……］您应当知道我们不接济贫民。而且马克·埃尔德也不是贫民，他不乞要任何东西。但是他得了重病，我认为这一荣誉纵使无法为他带来我们无疑会抛开帮派、山头、交际方面的考量，致予才华、独创、辛勤耕耘的纯真的敬意，至少能让他收获来自年轻同行的友情。"[21]

这次失利后，瓦列里·拉尔博——他曾凭借《一名富有爱好者的诗集》和《费尔明娜·马克斯》在1908年和1911年的龚古尔奖评选中赢得过好几票——再也不想和文学奖有任何瓜葛，他只对"正直的""诚实的、有教养的""象征自然主义者"莱昂·埃尼克，以及埃莱米尔·布尔舍还保有几分敬意。对于前者的忠心，他回赠《巴尔纳布特》的手稿以示感谢，对于后者，他后来在布宜诺斯艾利斯《民族报》上撰文予以推介。[22]

不过，他仍致信阿兰-傅尼埃，祝贺其小说所取得的成就，体现出一种第一次世界大战之后便不复可见的老派风流。《大莫纳》之前在《新法兰西杂志》连载时他便读过，并由衷喜爱。他在贺信的附言中注明："请相信，我加入龚奖竞评绝对没有威胁您的竞评。"这句话实在难解，只有了解到拉尔博在评选之前写给莱昂·埃尼克之女尼科莱特的一封信的内容，方能弄清原委。他当时请求："请转告令尊大人，有他的慷慨支持，我对参与竞评并无反悔；不过，万一到了最后一轮，我最强的对手与我战成平局，请他不用再管我，支持对方即可。若在平局的情况下淘汰魏特或阿兰-傅尼埃令我胜出，我会感到懊悔的。"阿兰-傅尼埃消气后,也向马克·埃尔德表示了祝贺。[23] 当年的文学圈子本就不大,各个文学奖的角逐者全都拴在有限的几条友情链上,风度尚然是一种美德,还未变成虚荣。

至于莱昂·魏特,对文学奖制度的蔑视让他未抱任何希望,甚至可能还如释重负。与"文学之士"为伴却不为他们所容,他宁可与"杀人犯、受害者、娼妓、骗子"为伍。[24]

所以,没人想到普鲁斯特。只有"社交生活画报"《上流巴黎》(*Tout-Paris*)认为该给《斯万家那边》颁个奖,称它是"少有的杰作,可怪异的是,没有一个评审团为其授奖,这本该是它们的殊荣"。[25]

有文章称——而且普鲁斯特自己也多次表示,在 1913 年的龚古尔奖评选中,《斯万家那边》得过一票,是大罗尼投的。然而普鲁斯特的名字并未出现在投票记录里。误会源自《希尔·布拉斯》报(*Gil Blas*)记者克洛德·弗朗各耶(Claude Francueil)所撰报道中的一句:"保尔·玛格利特先生向本报透露,讨论中,大 J.-H. 罗尼先生提到了一部价值极高的作品,《斯旺[原文如此]家那边》①,但其作者,马塞尔·普鲁斯特先生,并未报名参评。"[26]

总之,这一次普鲁斯特记好了时间,探了路,见识了围绕评奖的各种操作,第一次试水的经验将在数年后成为他的宝贵

---

① 《斯万家那边》法语为 Du côté de chez Swann,但本书所引的某些材料将 Swann 误写为 Swan。

资本。他躲在暗处，待时而动。不过有一些读者已经注意到他的作品与众不同，即便他们的批评多于赞赏。比如拉希尔德①在《法兰西信使》杂志（*Mercure de France*）上表示："开始我很有热情，但最终在惊恐中放弃，就像拒绝一碗催眠汤。这本小说很有趣，很有看头，可同时又叫人恼火、昏昏欲睡。作者如能在涌入脑海的一千零一个细节中做些选择，以表现某种情绪或描绘一幅场景，那准能成为一部杰作。我完全理解有些人在提到龚古尔奖时会想到他。一个龚古尔奖不够，他值十个龚古尔奖。"[27]

---

① Rachilde（1860—1953），女作家，真名 Marguerite Eymery，其涉及性别认同与性倒错的作品在十九世纪末引起巨大轰动。

## 知道小说为何物的人
### 1918年—1919年

当一战结束,龚古尔奖揭晓已俨然成了文学国度的国庆,一个像法兰西学院迎新仪式或法兰西公学开课演讲那样,能令所有报刊都谈论文化话题的事件。"文人以外,普罗大众也对它感兴趣。评奖当天早上,就连时装店女工和事务所送信伙计都在打听消息。"费尔南·范戴兰姆①解释道。优胜者的荣耀不仅在法国可期,而且随着作品立即被迻译为各种文字,还将是全球性的。"远至范朋克策马驰纵的潘帕斯草原,人们都知道有个龚古尔奖,"莱昂·都德写道,"加乌乔牧人买来获奖小说,坐在马鞍,一边嚼着劣质肉干一边阅读。"[1]

首先有一笔奖金,5000法郎不是小数。许多报纸谈及该项都认为这笔意外的财富足以使赢取它的作家在一段时间内不愁用度。因为每一天,日报上莫不提到"生活腾贵"、停水断电、涨到1法郎的面包和3法郎的砂糖,以及发战争财的投机分子、走私犯、奸商——警察缉拿他们,舆论巴不得能像在波

---

① Fernand Vandérem(1864—1939),作家、文学评论家。

兰那样处决他们；对大多数读者而言，龚古尔奖首先是交了好运白捡的一大笔钱。工团主义日报《战斗》(La Bataille)写道："作家们，尤其在当下这个时期，和所有劳动者一样，生计艰难。"《晚安报》(Bonsoir)则在奖金和物价之间建起直接关联："龚古尔奖从没像今年这样热门，准是因为生活所费也从未如此之巨。"[2]

测算货币贬值程度的换算工具告诉我们，1919年的5000法郎约相当于2019年的6500欧元。不过，一个世纪前，公共汽车司机日薪12法郎，歌剧院合唱员15法郎，冶金工人18法郎，而《新法兰西杂志》经理每月挣2000法郎。一张地铁票15生丁，《人道报》或《费加罗报》每份10生丁，一件外套36法郎，一架缝纫机50法郎。1919年新年，燃煤紧缺的同时，可以找到56法郎一公斤的松露、30法郎半公斤的鱼子酱，讲究的女士还会购买2.25法郎一支的鸵鸟毛。5000法郎，如果用来每天买一本《在花季少女倩影下》，可以足足买上两年。但对于普鲁斯特，这笔钱又算什么呢？他会给咖啡馆侍者50法郎的小费，而且1914年，他曾打算送给阿尔弗雷德·阿戈斯蒂内利①价值27000法郎的飞机与同样价格的劳斯莱斯。[3]

然而，这5000法郎的象征力量并不随货币的价值波动而

---

① Alfred Agostinelli(1888—1914)，普鲁斯特的秘书，《追寻逝去的时光》中阿尔贝蒂娜的原型之一。痴迷航空，在第二次独立飞行时失事身亡。

起伏,对此,普鲁斯特没有看错,他对塞莱斯特·阿尔巴雷①说:"这是现今唯一有价值的奖,因为这个奖由知道小说为何物的人颁发,他们知道一部小说的分量。"4

没人怀疑"他们"知道"小说为何物",但"他们"熟悉的是哪种小说呢?老套的自然主义小说和它那些调查、假说和社会使命?心理小说的错综复杂和深度剖析?颓废主义小说与散落其间的布料、鸦片和晚期拉丁语?象征主义小说及其孔雀?历史小说的兜鍪与城堞?史前小说?未来小说?殖民小说?

在他于1891年进行的《文学演化调查》中,《巴黎回声报》(*L'Écho de Paris*)编辑儒勒·于雷②曾经采访了"他们"当中的七位——更准确地说是八位,鉴于J.-H.罗尼是一对兄弟。于雷将受访者划入不同流派。除了埃米尔·贝热拉被归入"独立派",其他人都被划入两个邻接的派别,"自然主义派"(亨利·塞亚尔和莱昂·埃尼克)与"新现实主义派"(J.-H.罗尼、古斯塔夫·若弗鲁瓦、吕西安·德卡夫,以及让·阿雅尔贝)。于雷罗列的另几派,"心理小说派""祆教派""象征主义与颓废主义派",当然还有"巴那斯派",当时固然同样出入于"奥特伊顶楼房"——埃德蒙·德·龚古尔举办沙龙的所在,但日后在龚古尔文学院,唯一能代表他们的,只有不引人注意的埃莱米尔·布尔舍。"龚古尔文学院的传统,是遵

---

① Céleste Albaret(1891—1984),普鲁斯特的女仆。
② Jules Huret(1863—1915)。

照龚古尔的意愿,以形式生动(及创新)而非思想深刻论高低。"莱昂·都德解释说。[5]

因此,这些"知道小说为何物的人"是古斯塔夫·福楼拜与爱弥尔·左拉的后裔,不过他们的自然主义须是一种得体的自然主义。1887年,他们之中的两位(J.-H.罗尼和吕西安·德卡夫)——准确地说是三位,在读过《土地》之后,参与签署了那份粗暴抨击左拉的《五人宣言》。《宣言》先是简短肯定了左拉引发"浪漫派溃败"的功绩,旋即长篇大论地指控他在文学上背信弃义、弃守底线。作者们对"大师"出于敛财目的"竟至无耻之尤"表示痛心,建议他找夏尔科教授①或硝石库医院"那些向我们展示秽语症病例的"医生求诊,他们或能"鉴别其病痛的症状"。[6]

能被埃德蒙·德·龚古尔列进遗嘱不单是一种荣誉——龚古尔文学院的十名院士每人都能终身享受一笔6000法郎的年金(文学院的一名史家指出,这是"部里一名办公室副主任的待遇"),但做院士也不是一个轻松活儿。支撑着龚古尔奖的,并不是文学,而是一场买卖,是交易,是收入,是年金。1919年,埃米尔·贝热拉作为新晋院士,首次领略到这一职责的风光与苦楚。他在《日常散记》中记录下幕后真相——这些文字不预备出版,故而充满了只对自己才有的赤诚:"太烦了,要读龚古尔奖候选人的小说!但没什么说的,这就是拿钱

---

① Jean-Martin Charcot(1825—1893),神经医学大师,其所在的巴黎硝石库医院(la Salpêtrière)是当时神经医学治疗与研究的重镇。

的代价。况且马萨林大楼①那里,一样的苦差事,还没这么多钱……[……]哦!这个龚古尔,他也读吗,别人寄给他的样书?何苦如此为难诗人!"⁷

总之,"知道小说为何物的人"一共十位——报纸呼为"十院士",以体现他们与法兰西学院"四十人"的对抗。1919年的"十院士",平均年龄六十三岁,最年轻的莱昂·都德五十一岁,最年长的埃米尔·贝热拉七十四岁。

从构成上看,1919年的龚古尔文学院依然接近其原始内核——一个从青年时代便混在一起,在同样的饭店用餐,为彼此剧作的首演捧场,出席为他们绘制肖像的画家的展览,如胶似漆地一起阅读、一起聊天、一起吵架的老伙伴的社团——甚至离1907年儒勒·勒纳尔所称的"老朋友养老院"⁸更近了。然而他们的世界已几乎被遗忘,而且归根结底,并不被崛起的新一代作家放在眼内:"十院士"的名字在《新法兰西杂志》那批作家笔下,在纪德、克洛岱尔、拉尔博等人的日记里,或在普鲁斯特的通信里都甚少出现。

四位院士——古斯塔夫·若弗鲁瓦、莱昂·埃尼克、大J.-H.罗尼与小J.-H.罗尼——是奠基元老,均由埃德蒙·德·龚古尔本人选定。

文学院主席一职,自1912年起,由戈布兰国家织造局董

---

① 法兰西学院所在地。

事古斯塔夫·若弗鲁瓦(1855—1926)担任。这位叛逆的艺术评论家早先在《公道报》(La Justice)当记者——巴尔贝·德·沃雷维利称他是"《公道报》的公道人"。他以无比先见的文字鼓励并陪伴印象主义的进程,常年在艺术圈、文学沙龙与政治俱乐部之间建立联系。信仰无政府主义,喜爱社交,他与克列孟梭及收藏家保尔·伽利玛(加斯东·伽利玛之父)为友。他写过奥古斯特·布朗基的传记,写过反映巴黎公社或阶级斗争的小说,写过有关柯罗、杜米埃、罗丹、莫奈、拉利克的专著。他喜爱史前洞窟壁画、巴黎街头海报、"新艺术"。他认识《在花季少女倩影下》中展示作品的画家埃尔斯蒂尔的大部分原型——他与那些人要么是密友,要么就为他们写过权威评论。莱昂·都德在给亨利·乌赛①的信中评价:"在您坐落于孔蒂滨河路的学院里没有一个艺术评论家配给若弗鲁瓦脱靴。"⁹我们都见过他那幅未完成的肖像,塞尚画的,现在是奥赛美术馆的珍藏之一:暗色调的人物位于壁炉和书架前,书本在他面前的桌上摊开,人物的投影落在纸页上,仿佛准备写上点什么;但作家并未执笔,墨水瓶里插着的是一朵玫瑰。

莱昂·埃尼克(1851—1935)是龚古尔的遗嘱执行人,文学院第一人,因为在组建文学院这件事上,他比任何人都更百折不挠。"我对自己的书一本都不喜欢。"他这样对一名

---

① Henry Houssaye(1848—1911),历史学家、文艺评论家,法兰西学院院士。

记者说。而当人问起他哪一部作品销量最好时,他回答:"最差的那部。"1919年他已不再写作,没了勇气,没了幻想,或因为对审读者的职责太投入。但众所周知,他是短篇小说集《梅塘之夜》这部自然主义宣言的作者之一,也是安托万"自由剧院"的发起者,福楼拜对他的戏剧《德·彭托先生的功绩》赞赏有加——在这部批判浪漫主义的戏仿作品中,埃尼克称"借用了浪漫主义打发天真汉的那套筋斗哲学,快乐地捶打它的肚子"。他曾与都德或于斯曼一起进行戏剧创作,于斯曼形容他是个"细腻、正直的文人"——肖像照里的埃尼克,就连圆框眼镜和精心梳理的发绺都无比清晰,仿佛在他身上不存在模糊地带。这位左拉的门徒——然而是个坚定的反德雷福斯派——逐步被"哑剧""通灵"直至静默所主宰。在龚古尔奖评审的聚餐上,他与众人保持距离。儒勒·勒纳尔记载:"听罗尼聊科学、德卡夫聊巴黎公社、米尔博聊布尔热、若弗鲁瓦聊他的戏《女学徒》,还有埃尼克什么都不聊是件愉快的事。"[10]德鲁昂饭店的餐桌是圆的,但埃尼克从未让它转动过。①他于1935年圣诞节去世,恰与保尔·布尔热同日,以致他离世的消息完全被忽视,报上只有几条简讯。他生前和所有自然主义作家一样,爱读葬礼报道,然而他自己的葬礼却无人报道。

来自一个国际化的比利时家庭,罗尼兄弟在龚古尔文学

---

① 当时流行的通灵活动中,所谓的幽灵通过转动特制的圆桌传递信息。

院再现了兄弟关系的原初模式。这是一对被生活拆开但埃德蒙·德·龚古尔试图重组的文学连体人。他们曾四手联署了六十七部作品，现在却赌上各自的名誉，绝不同时支持同一本小说。

大 J.-H. 罗尼（1856—1940）有一张加尔文派诗人的面庞和一部亨利四世战友的连鬓胡子。之所以显得与时代脱节，是因为他不属于任何时代；他关注过去、现在、未来——无法通过占星了解，就靠推测来弥补。这是一个吊诡的漫游者，"像喜鹊一样好奇"，一个梦想者、讲述者、话痨，一旦开口就滔滔不绝。托尔斯泰欣赏他（他是《克鲁采奏鸣曲》与《伊凡·伊里奇之死》的法译者）。他的杰作《火之战》曾令1909年的原始人部落欢腾雀跃。而从考古到科幻，他穷尽了时间的各个终极。他的探究对象既包括埃特鲁斯坎人，也包括拿破仑，既包括宇航员，也包括弗兰德斯画家，既包括吸血鬼，也包括革命宗派，既包括社会不平等，也包括情感历险，甚至包括——逻辑使然——毁灭地球的大浩劫。作为他曾经试图"文学谋杀"的对象，左拉仅有的报复是评价他的句子"卖弄学识，曲里拐弯"——这在文学圈无异于死刑判决。[11]不过大罗尼倒是得享高寿，不但一度成为诺贝尔奖候选人，最终还成了龚古尔文学院最年长的院士。

蓄着时而皇帝式、时而运动员式的髭须，小其三岁的弟弟小 J.-H. 罗尼（1859—1948）显得更圆润，不那么清教徒，因而也更神秘。难道他只是，根据龚古尔的说法，愿以"其才华保护"他的"兄长的一名小小的、微不足道的替身"？假如他的老兄一直在伦敦的电讯社当他的职员，这位前小学教员还会投身写作吗？他发表的那些言情与心理小说，如今光是标题便不啻一道阻绝阅读欲望的高墙：《神魂颠倒的玛赛特》《多情的交际花》《上钩的女人》《坠入情网的混血女郎》《没有主见的女人》……随后他转攻历史，但角度特殊，如《首位朗巴勒王妃的悲剧爱情》，或《波琳娜·博尔盖塞①的疯狂恋情》。他还喜欢树木与动物，在他位于奥斯戈尔或布鲁巴兹拉内克的庄园与它们温情相伴，汲取灵感，创作出踵步梅特林克的作品，但华丽的标题一望便知作者是谁：《恋爱与善感的花朵》《我们友好的动物》《昆虫社会》。他总是缺了不知哪种灵气。客气的人评价他的书"好读"。直率的人："看得出作者有一定才华。"而残酷的人："值得思考的是［……］一个名副其实的人是否乐意耗费大量生命时光去读这些书。"[12]

三名院士来自 1900 年的补选，以填补埃德蒙·德·龚古尔原始名单中出现的缺额。这三人是莱昂·都德、吕西安·德卡夫和埃莱米尔·布尔舍。

莱昂·都德（1867—1942）是作为他父亲的替补登场的——阿尔封斯·都德是埃德蒙·德·龚古尔的遗嘱执行人，龚古尔文学院第一任主席人选，但他于 1897 年去世，没能赶上文学院正式成立。然而莱昂·都德又不仅仅是《磨坊文札》作者的儿子。他也是茱莉亚·阿拉尔（Julia Allard）这位才女的儿子：作为丈夫阿尔封斯·都德的"亲密合作者"，她为丈

---

① 拿破仑的妹妹，1803 年与意大利贵族卡米洛·博尔盖塞结婚。

夫的作品带来更精到的语言，并在贝尔沙斯街的寓所主持着那一时期最华丽的艺术沙龙。莱昂·都德还是小说家吕西安·都德的大哥：人见人爱的吕西安，普鲁斯特与他用"你"相称。文学门第的娇养之子，莱昂·都德高调迎娶了维克多·雨果的孙女，证婚人是埃德蒙·德·龚古尔和波坦医生①——就是"斯万的爱情"一开头，韦尔迪兰"小团体"成员认为医术不及科达尔医生的那位。他还是一名剑士，曾十四次与人决斗。身为记者，他被冠以数不清的雅号（"胖子莱昂""国王的气球""霹雳火"），而他也用更多的绰号点缀时政要闻。他从迷恋奔向决裂，从结婚奔向离婚②，从小说奔向檄文，从共和国奔向君主制，从牢狱奔向流亡；他追随瓦格纳、莎士比亚、拉伯雷的足迹；他每日在《法兰西行动》上发表令对手大呼过瘾的社论；他揭露医学权势集团、德国谍报行动，揭露对其子菲利普的谋杀；他差点遇刺；他从健康院监狱越狱③；他把部长拉下马，就像他打拳击、做新闻、谈恋爱、写散文，以及——很不幸——反犹一样娴熟。1919 年 11 月议会选举时，他在巴黎当选为国会议员；当时，集结在克列孟梭周围的多党国民联

---

① Pierre Potain(1825—1901)，名医，心血管疾病专家，血压计的改进者。
② 莱昂·都德与让娜·雨果于 1891 年结婚，1895 年离婚。
③ 1923 年，莱昂·都德之子菲利普离家出走后死于一辆出租车内，初期调查认为是自杀。但随着政敌借此大做文章，莱昂·都德转而认为其子死于谋杀，展开私人调查，同时借《法兰西行动》发布指向共和派政府的指控。嗣后，他因攻击一名证人作伪证而被判诽谤入狱，旋即在其支持者精心策划的一起电话骗局中从监狱脱逃，流亡比利时，两年后获得赦免返回法国。

盟在选举中获得大胜，他在议会对新政府极尽骚扰，或是旁若无人地大笑，或是大肆讨论维吉尔诗作各个译本的短长，或是登上讲坛，用普罗旺斯语引用米斯特拉尔的著作，随后大讲一通康德形而上学。[13]在他凭借血统而占有一席之地的文学界，他是少数敢于发表"总体构想"的人之一，这在一个受布尔什维克主义威胁的时代是一项可贵的品质。然而党派思维从来没能左右他的文学选择。虽然他的确因朱利安·班达是犹太人而贬低他，但他也以同样的狂热支持阿兰-傅尼埃、阿波利奈尔、普鲁斯特、贝尔纳诺斯、塞利纳或马尔罗等不同作家，因为他们伟大。假如当时龚古尔奖得主全由他一人决定，获奖者名单无疑会扎实许多。

吕西安·德卡夫（1861—1949）虽然以"吉耶里伙计"①的笔名为《日报》（Journal）撰写专栏，但在所有人眼里，他都是一位"不近人情到无法理解的朋友"：他一生都在"像一个老小孩般地赌气、抱怨，谁也没能弄清究竟是为了什么"。他自学成才，最早当过银行职员，后来从事介入式报道，最后才走上文学道路。他对巴黎公社抱有浓厚的兴趣，革命者、工人，以及各路社会弃儿是他作品的主角。莱昂·布卢瓦②说："没有一个盲人、残废、孤儿、悔悟的妓女不受他的监护。"他在书案前站立写作，两边分别摆着路易丝·米歇尔的半身像和一只在滑铁卢击破的战鼓。他的正直与宽厚并非虚名。他的

---

① Compère Guilleri，法国童谣中人物。
② Léon Bloy（1846—1917），作家。

文章与主题小说探讨妇幼保护、职业病、伤残人士、战争遗孀、肺结核治疗等社会问题。1889年出版的《士官》让这名"文字恶徒"的预备役上士军衔被褫夺，并被送上重罪法庭，罪名是侮辱法国军队、伤害风化。在《包法利夫人》和《恶之花》的诉讼过去三十三年后，五十四位作家联名发表的公开抗议、报界对控辩陈词的报道使他收获关注，法官的耿直照应更是把他打造为一面旗帜，《士官》一跃成为畅销书，因为没有什么能比一纸禁令更能刺激销量。龚古尔奖诞生初期那几年，德卡夫在发掘优胜者这件事上表现最为积极，他甚至会冲到那些他在杂志上注意到的新人作家家里，哀求他们马上出版一部比他从出版商那里收到的样书更有分量的小说。然而从1917年开始，他再也不参加文学院院士的聚餐，因为他心目中的天才乔治·库特利纳①没能当选为院士。他的解释是"聚餐活动感人的热闹氛围总是［令］我担心会在那里丢掉我的冷静"[14]，但没有什么说服力。这位人道主义的阿尔塞斯特②从此在德鲁昂饭店底楼单桌用餐，由一名侍者将他的选票托在银盘内，送到在楼上聚餐的其他院士那里。

埃莱米尔·布尔舍（1852—1925）则与他完全相反，是一个为宗教传统所固定的艺术流派的代表。他只为艺术欢呼，象牙色的面孔揭示出他赖以据守的高塔的材质。马拉美被选为

---

① Georges Courteline(1858—1929)，小说家、剧作家。后于1926年当选为龚古尔文学院院士。
② 莫里哀喜剧《恨世者》中的"恨世者"。

"诗歌之王"的时候,他同时被选为"散文之王"。他深居简出,在位于萨姆瓦的田园埋首弄文。另外,在龚古尔文学院聚餐时,他几乎不碰盛到餐盘里的菜,因为出门前他已经充过饥了。儒勒·勒纳尔把他比作"一个可悲的艺术与政治老古董",认为他比自诩"天下第一反动分子"的莱昂·都德还要反动;普鲁斯特和所有人一样从未遇见过他,但知道他的"志气和[他的]才华一样高"。他是龚古尔文学院唯一的象征主义者。早在《鸟飞花落》的"告读者"中,他就用几句话与自然主义者——虽然后来与他们共同执掌龚古尔文学院达四分之一世纪之久——结清了宿怨:"我们近来的杰作[……],以它们对自然的忠实刻画,对日常现实的细致拷贝,对人进行了如此贬低与丑化,迫使我动用诗人的这面魔法之镜,以重新照出人之伟大、高尚,照出人之真理。"四十年间,他只出版了四部作品。最后一部《舟》重温普罗米修斯传奇,在涌篇的祈祷、诅咒与惊叹号中,借奥林匹斯诸神、人间英雄、泰坦巨神之口抒自己胸臆。此后,他不再关心创作,他说:"何苦呢,我们马上就会死!"他甚至都没等这一天,因为1919年他便发现,自己已有整整五年不属于这个世界了。[15]

还有三名院士于一战末期当选。让·阿雅尔贝(1863—1947)也是一位国家织造局董事,博韦织造局——文学院院士名单似乎有望再现其创立者遗留的织毯清单。他在1917年当选为奥克塔夫·米尔博的接替者之前,对文学奖制度没有任何好感,他说:"新兴的小说家与作家阶层把面向文人的慈善基金的千元大钞看得太重。我不认为文学杯赛的体育机制把脑力产出的水平提高了多少。相反，它把最低劣的选举文化变成了圣林之主①。许多年轻作家眼里已经没有大师、才华，只看到需要搞定的'选票'，而且是'政治票'！因为反犹主义、民族主义、王权主义，还有它们的对立面，不幸同样肆虐于龚古尔文学院和黎塞留学院②。因此也没有了批评，全都匍匐在有投票权的人的脚下。"进了龚古尔文学院以后，这位仪表——毡帽、呢斗篷、金黄的浓髭——如牲口贩子般的奥弗涅人被视作加斯东·伽利玛——同样祖籍奥弗涅——的"代言人"。这位颓废的诗人、远东的旅行家，用莱奥托的话说，"纸糊的作家和天才的野心家"，航空爱好者，卷入多场轰动官司的律师，曾在德雷福斯事件时与左拉并肩战斗。"阿雅尔贝的好朋友形象之下包藏着一名勇武的论战家。"他的政治对手莱昂·都德如是说。[16] 他当然签署了1898年1月14日——《我控诉！》发表的次日——《曙光报》(*L'Aurore*)上要求重审德雷福斯案件的联名信。在并不众多的签名者名单中，不知他是否注意到了马塞尔·普鲁斯特的名字。

虽然曾是"奥特伊顶楼房"的熟客，而且埃德蒙·德·龚古尔曾一度有意选他为自己的遗嘱执行人，但亨利·塞亚尔（1851—1924）一直要到1918年才算"是龚古尔文学院的"。因为有一次闹翻后，埃德蒙修改了遗嘱，并从此不惮使用最严

---

① 许多古代文明认为树林是神的居所，每个神明有其专属的"圣林(bois sacré)"。
② 指由黎塞留始建的法兰西学院。

厉的词语称呼"这个白痴",这个"混蛋",这个"奸徒",这个"恶棍"。茱莉亚·都德更为宽容,评价他是"漫不经心的悲观主义者"。他在卡纳瓦莱图书馆①工作一生,脑子里存着那里的所有藏书;他能回答有关十九世纪作家生平与著作的所有问题;他为左拉提供了大量文摘卡片与准备资料,以供其创作《家常事》及《娜娜》所需——但他们在德雷福斯事件时疏远了。他是《梅塘之夜》的作者之一,而在独立署名的作品中,他把自然主义推向了四十年后由"新小说"所接手的那种极致。他的《美好一日》和《待售海边地块》,没有情节,没有波折,只有凝固的场景——堪与卡耶博特②画作媲美的雨景,或是如高更的人物那般手挽手散步的布列塔尼妇女,只有一种平庸的包法利主义,既无偷情也无自杀,销蚀在几百页的日常与琐碎中。塞亚尔是都德一家的密友,也是他们餐桌上的常客,或许他在那儿遇见过普鲁斯特。他颇有自知之明,很清楚自己在图书生意中被委派的角色:"在龚古尔文学院,我们厌倦了只能给肆无忌惮收买选票的出版商当书店推销员。"[17]

"巴黎之子"埃米尔·贝热拉(1845—1923)是诗人、剧作家、记者,他为法语贡献了"tripatouiller"③一词——1887年,他以此抗议奥德翁剧院经理对诗剧《弗拉卡斯队长》的上下其手,那是他根据乃岳泰奥菲尔·戈蒂埃的小说改编的作

---

① 一个以巴黎历史为专题收藏的图书馆。
② Gustave Caillebotte(1848—1894),画家、收藏家,艺术赞助人,曾组织过多届印象主义画展。《雨中的巴黎街头》是他的主要作品之一。
③ 篡改,糟改。下文"tripatouillage"是其名词形式。

品。他在《一个巴黎之子的回忆》中写道:"就算我真从文人联合会拿过一丁点'tripatouillage'及衍生词的版权费,我也早就连本带利地还给洛克菲勒先生本人了。"的确,新词流行开来,但后人很少记得它的发明者。后人同样忘怀了《莱希绍芬的胸甲骑兵》或《贝加莫之夜》这些即使在他生前也从未赢得过成功的作品——他为此把成功比作给人以虚假希望的"灰小姐"①。他承认,自己从来都是以"砸一次算一次"的心态在搞戏剧。他保持着牧神般的容貌,越老还越像。他常年出入剧院后台、啤酒俱乐部,还有报馆。他当年就是靠写报纸专栏出的名,并成了数一数二的专栏作家;虽然他偶尔会从论战中抽身,涉足文学,但问题是躲在"凯列班(Caliban)"或"蒙面人"等笔名之后,影响所及不过一日,依然未能扬名。不清楚他怎么会在 1919 年 5 月当选为龚古尔文学院院士:他非但与自然主义者截然相反,而且与龚古尔兄弟也无长久交往,当选的理由应该只能是他的正直,以及一直以来贫困的艺术游民生活。他当时疾病缠身,近乎全盲,[18]因而当选后很少出席聚餐,但他会通过信函参与年度最佳小说的评选,选出那位有幸获得他自己却终生无望企及的荣耀的优胜者。

---

① 十九世纪时对轻佻的年轻女工的一种贬称。

## 马塞尔·普鲁斯特病例
### 1919年，6月—11月

1919年10月，普鲁斯特表示："我当时很想得龚古尔奖，后来再没想过，而今年，出于各种因素，我又有了这个想法。"[1]

1913年之后，他一直把自己关在屋里，把他对心灵间歇的研究推向深入，让他的小说人物在时间流中漂流。这期间，他告别了格拉塞出版社，投入《新法兰西杂志》社。原计划在《斯万家那边》之后还剩两卷的作品发生了扩容：1919年6月21日与《仿作与杂记》同时出版的《在花季少女倩影下》（所以这一年有足够的时间去角逐12月的文学奖）在1913年透露的计划中只是《追寻逝去的时光》原订第三卷也是最后一卷《寻回的时光》的第一章而已。[2]

在写给《新法兰西杂志》社销售主管让-古斯塔夫·特隆什（Jean‑Gustave Tronche）的一封信中，普鲁斯特询问可以向哪些人士寄送样书——他已经送出了两本，一本给他的朋友、《费加罗报》经理罗贝尔·德·弗莱尔①，一本给最大的晚报《不阿报》的经理莱昂·巴伊比②。他与报界素有来往，尽管他从不属于这个圈子。他凭记忆罗列了巴黎大部分报纸与评论家，包括他不读的那些：莱昂·勃鲁姆、马塞尔·桑拔③与莱昂·都德、夏尔·莫拉斯④并列，科莱特旁边是拉蒙·费尔南德斯⑤和让·吉罗杜的名字。"要者，是联系上那些一出手便能真正影响公众的人。"特隆什建议说。[3]

很快，1919 年 6 月 29 日，雅克·帕丹⑥便在《费加罗报》第四版提到了这部"既有广阔观察，又有细致分析的优秀"新作："在作者着手为当代社会绘制的这幅巨大画卷中央，我们可以看到这位天性与教育并未为其做好涉世准备的年轻人多愁多病的面容。"

---

① Robert de Flers(1872—1929)，剧作家。普鲁斯特中学同学、好友。1920 年当选法兰西学院院士。
② Léon Bailby(1867—1954)，记者、报人。1926 年，他推出《不阿报》体育副刊《不阿·竞赛》画报，是为今天《巴黎竞赛》前身。
③ Marcel Sembat(1862—1922)，社会党政治家、议员，曾担任政府部长，长期为左翼报纸撰稿。
④ Charles Maurras(1868—1952)，极右翼政客，"极致民族主义"理论家，法兰西行动党领导人，记者，诗人。1938 年当选法兰西学院院士。
⑤ Ramon Fernandez(1894—1944)，墨西哥裔法国作家、评论家，曾获 1932 年费米娜奖。早期信奉社会主义、马克思主义，后加入法西斯政党，法国于二战初期战败后沦为法奸。
⑥ Jacques Patin(1883—1948)，作家，曾任《费加罗报》主编。

7月7日，依然在《费加罗报》，他的朋友罗贝尔·德雷福斯①以一种与其假名巴尔托洛（取自塞维利亚一位上了年纪的医生，一位少女的监护人……）②颇为相称的措辞介绍道："马塞尔·普鲁斯特先生在战争期间静静悄悄。但是他在写作，即便爱国赤诚无时不占据他的心灵，即便有恙在身——我们禁不住要说病痛折磨，脆弱的健康状况反常地迫使这位'社会'的画师，已经持续太多年了，离群索居，过着一种痛苦、悖论的巴黎隐士生活。"普鲁斯特埋怨他扯上自己的健康状况⁴，但对"爱国赤诚"未置一词，他是否预感到，在终于走出战壕的泥泞与血腥的人看来，战前的海滩场景或有几分不堪？

7月15日的《巴黎周刊》（*Revue de Paris*），由费尔南·范戴兰姆（他等不及样书寄送，从《新法兰西杂志》社"专门讨来"普鲁斯特最新的两部作品）执笔，劈头就是一通"疾风骤雨般的抨击"，称这是一部"大象般的"小说，"对细枝末节的执迷超越了最可怕的心理施虐者"，"风格上，措辞几乎总是委婉到无以复加，然而曲折幽晦、错综复杂，就算是行家，每句话也得读上两遍才能读顺"，而且"有些段落粗糙得近于啰唆"。不过接下来几行，责难换成了夸赞："可是，如果能在文字下看到一个人，一个灵魂，一种个人敏感，一种高

---

① Robert Dreyfus（1873—1939），记者、作家，从少年时代起就是普鲁斯特的密友。
② 法国剧作家博马舍"费加罗"三部曲中的角色。

超、自由的洞察力,技巧上的生涩又算什么呢?"随后范戴兰姆故态复萌,责备小说家"在艺术上躲懒","陈旧、过时",趋炎附势,带着"布尔乔亚的偏见","有种道不明的陈腐令他的文字减色"。普鲁斯特评价这篇文章是"一车大粪",预言范戴兰姆"总有一天要遭报应"⁵。

同时代人称这位文学判官执掌着"不可上诉判决法院"。勒内·布瓦莱夫①指出他井底之蛙的本质:"这是一个用点画法画出的人物,要退开一定距离才看得过去。"但也有人认为他的批评有圣伯夫的风范——冷面幽默版的圣伯夫。普鲁斯特不会知道的是,未来与他竞争龚古尔奖的对手霍朗·多热莱斯(Roland Dorgelès)与这位作家有着友好往来,龚古尔奖揭晓之日他们还将一起午餐。是否从 7 月开始,范戴兰姆就已经在为多热莱斯铺路了呢——稍后在 11 月,他称多热莱斯的小说"处在竞争龚古尔奖的极为有利的位置上"?⁶不过他没有为多热莱斯的《木十字架》写过一篇评论,倒是好几次又提起普鲁斯特的书……

评论家们不知所措地围拢到身患哮喘的作家的病床边,就像医学院的教授被请来给一个所有医生都束手无策的"病例"会诊。"分析这样一部作品和分析《斯万家那边》一样艰难。"《不阿报》写道,"马塞尔·普鲁斯特先生的书只能用另一本马塞尔·普鲁斯特先生的书去比较,因为他是一个绝无仅

---

① René Boylesve(1867—1926),作家,真名 René Tardiveau,1918 年当选法兰西学院院士。

有的文学'病例'。"德尼·阿米耶尔①在《家乡报》(Le Pays)上沿用了这一表述:"马塞尔·普鲁斯特是而且永远都将是一个绝无仅有的文学病例,因为我不认为还会有其他作家能摹仿甚至愿意尝试他的手法。"⁷

在《费加罗报》上,阿贝尔·埃尔芒②——他当时还没进法兰西学院——作出敏感性疾病的诊断:"要批评的话那就是学者们所说的感觉过敏。我不否认神经质——这是普鲁斯特先生本人向我们承认的——是其部分原因,但我认为感觉过敏首先证明了意识是敏感性的一个奇妙系数。"德尼·阿米耶尔——他当时还没写出后来在林荫大道通俗喜剧剧场里大获成功的剧本——的诊断是毒瘾:"马塞尔·普鲁斯特把写作当成一种可为之牺牲一切的癖好,感觉他准备文具盒就像准备烟枪。"而比内-瓦尔梅③——他不久就将雇用乔治·西默农当秘书——认为,这种病,或许就是天才:"这个病人,这个几乎染了天才的人——不加'几乎'就不够巴黎味,这个病人每四个月从他位于壁龛中的床铺上下来一次,准确地记录下光线所由进入其地窖的气窗的形状。"深入思考后,阿贝尔·埃尔芒又进一步细化了他的诊断,怀疑这是一种记忆力疾病"记忆特别增强"的表现:"马塞尔·普鲁斯特先生记着,我估计,他

---

① Denys Amiel(1884—1977),作家、剧作家、评论家。
② Abel Hermant(1862—1950),作家、剧作家。曾六次角逐法兰西学院院士失败,1927年当选,1945年因法国被占期间与德国占领者合作而被褫夺院士资格。
③ Binet‐Valmer(1875—1940),瑞士裔法国作家。

从出生起到某一未知年龄——至少是失去童贞的年龄——的全部内心生活与社会生活,而且完完全全地记住了一切,记忆的这种不可思议的忠实性也是其病例最特殊的地方。"加斯东·拉若①——他刚刚就战后的爱国要务,即生育的"经济学与心理学法则"出版了一部简论——则认为,疾病与普鲁斯特的生活纠缠如此紧密,因而也侵害到他的作品,这是任何人都无力改变的:"体弱多病,敏感易激,马塞尔·普鲁斯特曾经过着——并非全无愉悦——凄惨的隔离生活,被关在屋内,只能与病态的空想为伴。从他迂曲冗长的作品乃至烦琐复杂的文笔,可以感受到这种郁结、苦涩的囚牢气息:灵魂远离无法触及的世界,只能与自己面对面,纠结于自己的运动。"可以想象圣伯夫——或范戴兰姆——会就此做出什么样的文章,以及马塞尔对此的态度。[8]

稍后——龚古尔奖宣布之后——出现了一些资料更翔实的研究,但应召前来会诊的评论家仍不断地拿普鲁斯特的文字所反映出的病理做文章。《戏剧报》(*Comœdia*)、《争鸣报》(*Journal des débats*)或《小蛤蟆炮》(*Le Crapouillot*)就不约而同地采用了同样的标题:《马塞尔·普鲁斯特先生病例》。[9]

10月1日,《小蛤蟆炮》——它原先是一份战地日报,"毛汉子②小报",1919年转型为文学、艺术及讽刺报纸——的一

---

① Gaston Rageot(1871—1942),作家、文学评论家。
② Poilu,第一次世界大战时法国士兵的绰号。

期特刊以半版的篇幅登载了路易·莱昂-马丁①写的一篇"马塞尔·普鲁斯特风格"的文章。摹仿者成了摹仿对象，且放肆更甚于风趣。标题——《在粉刺少男魅影下（对一次拜访的时机及出发之重重困难的浅淡速写）》——及其言外之意就令人预感大事不妙，果然："我在穿戴将毕时接到鄙友吉尔贝的小札：'亲爱的朋友，您对内在生活如此饥渴，一定会为这种内在生活在我身上已随大夫嘱我割爱的一条绦虫的排出而大为减弱感到难过。同时我的脸上出现大量粉刺，使我只得延后与您会面的快乐……'"余下的内容可想而知。普鲁斯特评价该文"蠢透了"。滑稽的是，一些人把这一戏仿之作当成普鲁斯特难读的证据，好像是普鲁斯特自己写了这篇东西似的。[10]或许马塞尔·普鲁斯特先生的病例最终揭示的，只是战后蹩脚记者莫里哀式江湖医生的修为而已。

---

① Louis Léon‑Martin(1883—1944)，小说家、记者。

## 拼死杀敌的荣誉

### 1919年，4月—11月

同一时期，有关霍朗·多热莱斯的文章调子就柔和得多。在阅读《木十字架》时，记者们从未困扰于"这当真是本小说？"这个他们每次看到书籍封面上普鲁斯特的署名就要为之头痛的问题。在这位战士作家的大作面前，他们纷纷缴械，收起了迟疑、讥讽，收起了仪态教育和道德卫生课——错不了啦，天上终于掉下了一位大作家。

尤其这是一位与他们相像的人。霍朗·雷卡弗雷（Roland Lécavelé），笔名霍朗·多热莱斯，1885年生于亚眠，在巴黎长大，毕业于国立高等装饰艺术学校，写过幽默故事、短篇小说，当过两个苏一行字的社会新闻编辑，与普乐博①、阿波利奈尔、麦克奥伦②为友，与无赖和蹩脚画家为敌，曾经长期过着文艺流民的生活，披着斗篷，穿着画家的红马甲，垂着歌社

---

① Francisque Poulbot（1879—1946），海报画家、插画家。
② Pierre Mac Orlan（1882—1970），本名 Pierre Dumarchey，著名作家，"社会奇幻"概念的提出者。

社员的发缩。他当时以炮制一些恶作剧而著称,虽然欣赏范围很少超越"蒙马特尔共和国"的边界,但有时也会随着报刊的辗转报道而产生一些回响,让高地上的人们喜笑颜开,让官方权威暴跳如雷。截至1914年,他最轰动的战绩是曾在独立艺术家沙龙展出一幅充满未来气息的画作,作者是某位博罗纳利;而就在好评如潮之际,涂鸦者的身份曝光:它叫洛洛,一个阿利博隆①,也就是一头驴子,一头普通的小毛驴,尾巴上被绑了一支蘸了颜料的画笔。

战争动员令下达之时,多热莱斯正一心要在戏剧领域扬名立万。通俗喜剧作家的身份从此被一个崭新的人物形象所掩盖。虽然曾于1907年因肺病退伍,但他渴望"拼死杀敌的荣誉",终于说服军医同意他参军。五十五个月的军旅生涯,他首先被分配在步兵部队,担任下士机枪手,后来调入空军,直至坠机负伤。他被授予十字军功章,戴两片棕榈叶,分别对应于他受到的两次团级嘉奖——一次"勇武典范",一次"勇毅无双"。¹因此,这位平易近人、一腔爱国正气、率意随和的小说家,还是一位战争英雄。

《木十字架》的写作持续了整个战争阶段,并随战争于1918年秋季结束。没等阅读,阿尔班·米歇尔就答应出版这部小说,仅仅"根据标题,和[多热莱斯的]一表人才"。小说原稿须接受出版审查。三周后,一名指挥官召见了仍然戎装

---

① Aliboron,法语中驴子的雅号。所谓博罗纳利(Boronali)就是将该词前后倒装的结果。

在身的作者,他以"立正"的军姿领受了军管当局的决定:有三章必须删除,因为"不是所有真话都能说的"。1919年4月1日,《木十字架》开售,这天也正好是多热莱斯中士复员的日子。

《在花季少女倩影下》还未开印《木十字架》就已大获成功。信心十足的阿尔班·米歇尔称该书一印便达10000册。要领略他的魄力或乐观,不妨对比一下数据:《在花季少女倩影下》首印3300册,而当年角逐龚古尔奖的另一本小说,马塞尔·马蒂内①的《安全的房子》,首印只有2000册。[2]

不过,阿尔班·米歇尔和多热莱斯本人开始改头换面地讲述小说受审查的经过:"我在战争期间写了这本书,然后拿去送审。退还时附带如下批语:'倘要出版,后果由作者自负。'而作者只是区区下士,未敢轻易担责,只能等待……终战次日,《木十字架》即送交出版商。于是有了今天。"这段插曲被包装为一种"不公"——这个词将被反复使用多月,仿佛要用它在跨入书店之门的每位顾客身上唤起纠正不公的使命感。这些指控——皆为编造——背后的政治意图很明显,因为它们全都重复着同一种推论:审查枪毙了温和派多热莱斯,却放过了巴比塞这个布尔什维克。我们完全有理由认为这是一个"卖点"。《大杂志》(*La Grande Revue*)写道:"《木十字架》的手稿被审查办公室压下了,但同一个审查办公室却许可了《火线》的出版。这个笑话是如此丑陋,或者这桩丑行是如

---

① Marcel Martinet(1887—1944),作家,和平主义者,普罗文学奠基人。

此可笑——您爱怎么说就怎么说，大概连霍朗·多热莱斯先生本人都发作不起来……"³

安德烈·比利①在《事业报》（*L'Œuvre*）上也认为，多热莱斯这本书的"巨大成功"，"本可不亚于《火线》，假如《木十字架》当时能像《火线》一样，得到审查机关特别开恩，抬手放行。但禁令没有解除，《木十字架》只能待在出版商的书箧里静候终战协定的签署和审查尺度的放宽。到它出版的时候，战地文学的热潮已经退去大半，我们也都意兴阑珊"。没人出面澄清，传言一直持续到1920年1月。⁴

多热莱斯比巴比塞多一点优势：每个官兵都能在他的小说中看到自己的影子，而不只是党内的基层同志。多热莱斯并不以他们的名义讲述，他直接搬用他们的言谈、他们的欢笑、他们的青春，他刻画战壕中与他并肩作战的淳朴汉子，他用文字复活在他眼前死去的战友。小说最后一页，回望战争岁月，他并没有像福楼拜那样说"这可是我们一生中最美好的时光"②，而是说"那时候真好"，因为那时候所有人都还活得好好的。他的战友们因而一直对他充满感激，在他们所有人看来，《木十字架》在诞生自战场的众多作品中最为杰出，按照雅克·布朗热③的观点，"是描绘战壕中军人生活——休憩，进攻，遇炮击，趟泥浆，寒冷，污垢，痛苦——最成功的一

---

① André Billy（1882—1971），作家、评论家，后于1944年当选为龚古尔文学院院士。
② 福楼拜《情感教育》结尾。
③ Jacques Boulenger（1879—1944），作家、评论家。

部"。《伤残军人总会会讯》得出最终评价:"参加了战争——不是躲在后方,而是蹲过战壕——的人公认,最能反映这次战争的作品,就是他这本。"⁵

多热莱斯和传媒圈的交情要比普鲁斯特深得多。普鲁斯特最多只是偶尔给《费加罗报》写稿,多热莱斯却是一名真正的记者,曾为多家报刊撰稿。战前,他在新新闻社的电讯部开始了职业生涯,随后相继为《稔月报》(*Messidor*)、《巴黎-日报》(*Paris-Journal*)、《戏剧报》,以及克列孟梭主办的《自由之人报》(*L'Homme libre*)工作。参军后,他继续以化名为《时光报》(*L'Heure*)、《戴镣之鸭报》(*Le Canard enchaîné*)和《笑》(*Le Rire*)供稿。1919 年,他担任《刺刀周刊》(*La Baïonnette*)的文学副主编,同时也为《幽默周刊》(*L'IIumour*)和《晚安报》写稿,并在《明灯报》(*La Lanterne*)上发表剧评。这大都是些左翼激进派或社会主义报纸,但他自己只以"基督教无政府主义者"自居,甚至有时还会自嘲地署名"霍朗·多热莱斯,驯服的和平主义者"。⁶因此,上过战场的记者们再次投入战斗,这次是要保证一部讲述他们的小说能够得奖。

除了保尔·苏代①在《时代报》(*Le Temps*)上严厉批评这本在他看来只是"一系列快速闪过的片段、插图和快照"的书缺乏总体视野与观点,并总结说"最柔情,甚至是最悲怆的怀疑,也总有些许不人道"之外,所有报纸,尤其是曾与多热莱

---

① Paul Souday(1869—1929),文学评论家。

斯合作的报纸，无不称赞这是一本"杰作""一本优秀的法国小说""一本伟大虔诚的作品""一本伟大的书，快乐，真实"。"体现出对写作这门技艺的深入掌握，"比内-瓦尔梅（1914年志愿加入法军参战）写道，"这是一门不折不扣的将瞬时感觉［……］化为永恒的技艺。是粗暴的催人翻页的技艺。始终吊着人的胃口。恢弘的构思始终令我们震撼，令我们血脉偾张。章节设置自然，衔接顺畅调谐。懂行的没人敢说这位小说家不专业。"7

路易·沙杜纳①（1916年被授予十字军功章）同样激动："霍朗·多热莱斯是位硬朗的作家。他的叙述总是充满激情，不施雕琢。他以一种我们绝少见到的自如道出士兵的心声，恰如其分地使用他们的切口。他的描写简短有力。这是个老到的讲述者。""我没见过比这更感人的战争回忆。"1919年7月的《大杂志》盛赞道。安德烈·瓦尔诺②（1914年入伍，步兵，待过德国战俘营）在《新欧罗巴周刊》（*L'Europe nouvelle*）上也认为，《木十字架》是关于大战的最佳小说，是"最得战士认同的书"。《人道报》还对书中部分章节作了连载，"它们可跻身大战所催生的最悲惨最真实的段落之列"。8

9月，《巴黎-午报》（*Paris-Midi*）邀请一批评论家从大量基于战争而产生的作品中选出他们心目中的十佳。莫里斯·巴

---

① Louis Chadourne(1890—1925)，作家、诗人。
② André Warnod(1885—1960)，作家、艺术评论家。

雷斯列出了皮埃尔·德里欧·拉罗舍尔①的《问》，拉富沙迪埃②提名……《伊利亚特》，以回避在朋友们的作品中做选择。不过，《木十字架》依旧是这些个人书单头部出现频次最高的书名，有时排在 1916 年龚古尔奖获奖作品《火线》之前，有时排在其后。结论看来顺理成章：多热莱斯也将获得龚古尔奖——假如龚古尔奖授予一部战争小说的话……

事实上，似乎没有一部小说会比遵循自然主义陈规创作的《木十字架》更能吸引龚古尔兄弟了。从未有作家能这样持续多年，冒着生命危险，为自己的作品搜集材料。多热莱斯在写给其母的信中说："我打定主意要见识下战争，否则怎么写我的书呢［？］"多年后，回顾自己这部杰作的写作与出版，他指出，军队里有来自社会各阶层的人，构成了一个绝无仅有的研究环境："比起只能对某个狭小的圈子进行有限的观察，在战壕这个巨大的忏悔间里，作家得以观察、研究、分析所有灵魂。"让·德·皮埃尔福③将自然主义在小说中的觉醒归因于大战："1914 年以前，自然主义文学在我国只剩下了几名过时的代表，却因为大战的缘故，又找到了新的拥趸。［……］有些主题召唤自然主义。战争便属于这类。霍朗·多热莱斯先生的书就是一个新证。"[9]

1919 年 11 月，报界已认为多热莱斯完全可能获得龚古

---

① Pierre Drieu la Rochelle（1893—1945），作家、记者。
② Georges de La Fouchardière（1874—1946），作家、记者。
③ Jean de Pierrefeu（1883—1940），记者。

尔奖。离评选还有五天的时候，影响力最大的院士之一，吕西安·德卡夫，甚至给出了一个信号，像是一个预言，要不就是一个保证："霍朗·多热莱斯是大热门。他的《木十字架》和《老娘们夜总会》［原文如此］①在他的战友和非军人群体中拥有同样多的欣赏者。这是两本刚劲、紧凑、生动的书。没有任何滞重的地方。皮下就是肌肉，绝无赘脂。"¹⁰

龚古尔奖会从多热莱斯手里溜走吗？

---

① 所引报道将正确标题 Cabaret de la belle femme（美娘们夜总会）误作 Cabaret de la bonne femme。

## 谁能摘得龚古尔奖？
1919年，11月16日—12月9日

一个世纪以来，龚古尔文学院搭起了一座舞台，定下了一套日程，把其中每一天都打造为书籍的节日。它要让公众无法忘记它的存在，让小说家每晚摊开洁白的稿纸眼前就浮现出"十院士"的身影，让书商早晨拉起卷帘门营业之时对"十院士"心怀感恩，让读者在挑选圣诞礼物的时候丢开"十院士"以外的任何导购。为了持续唤起那些将自己的鉴赏力托付给它的人们的关注，如今的龚古尔文学院到处开列各式书单：有推荐"暑期阅读"的书单，有为免事后被指责故意无视而特意列出示人（实则毫无授奖打算）的书单，有院士们真正准备阅读、考虑从中评出大奖的书单——因为不论年成好坏，每年秋季都得有所收获，都得有个龚古尔奖。而且它还让龚古尔奖发了芽，抽了枝——尽管有悖创办者的遗愿。现如今，通过分理或特许，龚古尔文学院一年四季在各地、各种场合——波兰、塞尔维亚、突尼斯、书展、中学、敬老院——以各种名目颁奖：诗歌奖，传记奖，短篇小说奖，长篇处女作奖。至于龚古尔奖本身，文学院实行反复遴选，每一轮淘汰一批候选作品再增补一批，倒计时——就像是火箭发射或放炮仗——从暮春开始，一直延续到秋季。

但1919年，戏码还很原始。记者只被勉强允许进入德鲁昂饭店，饶是如此，有时还会被莱昂·都德踹出一个来，因为是犹太人，因为嘲笑了他那身"丑陋的栗色套装"。[1]比起评奖，当年的文学院更像是在选教皇。

不过仍能看到一些"候选名单"，只是没有任何官方性质，全是记者根据打探来的小道消息和神婆的预测编写的。乔治·克莱雷①在《人民报》(*Journal du peuple*)上解释了一名作家如何能利用这些名单提高自己的知名度：只须有一名记者朋友把他的小说和一些据称龚古尔文学院院士认真读过的书——不会有人反驳的——列在同一张"混合巧妙"的名单里即可。如此，一名新作家也能享受几日话题人物的待遇。"直到投票那一刻，他都'能得'龚古尔奖；当评选完成并公布，他依然保有这一'类入围'的身份；再过一阵，这位小说家就'差点得了龚古尔奖'了。"罗歇·阿拉尔②揭露了同样的机制："报界的朋友尽可以发表类似这样的消息：'人们对X先生的书谈论很多，认为它有可能得龚古尔奖……'但读者明白得很，所谓的'人们'指的是作者以及和他光顾同一家咖啡馆的那些先生。"[2]

从1919年11月16日到12月10日，报纸上刊载了二十来

---

① Georges Clairet，真名Émile Para(1885—1930)，记者，《人民报》主编。
② Roger Allard(1885—1961)，诗人，出版人，评论家。

份按上述方针编制的清单，有些只列两三本书，有些则近乎全法新书目录。总计达五十部作品号称入围龚古尔奖。

大部分作品只出现在一两家报纸的清单上，属于过后会被说成"差点得了龚古尔奖"的那类，但其实只是引玉之砖而已。它们的作者包括：路易·沙杜纳，热拉尔·鲍尔①（后来当选为龚古尔文学院院士），埃米尔·昂利奥②和安德烈·莫洛亚（两人后来都进了法兰西学院），爱弥尔·索拉里③（左拉的教子），女革命家玛格德莱娜·马克思④（与卡尔没有亲属关系），电影艺术家路易·德吕克，或者让·吉罗杜——他自1909年出版《外省女人》后，就经常出现在记者的名单中，但记者的猜测从未得到过龚古尔文学院的认可。"他分析、描写灵魂的波动与状态，"乔治·克莱雷写道，"这比给一个肉摊拍照或拍摄一个醉鬼呕吐并奸污自己的女儿更难，而且在我看来，也更有意思。吉罗杜先生是位作家。但他已多次无缘龚古尔奖，这，再算上他的才华，今年已经有了两个不看好他的理由。"³

有十五本书至少出现在三家报纸的清单上，其中七本是战

---

① Gérard Bauër(1888—1967)，评论家。
② Émile Henriot(1889—1961)，作家、评论家，是他在1950年代使"新小说"这一提法变得流行起来。
③ Émile Solari(1873—1961)，作家、诗人。
④ Magdeleine Marx(1889—1973)，记者、作家，左翼运动家。马克思是其当时的夫姓。

争小说：除了《木十字架》，还有亚历山大·阿尔努①（后于1947年当选龚古尔文学院院士）的《歌舞餐厅》，莱昂·魏特（参加过1913年龚古尔奖的角逐）的《列兵克拉维尔》，保尔·苏雄②的《佩利萨讷的战壕》，让·德·格朗维里耶③的《人的代价》，埃内斯特·蒂瑟杭④的《军官食堂故事集》，以及让·维尼奥⑤的《世界拯救者》。它们的数量本可以更多，因为据统计，1918年出版了六十八部战争小说，1919年出版了五十六部。⁴

不过评论家对这一已属过去的文学类型的未来抱有疑问。过去五年，龚古尔文学院奖励的全是爱国主义作品。1914年的龚古尔奖取消，留至1916年颁发。1915年，勒内·邦雅曼⑥的《加斯帕》在第一轮投票中胜出——那是当年唯一的竞评作品。1916年，吕西安·德卡夫解释道："五十名竞评者中，至少有四十名战士，他们向公众讲述他们的战地生活与所见。剩下的十人，因为以想象力作品竞评，全都忐忑不安，致歉连连。请他们不要急，会轮到他们的。"评奖标准不再是文学成就，而是负伤与立功的次数。"战士当中也有先后。对伤员，虽然谈不上偏爱——我们只偏爱人才，但总归还是会另眼

---

① Alexandre Arnoux(1884—1973)，作家、剧作家。
② Paul Souchon(1875—1951)，诗人、作家。
③ Jean de Granvilliers(1884—1956)，记者、作家。
④ Ernest Tisserand(1880—19？？)，作家、艺术评论家。
⑤ Jean Vignaud(1875—1962)，记者、作家。
⑥ René Benjamin(1885—1948)，作家、记者。

看待。"⁵

于是乎,身负重伤的阿德里安·贝尔特朗①凭借《土地的召唤》获得了1914年的龚古尔奖(1916年颁发);此后不到一年,他即伤重去世。战死者更是特别关注的对象。1914年11月11日,在龚古尔文学院第六十七期聚餐上,"有人问[……]阵亡的夏尔·贝玑今年莫非出过新书,可以把奖给他,遗孀能用上这笔奖金,有三个孩子要养"。⁶不过渐渐地,文学标准重新回潮——只要它们能与士兵的义务相容。1916年起,获奖者再也不是伤员或垂死之人:1916年,亨利·巴比塞凭借《火线》获奖;1917年是亨利·马勒布②的《烈焰钢拳》;1918年是乔治·杜阿美尔的《文明》。

1927年,五百六十名为国捐躯的法国作家的名字被镌刻在了先贤祠的石壁上。"请想象当前的灾难发生在上世纪中叶会怎样。"范戴兰姆在1918年写道,"战争动员令把正当青春的福楼拜、波德莱尔、丹纳[……]推向战壕,推向死亡,结果《包法利夫人》没了,《恶之花》没了,《英国文学史》没了。"但是哀悼不会永远持续下去。站在"疯狂年代"的门槛上,期望换换口味难道是一项罪过吗?出于对那些法兰西永远无缘得见的杰作的惋惜,公众会要求从战壕以外的其他地方寻找幸存的佳作。对于有关战争的作品,一年后范戴兰姆指出,"我们不断陷入两种极端,要么是不经思考的厌恶,要么是无

---

① Adrien Bertrand(1888—1917),记者、作家。
② Henry Malherbe(1886—1958),记者、作家。

限度的喜爱。有时无法忍受它们千篇一律。毛汉子、怒汉、促狭鬼,泥泞的交通壕,'黑大个'①,在平行壕集结等待冲锋,预定的攻击时刻,等等,这些故事翻来覆去,令人厌倦。于是我们抱怨:'战争文学太多了。'或者相反。消停几周之后,又出版了一部新的战争小说或战地笔记。鉴于不存在无趣的战争书籍,鉴于每本书都因其记述的惊人事件而蕴含崇高的力量和情感,于是我们被打动,我们赞叹:'这是本好书。'结果就是今天关于战争的'好书'数不胜数。"吕西安·德卡夫虽是多热莱斯的支持者,却也放山口风,认为命运或许另有决断:"饫则腻。在这样一场战争之后,我们更需要的是静心默思,而不是聆听一千零一段回忆。由此不可避免地导致的乏味对作家并非全无危险。人们不再保证能读完他们的书。"[7]

因此记者在他们的清单里自觉列入了一些其他题材的作品,如埃曼纽埃尔·布尔希耶②的社会悲剧(《让娜》),莱昂·巴朗杰③的科幻小说(《力量主宰》),让·高蒙和卡米耶·塞④的乡土文学(《熄灭的蜡烛》),爱德华·施奈德⑤(《阿里阿德涅,我的姐姐……》)和阿尔贝·特塞斯特文

---

① Gros noir,指大口径炮弹。
② Emmanuel Bourcier(1880—1955),小说家、剧作家、记者。
③ Léon Baranger(1877—1943),作家、记者。
④ Jean Gaument,真名 Ferdinand Verdier(1879—1931);Camille Cé,真名 Camille Chemin(1878—1959)。两人合作了多部以诺曼底为背景、突出诺曼底方言运用的作品。
⑤ Édouard Schneider(1880—1960),作家。

斯①(《人中七人》)的哲学思辨,弗朗西斯·卡尔戈②的巴黎"故垒"世界(《队伍》),阿尔贝·阿戴斯与阿尔贝·约希波维奇③的东方主义(《天真汉古哈之书》),以及马塞尔·普鲁斯特那本无法归类的大部头。

只有一个名字出现在所有清单里,那就是多热莱斯,排在其次的是他的朋友卡尔戈。普鲁斯特在这一排行榜上名列第三,与阿尔努仅在伯仲之间,但他的名字要到12月5日,才首次出现在吕西安·德卡夫——这一方面的权威人士——谈论当季文学奖的文章里。所以11月29日,安德烈·瓦尔诺——多热莱斯称其"我最忠实最亲爱的朋友"——"几乎能肯定"《木十字架》将获胜。但此时,一股恐慌情绪开始在多热莱斯阵中蔓延。几天后的12月6日,瓦尔诺不再如此肯定。因为印刷厂的罢工导致11月11日至12月1日没有报刊出版,他担心这会扭曲文学奖的正常竞争:"报纸与杂志本应在文学大奖的竞评活动中发挥重要作用。我们本该陆续看到新的参评者登场,看到各人的胜率此消彼长。[……]霍朗·多热莱斯和他的《木十字架》依旧是最大的热门。但如果龚古尔奖旁落在战争小说以外,那它有可能授予弗朗西斯·卡尔戈的《队伍》,其胜率正与日俱增,尽管马塞尔·普鲁斯特的支持者卖力地为

---

① Albert t'Serstevens(1885—1974),比利时裔法国作家。
② Francis Carco(1886—1958),作家、诗人、记者、歌词作家。
③ Albert Adès(1893—1921),用法语写作的埃及作家;Albert Josipovici(1892—1932),法国作家,生于君士坦丁堡。两人于1913年在埃及开始合作,《天真汉古哈之书》是他们的第二部作品。

《在花季少女倩影下》助选,而且'十院士'中有一人把为他争取该奖视为己任。"⁸

这时,普鲁斯特的名字已登上了所有报纸的清单,除了《人民报》和《人道报》。这两家社会主义报纸直至12月10日龚古尔奖揭晓前数小时仍不打算谈论《少女》一书——或许以为这样就能避免自己讨厌的结果发生。

人们得以逐日了解普鲁斯特竞评形势的变化,就像一年前在报刊上逐日阅读总参谋部公报那样。一开始无人问津,普鲁斯特以"黑马"姿态登场,舆论称他"倾动全巴黎",而后他又成为三大热门之一,与多热莱斯和卡尔戈并驾齐驱。"多热莱斯或正被迎头赶上。"12月6日的《观点周报》(*L'Opinion*)解释道,"报纸对他的突出宣传给他带来了损害。现在最有希望的可能是马塞尔·普鲁斯特,他的朋友莱昂·都德在支持他。"确实,有些人做得太过火。例如,比内-瓦尔梅在得知多热莱斯可能错失龚古尔奖后拍案而起:"我作为一名战士作家,衷心希望这一流言只是长舌妇的无稽之谈。这可能吗:您,莱昂·都德,性如烈火,言谈泼辣粗犷;您,吕西安·德卡夫,曾经的士官;你们,我的朋友、我的导师罗尼兄弟,我们国家的荣耀;还有你们,我何敢妄呼名讳的其他院士,你们拥有向碌碌大众揭示一部著作,从而使其回响于人心的力量;这可能吗,难道你们果真会厌烦英雄故事而犯下这一错误?"他的质问引来安德烈·朗①的评论:"龚古尔奖?啊,

---

① André Lang(1893—1986),记者、剧作家。

这回定了。比内-瓦尔梅先生，1914年踏入新纪元的比内-瓦尔梅先生，在和平年代比整个战争期间五万名小队长指挥下的所有披坚执锐的战士还要骁勇的比内-瓦尔梅先生，日前在《戏剧报》撰文公告，要求将龚古尔奖授予霍朗·多热莱斯的《木十字架》。注意，吕西安·德卡夫是小个子，埃莱米尔·布尔舍老态龙钟，大小罗尼从未开过坦克，至于其他人……在这种情况下，我请问，您要他们怎么拒绝这位只身便能召集一支占领大军的人？"⁹

12月8日，《协约报》(*L'Entente*)在得知"受其中一名院士影响，龚院可能［……］考虑把今年的奖颁给马塞尔·普鲁斯特"后，也开始慌张起来："诚然，没人比他更有资格得这个奖——如果是在二十年前。但今天，普鲁斯特的爱好者一致祈求龚古尔奖的各位能为他免去在本该发奖的年龄拿奖的羞辱。"12月10日的《闪电报》(*L'Éclair*)相信是莱昂·都德在不遗余力地为《少女》一书呐喊，称他威胁辞职——"要是其他人不从的话"。以至于同日，安德烈·比利会这样写："我们首先注意到有两位大热门，一位是来自'右派'的马塞尔·普鲁斯特先生，另一位则是霍朗·多热莱斯先生。普鲁斯特先生的作品极为冗长且极尽雕琢，他主要靠和十院士之一的老交情来博取他们的好感。他已经过了放宽后的作家年龄上限；但话说回来，鉴于他近几年才刚刚开始发表作品，所以还是可以把他视作新人，出道略晚但值得关注的新人。毕竟，对公众而言，他仍然是新人，是一名几乎陌生的小说家。我这样说，绝无贬低他的意思，只是为了指出他对于霍朗·多热莱斯先生是一名多么可怕的竞争对手。"[10]

多热莱斯及其出版商的战略在最后关头被一场他们未能预见的攻势遏制。印刷厂的罢工解释不了一切。有人在暗中用计。病榻上的普鲁斯特或许指挥不动步兵,但有炮兵在握。评论家对多热莱斯一边倒的叫好并不足以说服龚古尔奖的评审们,他们甚至会对过于密集的舆论攻势产生逆反。这正是后来保尔·苏代向普鲁斯特解释奖项揭晓之前他为何从未在《时代报》的专栏里提及《在花季少女倩影下》时所举的理由:"我生怕[给十院士]留下您想影响他们决定的印象,反而对您不利:没有哪个评审团愿听旁人指手画脚。"[11]

不过普鲁斯特应该从来没把成功的希望寄托在评论上。他评估了自己的力量,并衡量了争取每位院士选票的胜算,因为他选择直接针对院士们做功课,而不是通过报纸吹小风。

他一开始就知道可以倚靠两位风云人物的支持——莱昂·都德和大 J.- H.罗尼,他们甚至不待他发出求助信号便伸出了有力的援手。

虽然 1913 年都德没怎么鼓励普鲁斯特,但他最终读完了《斯万家那边》,或如普鲁斯特所想,读了"偶然翻到的十行欺骗性文字"。1915 年,他在送给普鲁斯特的那册《幽灵与生者》上写了如下赠言:"送给马塞尔·普鲁斯特/《斯万》极尖锐的作者/来自他的朋友/莱昂·都德这边。"1917 年,在《沙龙与报纸》中,他为"《斯万家那边》这本往往令人愕然、充满希望的独特作品的作者"勾勒了一幅肖像,并作出一个他看上去并不知道已经实现的预言:"如果在文学层面上,他能找准自己的方向,保持克制,善加组织,那么某个明媚的早晨,他一定能在生活边上,写出惊人的篇章。"普鲁斯特回了他一封长信,通篇都是友谊的保证,但在一句话中爆发出他的失望:"可再怎么说,'令人愕然、充满希望'也太……"[12]

1919年6月,普鲁斯特在一册《在花季少女倩影下》上写道:"送给莱昂·都德。他不喜欢我的书,但这不妨碍我崇拜他的书(见《仿作与杂记》第37页)和他本人。"括号中的文字是这段题赠里最重要的内容,它们邀请莱昂·都德阅读他仿作的《龚古尔兄弟日记》中的一节:"这是个怪人,吕西安[·都德]表示,这个马塞尔·普鲁斯特,一个完全活在膜拜中,把某些风景画作、某些书籍当作上帝一样崇拜的人,比如说,他对莱昂的小说就爱得五体投地。沉默良久,在饭后一吐为快的冲动中,吕西安又说:不,这不是因为他是我哥哥,龚古尔先生,不是的,千万别这样认为。没办法,总得有人说出真相。于是他讲了个小故事,用他那种细密的讲述风格,绘声绘色:一天,一位先生帮了马塞尔·普鲁斯特一个天大的忙。为了表示感谢,普鲁斯特带他去乡间别墅吃饭。然而在交谈中,这位先生——并非旁人,乃是左拉本尊,抵死不愿承认法国从古至今只有一位真正伟大的作家,只有圣西门①一个人可以望其项背,而这位作家就是莱昂。一言不合,见鬼,

---

① Louis de Rouvroy de Saint-Simon(1675—1755),法国贵族,文学家。其《回忆录》记录了路易十四朝末期及摄政时期的宫廷生活,具有极高历史与文学价值。十八世纪末的空想社会主义者圣西门是其远亲。

普鲁斯特忘了他欠左拉的人情,左右开弓,两巴掌把他打得倒退十步,四脚朝天。第二天他们决斗,纵使冈德哈克斯①来调解,普鲁斯特仍不依不饶,一点不肯讲和。"这个极风趣的马屁,假使普鲁斯特没有在题赠中注出其所在页码的话,很有可能会被它的奉承对象漏过。然而,1908年这篇仿作首次发表时,读者休想找到这段致敬都德的文字:它是1919年,普鲁斯特在准备出版《仿作与杂记》时刚刚加入的。[13]他在此发明了一种高妙的谄媚方式:当着全世界的面——虽然有可能让对象为难,但凸显其郑重;可同时又隐秘地藏在私人题赠的括号里。

1919年8月,雷纳尔多·阿恩②在拉罗什城堡都德家小住,那儿离昂布瓦兹不远。茱莉亚·都德在读《在花季少女倩影下》,喜欢得不得了,正如她在给马塞尔的信中写的那样:"多了不起的书啊!多美啊,情感,回忆,观察,水乳交融。这是对一个时代的人、各个侧面,甚至潮流以及言谈的观察和最终记录。您是一个时代的史官,它将因您而流传后世,并在未来拥有一席之地。"这个夏天,这部小说在都德家的餐桌上被多次提及,雷纳尔多写信告诉他的朋友:"我们谈了很多关于龚古尔奖的事。讨论其他竞评者时,莱昂听都不听,他说反正他只投您的票。"莱昂·都德后来曾提到他妻子玛尔特·阿

---

① Louis Ganderax(1855—1940),记者,戏剧评论家。
② Reynaldo Hahn(1874—1947),委内瑞拉裔法国音乐家,曾经是普鲁斯特的情人,后来也一直是密友。

拉尔①——她的笔名"庞皮耶"（Pampille）知名度更高——和马塞尔那超越语言的礼数所起的作用："他时不时地送一束漂亮的鲜花给我妻子——我妻子对他很友好。他做得对极了，因为他能得龚古尔奖，她可帮了大忙。"普鲁斯特也知道或猜到了她起的作用，他事后说她"和她丈夫一样热情，帮我获得了一点全要归功于他人的成功"。不管说服莱昂·都德的究竟是他弟弟、母亲、妻子或他的导师莫拉斯——他早在1896年就赞誉普鲁斯特是"寻回之真理的新见证者"——的力荐，还是他自己的阅读，总之他的态度在这个夏天发生了彻底的转折。他做好了为他"亲爱的马塞尔"的作品战斗的准备。[14]

普鲁斯特二十岁上在"阿纳托尔·法朗士的灵感仙子"莱昂蒂娜·阿尔曼·德·卡亚韦②的沙龙遇到过大罗尼。后者当时错判了这位年轻人的性情，这可以从他《日记》中的一页看出来："昨，1891年5月19日，于阿尔曼夫人处晚餐。特别之处，那个年轻的普鲁斯特，长着颇有东方美的大眼睛，很大，有种自私的温柔，一直扑在阿尔曼夫人的裙底。持续不断，毫无顾忌。她对此很受用。她看着他的眼神，蔚蓝，让她年轻。法朗士嫉妒吗？不管怎样，他表现完美。"[15]法朗士比大罗尼知道得多，他知道他在这方面不用对这位殷勤的访客有任何担心。

---

① Marthe Allard（1878—1960），莱昂·都德的表妹与第二任妻子。
② Léontine Arman de Caillavet（1844—1910），沙龙女主人。《追寻逝去的时光》中韦尔迪兰夫人的原型之一。

两人的关系应该一直没能超越这一误会。1910年，他们在卡堡偶遇，或许后来在小说中读到巴尔贝克这地方，大罗尼想起过他在海滩或散步平台上结识的那些人，想起他们的优雅，想起他们的丑态，想起"美好年代"海滨度假地特有的闲适的青春与运动。1913年，他们没有"任何私人来往"。再次见面是在1920年3月，两人都已经忘了曾在度假时相遇，普鲁斯特还对大罗尼说："您和三十年前一样年轻。"[16]

1913年评选时，大罗尼读了《斯万家那边》，并向文学院的同仁作了推荐。1919年，他在自己的小说《幸福的召唤》上题写"送给马塞尔·普鲁斯特，感谢他美妙——更兼难忘的——《斯万家那边》"，并献上他的"崇敬之情"。他随后读了《在花季少女倩影下》和《仿作与杂记》，于10月29日给普鲁斯特写了封如钻石水色般明净的信："您在我的人类宇宙中加入了一些东西；我已有很长时间没有如此美妙的经历了。[……] 出于一些'外部'的原因，我过去曾对授予您龚古尔奖有过犹豫。今年，请允许我投您一票（并为您宣传）——如果您同意的话，因为要我不为您投票是不可能的事。"[17]

普鲁斯特在回信中给他支着，以应付可能的反对意见："据我了解，您的同事对我的小说都挺支持。假使他们对我的年龄有所顾虑，您可以告诉他们，《斯万》一书出版时我不到42岁，当时'盖尔芒特那边'也已清样。但战争随即爆发不是我能左右，此后五年我一直找不到印厂。"而后，在足足三页的"又及"中，他再次回到龚古尔奖的问题上来，犹豫是否应该"托人找这人或那人去说",是否"争取该奖是个错误",因为那可能让他"在许多人已经成为某个学院院士而非获奖者的年龄还像个'学生'"。他的结论证明他做过一番全面调查:"我得到的消息都非常有利(除非您认为得奖对我是件坏事)。"[18]

然而他依旧忐忑:"鄙友保尔·莫杭①问我是否要他父亲找埃尼克先生说项。另外我知道一位朋友,德·克莱蒙-多奈尔夫人②,能同若弗鲁瓦先生搭上话。但我认为还是让院士们不受外界影响,完全根据作品来评判为好,所以拒绝了推荐。"他还承认自己在某一方面的无知,并在12月10日之后仍多次提及:"我不知道自己是否能得奖,我甚至不知道何时颁奖,但不管怎样我很高兴有这样一个奖,因为它令我(不论届时'折桂者'是我还是他人)得以领略您的美意,以及您对您青睐的作品的作者的这份热情。"[19]

11月3日,大罗尼回信安抚:"根据您举出的理由,您的作品,至少大部分,都形成于青年时代。这是一个特例。特例就该特办。而支持您得奖的理由同时也是您应该收下这个奖的理由。"他随后悄悄透露,《少女》一书已获得六票支持,其中四票是"坚决支持"。"如果能让主席坚定不移地站在您这边(目前他是支持您的)那就万无一失了。"[20]

---

① Paul Morand(1888—1976),作家、外交官。
② Élisabeth de Clermont‑Tonnerre(1875—1954),法国贵族,女文人。后投身左翼运动,被称为"红色公爵夫人"。

普鲁斯特于是琢磨了一个方案，以彻底确保龚古尔文学院主席古斯塔夫·若弗鲁瓦的支持："您叮嘱我保密我当然会守口如瓶，但这似乎与拜托该名院士请他对我支持到底很难兼顾。不过仔细想来，也不是不可能。我没对任何人说过［……］与您通信的事，所以我可以致信该名院士再次（前不久已有过一次）感谢他的支持，从而告诉他从院士聚会透出消息称，只要有他坚定不移的支持——而我也请求他这样做，我就能得奖。"[21]

11月26日，院士们在德鲁昂饭店聚餐，有两份资料提及这顿午餐。其一是聚餐次日古斯塔夫·若弗鲁瓦致大罗尼的一封信："我没能参加龚古尔文学院的聚餐。因为肋间风湿的缘故。很不舒服。同样因病缺席：让·阿雅尔贝/罗尼/德卡夫/出席：莱昂·埃尼克 埃米尔·贝热拉 莱昂·都德 小罗尼 亨利·塞亚尔 埃莱米尔·布尔舍 法斯盖勒①［……］下次聚会定在12月10日星期三，该发奖了。我不知道昨天会上说了什么。我还是选马塞尔·普鲁斯特（为另几人感到惋惜，多热莱斯，阿戴斯［］）。"[22] 不论普鲁斯特与他作了怎样的沟通，总之，主席没有动摇。

另一份材料是埃米尔·贝热拉的日记："这是我第一次参加龚古尔文学院聚餐，在德鲁昂饭店，加永广场。我们人数不多。是埃尼克领我去的，他来交道口的地铁站接我。邀请了法

---

① Eugène Fasquelle（1863—1952），出版家，曾于1912年拒绝了普鲁斯特《斯万家那边》的书稿。

斯盖勒，商量龚古尔作品插图版出版事宜。他看上去不怎么热心。莱昂·都德出席午餐，他刚当上议员。我上一次见到他还是他访问博迪尼耶舞台那回［……］是在他和让娜·雨果蜜月旅行回来的时候。他挺矜持，但友好，与他爱充好汉的政客形象判若两人。而且我们也没聊政治，所以气氛轻松。下次午餐将在 12 月上半月举行，会选出小说奖得主。"[23]

较早便作出选择的似乎还有第三名院士。埃莱米尔·布尔舍与普鲁斯特从未谋面，但却是普鲁斯特得奖后第一个致谢对象。而且普鲁斯特事后谈及此番当选的"促成者"时，也每每将他与都德和大罗尼相提并论。[24]

普鲁斯特与塞亚尔在 1916 年有过书信往还，事由不明——两人结识于茱莉亚·都德家，但关系并不亲密："我收到塞亚尔的一封信［……］。他既然称我'亲爱的同仁君'，我便回他'尊贵的同仁君'，而后想起他应该是龚古尔文学院的，至少是'顶楼房'的旧人，这风格与'顶楼房'相去甚远。"不过以塞亚尔与都德一家的交谊，这第四票对于普鲁斯特来说也是囊中之物。虽然《人道报》称塞亚尔"逢人便反复宣扬自己是该书［《木十字架》］最顽强的捍卫者"，称他"倩人绍介"多热莱斯"以更好地扶助他"，可在吕西安·都德看来，塞亚尔和其兄莱昂一样，实为普鲁斯特"最顽强的"捍卫者。而且，根据当时在《新法兰西杂志》社工作的罗歇·阿拉尔的回忆，塞亚尔曾告知他的朋友加斯东·伽利玛，"瞧都德为其候选人疯狂出头的阵仗，龚古尔奖有极大可能授予马塞尔·普鲁斯特"。[25]

对于另几位普鲁斯特可以想到不会支持他的院士，不清楚他采取了什么动作。10月，他向罗贝尔·德·弗莱尔打听埃米尔·贝热拉的地址。他要对后者说什么？这段通信没有保留下来。可能罗贝尔·德·弗莱尔亲自替他向贝热拉打了招呼，因为后来他曾为此致谢："可笑的是当时我们——你和我——一致决定去拜托那些已经打定主意（不过那时我还一无所知）给别人投票的院士，殊不知反倒是没打招呼的那几位对我热情似火。"[26]

他曾经在外宴请——"卡特兰草地餐厅和里兹酒店比大食堂酒家可能性更大"——以拉拢莱昂·埃尼克和吕西安·德卡夫？人们纷纷传说此事，但不出示任何证据，只满足于为谣言传播福音，就像《大众报》(Le Populaire)上的这篇文章："在巴黎的文学界有六位男士，他们的认可，恕我冒昧，要视他们在花季雪茄烟影下的消化情况而定，[……]鉴于归根结底胃说了算，所以比起一部杰作，还不如给宾客们上一瓶侯伯王酒庄的美酒。"普鲁斯特以反讽来回击这些诬蔑："我不惮以美酒佳肴来填喂埃莱米尔·布尔舍先生（其实我从未见过他，在给我的信中，他对我这本书做了如此过分的宽容评价，转述的话我都会脸红）。"[27]然而没用，人们继续议论他像特里马尔齐奥①那样玩弄请客吃饭的把戏。他们真能想象阴晴不定的德

---

① Trimalchio，古罗马作家佩特罗尼乌斯(Petronius)作品《萨蒂利孔》(Satyricon)中请客炫富、附庸风雅的暴发户。

卡夫和普鲁斯特在里兹酒店的某个沙龙同桌共餐？这简直就是刘别谦电影里的场景，我们仿佛看到最高苏维埃的密使神色凝重但不无惊奇地跨进豪华酒店，而妮诺奇卡同志很快便会前来与他们会合……

退一步说，如果认为普鲁斯特的辟谣做不得数，那吕西安·德卡夫本人的辟谣总该做得数。1937年，他如是回顾这段岁月："我本可以结识马塞尔·普鲁斯特，因为1919年，龚古尔文学院把年度文学奖授予了他的作品《在花季少女倩影下》。但我并未借机与他会面。因为人们告诉我，他有悦人的天赋，总之，取悦于人的本领。于是我想，这便足以使他令我不悦了。'他需要被爱的感觉'，人们又说。可是要与他交友，我就得接触一个不属于我且对我完全没有吸引力的世界。估计他也明白这一点，因为他没有采取任何能使我们彼此亲近的举动，而我们的共同友人也仿效了他的做法。"[28]

好在12月2日，大罗尼已可让普鲁斯特安心："我认为现在对您来说已经不会再有变数了。"就连德卡夫似乎也对评选结果不再抱有幻想。12月5日，他向公爵夫人的听忏师、诗人的点化者穆尼耶神父①透露了普鲁斯特的名字，神父在奖项揭晓后把此事告诉了普鲁斯特。"既然吕西安·德卡夫先生告诉您我会得奖，他比我消息更灵通（这可以理解，因为他是院士之一）[……]。"普鲁斯特回复道，"不管怎样，我对您从

---

① Abbé Mugnier（1853—1944），一名经常出入巴黎社交圈和文学圈的教士。

德卡夫先生那里得知这一不足挂怀的消息感到抱歉,他少不了会说些怪话。"[29]

至此,普鲁斯特得到了五票支持:都德,大罗尼,布尔舍,塞亚尔,以及主席若弗鲁瓦——在平局的情况下,他手握两票。

多热莱斯这边也没闲着。和普鲁斯特一样,他也在盘点自己的票数。他知道让·阿雅尔贝会投他一票。这位院士发表了一篇揄扬《木十字架》的文章,并于7月26日致信作者:"您以大量真相树立起一座人性与历史的丰碑。在这样的地狱中,您是一位可贵的向导。"[30]

8月20日,莱昂·埃尼克也向他致敬:"我读完了这本书。它深深感动了我,用它的真实,用它至深的悲悯。"[31]

至于吕西安·德卡夫那儿,多热莱斯估计也得到了承诺:在闹情绪的间隙,"排字熊"①会投他的票。因为1921年,借着寄送新版《木十字架》——安德烈·迪努瓦耶·德·瑟贡扎克②(次年为临终的普鲁斯特绘制肖像的就是他)线描及铜版画插图版——的机会,他仍不忘向德卡夫致谢,在书上亲笔题写:"向吕西安·德卡夫,我起步阶段慷慨的保护者,献上我的敬意与谢忱。R.多热莱斯。"[32]

还有谁是他可以指望的?他准以为曾对他的小说表示赞

---

① 德卡夫著有自述生平的《排字熊忆往》(*Souvenirs d'un ours*)。"排字熊"是当时印刷厂里对排字工的谑称,因他排字时单调重复的动作与熊的行为相似。
② André Dunoyer de Segonzac(1884—1974),画家、插画家。

赏³³的小罗尼会站在他这边，这应该是很是自然的事，因为大家都知道，小罗尼很少和他哥哥投一样的票，而且他是"左派"。

他亲自联络了埃米尔·贝热拉，抑或只是托朋友打招呼？让·阿雅尔贝说过院士们对这种操作的想法："打招呼？不管是何种形式，它们全都有个共同特点，那就是无视还有其他竞争者存在，相信你的票一定会带动另外九人的票——太抬举我们的个人影响力了。基本可以确定，这些推荐从未起到任何作用。"不过显然，多热莱斯采取了这种操作（因为很难想象别人会不待他的许可越俎代庖）。贝热拉收到一封用打字机打出的信，信纸抬头是"法国技术期刊股份有限公司"，落款日期1919年11月6日："我亲爱的龚古尔院士：／不知是否还有必要向您推荐我的老友多热莱斯所著的《木十字架》一书？我相信您一定早就注意到了它的光彩。不管怎样，我还是要向您表一表我对它的高度赞赏。"写信人加斯东·德·帕夫洛夫斯基①是记者、文学评论员，曾任《戏剧报》主编——战前，他曾在该报上不冷不热地介绍过《斯万家那边》；1919年，他是《机动车》(*Automobilia*，副题"现役汽车"）杂志经理。多热莱斯与这份精美的画报偶有合作，以圣诞故事的形式，刊发当初并非因为审查，而是他自己主动从《木十字架》手稿中撤除的那些章节。³⁴

像多热莱斯这样操作的参评作家应该不少，但如今还能见

---

① Gaston de Pawlowski（1874—1933），作家、发明家。

到的推荐信却不多。亨利·巴比塞这年为玛格德莱娜·马克思的小说《女人》作序,不但称赞该作品"特色鲜明",足以使作者跻身"这个时代最杰出最高尚的作家之列",还意犹未尽地给十院士之一(极有可能是莱昂·埃尼克)写信,请"龚古尔文学院尊贵的朋友们"考虑给这部"十分优秀"的作品"颁奖[……]但绝无任何指导他们行事之意"。因为他"认为提醒'主事者'关注值得关注的作品是文学之士的责任"。<sup>35</sup>

多热莱斯还须面对另一个威胁,那就是原定于11月28日星期五,比龚古尔奖早十二天颁发的费米娜-幸福生活奖①。<sup>36</sup>若是得了这个由女士们颁发的奖,就将失去从龚古尔文学院的男士们手中领奖的资格。但一样都是5000法郎奖金,龚古尔奖分量更重。多热莱斯战前供职的《自由之人报》一集不落地报道了这出喜剧的全过程。鉴于11月11日至12月1日印厂罢工,没有报纸出版,费米娜-幸福生活奖评审团决定延后至12月5日星期五发奖。但12月2日,印厂复工后出版的第一期《自由之人报》透露,评审女士们希望再等一星期,"以便借着报刊恢复出版的势头尽可能地扩大颁奖活动的影响"。另一些文章也证实了这些再次延后的理由,都说罢工是唯一的原

---

① 一战后,控制《幸福生活》杂志的阿歇特出版集团收购了《费米娜》(Femina)杂志,幸福生活奖改名费米娜-幸福生活奖——也称幸福生活-费米娜,又于1922年改定为费米娜奖。原作者在以下章节对这一奖项的称谓比较随意。为明晰起见,以下凡叙述中提到该奖,均统一为"费米娜-幸福生活奖",引用文字中出现则保留时人惯用的称呼。

因。[37]这个解释对于第一次延期（12月5日）还算可信，但对于再次延期至12日则缺乏说服力。由此产生了各种猜测。《自由之人报》出于一些不明的动机，把跟进此事当作己任，不吝对风闻的猜测进行报道。

12月5日，围绕费米娜-幸福生活奖评审团颁奖日期的困惑依然未散："今天会颁奖吗，抑或还要等一星期，以让龚古尔文学院的先生们先作选择……因为龚古尔奖的角逐者之一颇为幸福生活奖的女士们看好……他叫霍朗·多热莱斯，是个讨女士欢心的人。所以——一定是这样——他才敢拒绝她们的豪华馈赠，让她们烦恼痛苦。因为霍朗·多热莱斯先生不接受女士们的奖金……他偏爱龚古尔奖的那些先生，固执地拒绝她们给予他的荣誉，让她们蒙羞。"这一解释事后为《倾听》（*Aux écoutes*）周刊的一名记者所证实，他爆料称"这些文学女性"当时已经决定把奖颁给多热莱斯，但这位递话说"为一本战争书籍接受一个由女士授予的奖项于他而言是不合适的"[38]——失礼是守礼的另一个名称。

12月8日，《自由之人报》又有新的爆料："霍朗·多热莱斯先生说了他不想要。他为此致信雷瓦尔夫人和费尔南·格雷格夫人①。他还去她们家里告知。他解释说，如果拿了她们原定上周五发的奖，他就会彻底失去冲击本周三揭晓的龚古尔奖

---

① 费尔南·格雷格夫人（Mme Fernand Gregh,1881—1958）即下文提到的阿尔莱特·阿扬（Harlette Hayem），她和雷瓦尔夫人（Gabrielle Réval, 1869—1938）均为法国女作家,费米娜-幸福生活奖评审。

的希望。"所以费米娜-幸福生活奖才决定押后至周五颁发，比龚古尔奖晚两天，可谓仁至义尽。据说拉希尔德当时惊呼："瞧啊！这些女士要把'幸福生活'变成龚古尔顶楼房的地窖了……你们要把这可怜的多热莱斯放进地窖？"[39]

这下，多热莱斯不但会被当作混球，还有可能既拿不到龚古尔奖也拿不到费米娜-幸福生活奖。于是他致信老东家澄清，该信于12月10日见报："我可以接受——尽管那让我生气——被人说闲话，但我坚决反对让我扮演一个并不属于我的角色。我之所以曾给幸福生活奖的某些评审写信，并不是为了粗鲁地推却一个只会令我骄傲的荣誉，而是出于最基本的礼节，感谢她们关注了我的书。"

事态严重，以至于《自由之人报》秘书长保尔·隆巴尔（Paul Lombard）不得不撰文对这一申辩表态："我们报道了围绕幸福生活奖出现的一些小动作，引发了远非我们所能逆料的后果。有人向我们指出，它们被某些候选人用来打压另一些候选人——必须声明，这绝非我们发表它们的初衷。［……］多热莱斯先生是《木十字架》的作者，这本书得到了本报毫无保留的赞誉，完全配得上一个文学大奖。"[40]

12月13日，《闪电报》又对费米娜-幸福生活奖两次延期的原因展开讨论，猜测其评审团成员预料到了普鲁斯特会摘得龚古尔奖："这样解释就清楚多了：因为她们无法就获奖人选达成一致，所以才一拖再拖。"按照《倾听》周刊的说法，当多热莱斯拒绝后，评审团的女士们对其他参评作品"意见极为纷纭"，"分歧之大，以致评审团甚至不愿冒险再次表决，生怕事情闹大有人辞职。所以才推迟了颁奖日期。"[41]

在此期间,布隆与努里出版社(Plon et Nourrit)给评审女士们送来了埃利萨·哈伊斯①的小说《摩洛哥女人萨阿达》的校样,这一"异国候选人"似乎团结起了一个多数派。这是个"不搞小动作,没人认识,从未出现在任何沙龙"的女作家,但据说得到了科莱特的支持。然而遗憾的是,这本书还未开印,得等书店上架后才能给它颁奖。该书最终于12月13日在国家图书馆完成了版本备案,而费米娜-幸福生活奖评审团已经在前一天表决过了。[42]

费米娜-幸福生活奖之所以推迟颁发——对《木十字架》而言倒是极为理想——可能确实有上述考虑,但我们并不能排除《自由之人报》给出的那些理由,即便多热莱斯不肯承认。在1920年元旦的《法兰西信使》上,该年度评审团主席拉希尔德透露了评选内幕,但隐晦的措辞足以让不知内情的读者一头雾水。据她讲述,她原本希望奖励一部女作家的小说,却发现同事们"全迷上了一本书:《木十字架》"。在此,她使用了一个比喻,与《自由之人报》之前报道的据说是她自己说过的话一字不差,就像是为一个她不便明确支持,但与真相无比接近的版本打上认可的戳记:"要我比拟我那些女同事和女性友人的心态,不妨想象饲养在花园中的文鸟。大鸟笼里,母鸡们——乌丹鸡、凯夫克尔鸡、白毛脚鸡、法夫罗尔鸡——全都盯着……一旁的风信鸡。这罕见的珍禽就矗立在花园边上大房

---

① Élissa Rhaïs(1876—1940),阿尔及利亚女作家。

子的屋顶,在顶楼房之上悠然自得——同一幢房子,我们则是地窖。"拉希尔德试图把评审团其他成员的注意力引向女性作品,然而,"一次次讨论下来,大鸟笼里的文鸟越来越迷恋……风信鸡,而后者却对她们不屑一顾——顺便说一句,他做得好。我最后甚至发了脾气,忘了那句'女人所欲'①的老话,在某次开会时摔门而去……"⁴³

与多热莱斯相反,普鲁斯特并不只在龚古尔奖上下功夫。10月份时,他依然在考虑其他奖项。在写给亨利·德·雷尼埃的信中——如他经常做的那样,混合了请求与恭维——他坦承:"出于诸多原因,我将非常高兴能获得法兰西学院文学大奖。您对我的作品一直照拂有加,所以我给您写信,以了解这是否可能,以及该如何行动。"玛丽·德·雷尼埃②后来致信普鲁斯特祝贺他荣获龚古尔奖,但她承认,她其实希望他能获得法兰西学院文学大奖:"我一直在运作此事。"这位曾于1894年创立"美拉尼西亚学院"——院士包括皮埃尔·路易③、保尔·瓦莱里、费尔南·格雷格④、莱昂·勃鲁姆和"法国第一美拉尼西亚人"马塞尔·普鲁斯特——并自封"学

---

① 西谚:女人所欲即上帝所欲。
② Marie de Régnier(1875—1963),女作家,1918年法兰西学院文学大奖得主,亨利·德·雷尼埃的妻子。
③ Pierre Louÿs(1870—1925),诗人、作家。玛丽·德·雷尼埃的情人、妹夫。
④ Fernand Gregh(1873—1960),诗人,文学评论家。

院女王"的女士进行的宣传颇为有效，因为之后有二十来名法兰西学院院士致信普鲁斯特，对他获得龚古尔奖，导致他们无法再授予他法兰西学院文学大奖表示遗憾。[44]

为了让《少女》一书拿奖，女士们真可谓竭尽全力。12月头上，费尔南·格雷格——普鲁斯特童年好友——的妻子、费米娜-幸福生活奖评审阿尔莱特·阿扬通过雷纳尔多·阿恩捎话，询问马塞尔是否愿意争取一下她们的奖。普鲁斯特回了一封信，"满是大段的解释：对评审女士们采取什么策略为宜啦，得奖后选哪张照片登在《费米娜》周刊上啦，这张照片得去哪位朋友家找啦——注意不是那张侧脸的照片而是另一张，万一上述朋友家找不到再去问另一位啦"。和阿兰-傅尼埃一样，普鲁斯特想在报纸上看到自己的面孔。[45]

## 一个睡觉的人

### 1919年12月10日,星期三

"一个睡觉的人,周遭环列着时间之线,岁月、世界之序。"[1]12月10日这天,当普鲁斯特还在睡觉,德鲁昂饭店三楼,在埃德蒙·德·龚古尔的肖像的注视下,龚古尔文学院开始为五十名作家提交的时代与世界定序。

院士们很早便陆续抵达,以无伤大雅的玩笑互相问候。侍者拉开轧有凹凸花纹的皮座椅,在每位食客面前摆上菜单:腰子,魔鬼烤鸡——这几乎只能算一餐便饭。没上红葡萄酒,也没上甜酒,不过还是上了几瓶著名的"白中白",所谓的干型香槟之王——爱戳壁脚的人曾称这些"喝依云水的革命者"之所以撤离巴黎咖啡馆是因为那里酒水太贵。一如既往,他们抱怨菜价太昂。不过这天,塞亚尔宣布请同僚们吃牡蛎。那里的牡蛎,据莱昂·都德说,"比任何地方都更好更新鲜"。这一慷慨举动赢得了赞赏。[2]

两扇窗户开在垂壁的褐色帷幔间,日光透入纱帘。镀金的七枝吊灯下,一面大镜子让人觉得似乎还挺亮堂。作家们先对最近的新闻评论一番。奥古斯特·雷诺阿刚刚去世,三天前在戛涅（Cagnes）举行了葬礼，但作为德鲁昂曾经的常客，他的音容依旧飘荡在饭店的四壁间。古斯塔夫·若弗鲁瓦很熟悉他，还记得那些年，他的画只卖白菜价：有整整一季，他和莫奈"靠着一片他们自己耕耘、种植的土豆田"为生。就餐前，若弗鲁瓦又提起以前在蒙马特尔的聚餐，"有斯特凡·马拉美参加，一个伟大的和解者，为发生在他身边的所有争论带来消停"。他是否准备把他对雷诺阿这位拥有"现代意识这一一切时代原创艺术家标记"的老友的评价也用到普鲁斯特身上？"他直白地表现生活：聚集的人物，感伤的对话，行乐的场面，精彩的演出。他描绘的是那任他挥洒青春幻想、在艺术上随心所欲的自由生活。不过随心所欲只是表象，他在艺术上是那样勤奋，处处讲究，处处严谨。"[3]

遗憾的是贝热拉因病缺席，他本可聊一聊 1911 年在戛涅的那顿午饭：那天，雷诺阿安排了一头驴子到有轨电车站来驮他上家里，一头爱哲学的驴子，德语说得就像康德和黑格尔一样溜。[4]

莱昂·都德或许形容了一番这位大画家为他母亲茱莉亚·阿拉尔所作的肖像——他曾说过，这是"一幅杰作"[5]。接着，他讲述了"地平蓝议会"①召开首日的情形，同伴们全被吸引住了。

两天前，当阿尔萨斯和洛林的议员步入波旁宫半圆形议会

---

① 此届议会中占压倒性多数的国民联盟主张对德国复仇的政策，故以象征军人与极端民族主义的地平蓝（bleu horizon）来代表。地平蓝是一战中法军军大衣的颜色。

大厅，热泪盈眶的同事们向他们报以热烈的掌声。只有社会党议员没有鼓掌，他们质疑这些"反动代表"的代议资格。克列孟梭总理登上演讲台，从口袋抽出一张纸，调了调夹鼻眼镜，在此起彼伏的欢呼声中用洪亮的声音念道："阿尔萨斯和洛林的同胞们，议会全体，代表胜利的法兰西，全心拥抱你们。"随后他坐回部长席，所有人都拥上来同他握手。

会议在阿尔贝·托马①发言时陷入混乱。前军备部部长涨红了脸，头发蓬乱，胡子邋遢，嗓子也转了轴，像"一丛杂毛里狂怒的假声男高音"。他尝试证明社会党在阿尔萨斯的三个支部曾发起全国团结的倡议，但会场的喧嚣让他的论证成了哑剧。"他的手，一只粗胖无力的小手，攥着他那篇脏东西直抽抽，谁也听不见他在说什么。""'这里只有法国人，'一名右派议员喊道，'今天的演讲台不是政党发声的地方。'"亚历山大·瓦雷纳②，"一个黑黢黢的，驼着背的小个子"，换下他的同志，发出"模糊的狂叫"：他要求议会张贴阿尔贝·托马的发言。都德——这天又穿着他那"丑陋的栗色套装"——反驳："今天没有社会党！今天属于法兰西！"于是他被骂了个狗血淋头。"暗杀饶勒斯的凶手！"马塞尔·卡蕚③一边叫骂，

---

① Albert Thomas(1878—1932)，左翼社会党人，一战中负责军工与工业生产。后担任国际劳工局(国际劳工组织前身)的首位负责人。
② Alexandre Varenne(1870—1947)，社会党人。后来担任过议会副议长、法属印度支那总督等职务。
③ Marcel Cachin(1869—1958)，先后为社会党、共产党议员。1918年起任《人道报》总经理至去世。

一边"像布袋木偶那样扭来扭去"。"不如来说说叛国者!"都德回敬道。见瓦雷纳占着演讲台不下来,若阿希姆·缪拉亲王①冲他喊:"你又没参战!少跟我们胡扯!"这场会议表明:"这些小丑还以为胜利的议会会像上一届的叛国议会那样,任由他们凌辱与谩骂。"⁶

不知吕西安·德卡夫听到这种丑化抹黑会如何回应,不过他也不在场,不参加文学院的任何聚会是他的准则。他与论战家都德完全说不到一块儿,但赞赏其"高屋建瓴的头脑",赞赏这个人:"与冷面滑稽大不相同,他滑稽,可不冷面。我更喜欢这样的。"⁷

用餐已近尾声,开始上甜点,该聊聊小说了。大家原以为都德会来一段慷慨陈词,结果开腔的是大罗尼,他表示《在花季少女倩影下》是"一部在各方面都值得全体支持的作品"。埃莱米尔·布尔舍也表赞同。他在抵达饭店的时候就说了:"我选普鲁斯特。"说什么他都不会改主意。其他竞评者,他抬手就全打发了。⁸

一如既往,若弗鲁瓦嗫着牙说:"我觉得这本书非常棒。"他依旧不怎么发声,"封闭在他的趣味中,就像布朗基被关在牢里"。但或许他至少指出,对这本书,他欣赏的是"落笔有神,胸有成竹",并补充说:"我还喜欢书里那些错综复杂、隐晦不明之处,我在当中总能看到或近或远、或明或暗地闪耀着艺术的光芒。"塞亚尔或许解释说,

---

① Prince Joachim Murat(1885—1938),第六世缪拉亲王。

《在花季少女倩影下》令他看到了1906年他曾在《待售海边地块》中呼唤的作品："对于所有散落在生活中的美,有一天会诞生一个集感受性与说服力于一身的人,大大方方地组词成句,不拽文,不说教,合乎逻辑、深入浅出地对它们展开描述。"[9]

莱昂·埃尼克反对,他认为普鲁斯特只是"一个退化的巴尔扎克"。还有年龄问题。马塞尔·普鲁斯特究竟几岁了?对这个奖来说,他是不是太老了点儿,也太有钱了点儿?曾经,当一名三十岁的作家投稿参评,埃尼克惊呼:"他可真老……不行,我们得找个年轻人……二十岁的年轻人……真正的年轻人。"米尔博还追一句:"而且没钱……一个真正的穷人!"[10]

都德发作了:"我不在乎,而且我一点儿也不在乎,甚至我根本完全一点儿也不在乎。""您一点不了解龚古尔兄弟的遗嘱。"他补充说,"我,我了解,我给您拿来读一读。条款里并没写明他们把这个奖颁给年轻人。不是这样,条款里写的是奖励青春之才。这正是普鲁斯特先生的情况。因为我可以告诉您,这是个超前时代不止一百年的作家。"最后,大罗尼一锤定音:"也不能只是鼓励年轻人呀……"[11]

于是进入投票环节。德卡夫和贝热拉提前就交代过,他们每轮都投多热莱斯的票。第一轮,普鲁斯特获得五票——事后有人传说这五位院士曾"庄严宣誓"保证投他的票,多热莱斯三票,另两名评审则分别把票投给了亚历山大·阿尔努和阿戴斯与约希波维奇组合。第二轮,普鲁斯特依旧是之前的五票,多热莱斯拿下了四票,仍有一名院士投了礼节票,这次投给了马塞尔·马蒂内。胜负的天平在第三轮终于彻底倾倒:多热莱斯本以为可以仰仗的一名院士把票投给了普鲁斯特。[12]这人就是低调的小罗尼,他丢下了独立的包袱,难得地和他哥哥投了一样的票。

两点,尘埃落定:《在花季少女倩影下》荣获第十七届龚古尔文学奖。一名侍者去向记者发布消息。[13]

在表决记录册上,文学院秘书让·阿雅尔贝简要地记下当天的情况:

1919年12月10日聚餐

出席:若弗鲁瓦,布尔舍,埃尼克,罗尼兄弟,都德,阿雅尔贝,塞亚尔

评奖投票

第三轮结果

普鲁斯特先生6票(胜出)

(L.都德,若弗鲁瓦,罗尼兄弟,塞亚尔,布尔舍)

多热莱斯4票

(阿雅尔贝,贝热拉,埃尼克,德卡夫)

前两轮亦得票者依次为:

A.阿尔努,A.阿戴斯和约希波维奇,及马蒂内。[14]

与此同时,在一张"龚古尔文学院1903"抬头、印有儒勒与埃德蒙·德·龚古尔侧面圆章头像的信纸上,古斯塔夫·若

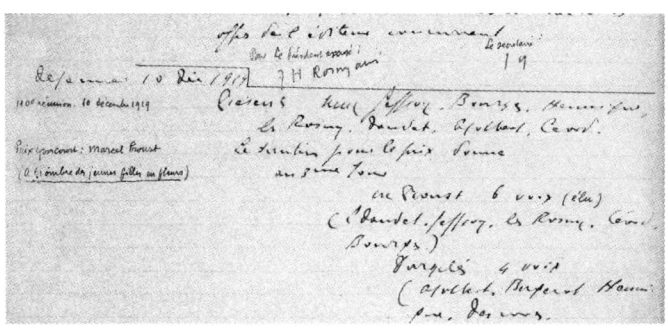

弗鲁瓦起草了一封致普鲁斯特的信,八位在场的院士都签了名:

先生,亲爱的同仁,

我们荣幸并愉快地通知您,今天,您被评为龚古尔文学奖获得者,凭借您的著作:《在花年[原文如此]少女倩影下》①。

敬请接受,先生,亲爱的同仁,我们诚挚的敬礼。[15]

院士们起身离座,走下楼梯,穿上大衣,然后步入寒风,以及这天破晓后便一直笼罩首都的大雾。记者们没料到这么快就出结果,纷纷围拢来探听院士们的反应:

---

① 普鲁斯特的书名法语为 À l'ombre des jeunes filles en fleurs,但在信件中若弗鲁瓦把最后复数的 fleurs 写成了单数 fleur。

1919年12月10日龚古尔文学院致马塞尔·普鲁斯特的信

"德卡夫和贝热拉每一轮都选了《木十字架》。"让·阿雅尔贝透露。

"我也是啊。"莱昂·埃尼克说道……

"这本书合您胃口吗?"一名记者问道。

"这本书合我胃口吗?亏您问得出。我被它迷住了。我认为它全是优点,挑不出任何缺点。这是部辉煌的作品,字里行间才华横溢。没说的,是写作大师的手笔。"

"那对多热莱斯来说太遗憾了,您几位……"

"这于他无损,"埃尼克答道,"因为我说的也是广大读者的意见!"[16]

一位未刊出姓名的院士——可能他只存在于某位讽刺作者的想象中——承认:"没有,我没有读过普鲁斯特的书,但我翻看过。字小得一丁点,从来也不分段。所以我以为遇上了恶作剧,大概是谁给我寄了套《政府公报》。"[17]

有一名摄影师在场,但他没来得及引爆镁光光雨就被打发走了:院士们不需要他的服务。我们怒其不争,没能说服这些先生留下一张照片,以致我们无缘得见他们在那一刻,当他们的砸罐子游戏冷不防移动了文学磁极时的神情。

而那一刻,普鲁斯特还在睡觉。一名躺在鸭绒被里等待龚古尔奖投票结果的竞评者,可能前无古人,料也后无来者。他后来多次解释,说他不知道哪天颁奖,说他甚至以为两个月后才会揭晓,前一天他还在问大罗尼什么时候发奖,有哪些竞争者。[18]

竞评者们一般在离加永广场一箭之地的某个餐馆等候消息。霍朗·多热莱斯就和费尔南·范戴兰姆约在了五百米外的一家饭店,位于费多街与全景画廊街转角处的"小旮旯":"那里的菜点很不错。然后,如果您同意,我们就边喝咖啡,边等龚古尔奖的那些先生在德鲁昂吃完饭,宣布他们的决定,与我有关的决定。"[19]

《新法兰西杂志》那几位——加斯东·伽利玛,雅克·里维埃,还有让·古斯塔夫·特隆什——等的地方还要近,就在德鲁昂饭店底楼的一张餐桌上。[20] 所以三人第一时间就得到了消息,他们随即赶往普鲁斯特寓所。少顷,莱昂·都德也跳上一辆出租车,直奔阿默兰街44号。

被迫搬离之前居所的普鲁斯特是10月1日住进这个地址的。新居在六楼,没电梯,他称之为"陋室",是个"带家具的套间,既寒酸,又不舒适,更兼租金奇昂"——法郎一万六![21]

这一天,他于过午时分醒来。有雾的日子,他更觉呼吸困难。结束了熏蒸,他喝了点咖啡,刚刚重新睡着,就响起了门铃声。

塞莱斯特——"面无表情、睡眼惺忪的大个子女人"——前去开门。楼梯平台上站着伽利玛一干人等,他们刚爬完六楼,上气不接下气。塞莱斯特把他们领到候见室低声询问来意。加斯东说:"我想您已经知道普鲁斯特先生得了龚古尔奖吧?""我们怎么会晓得?家里很久不装电话了。"塞莱斯特答道。[22] 伽利玛提出要马上见普鲁斯特。三人被让到客厅,在红天鹅绒的扶手椅上落座,女管家去看主人能否会客。

这天的拜访给所有来访者都留下了一种未竟、暂停、生命冲动被打断的印象。他们记得水晶吊灯搁在独脚小圆桌上,有一尊牧羊人拥抱牧羊女的青铜像,几个画架上陈设着家人的肖像——阿德里安·普鲁斯特①,让娜·魏尔②,还有《欢乐与时日》时期的马塞尔,外套翻领的饰孔里插着茶花。屋子里冷得像地窖,因为没开暖气,也从不生火。窗户与外板窗也都关着。

塞莱斯特唤醒了普鲁斯特。这是她第一次违背指示,不经召唤便进入他的房间。[23] "先生,我要告诉您一个重要消息,一定会让您高兴的……您得了龚古尔奖!"她对他说。一贯能说会道的他,这一刻却只能答出平生最短的一句诘:"啊?"简略的回答映照出他内心的波澜。

"不朽"这个词有欺骗性:若要"不朽",作家必先迈向死亡。正是在这一瞬,普鲁斯特见证了这一转化。比起获胜的狂欢与喜悦,他应该更多地感受到了怀旧的战栗。[24] 精神将在印刷的语句中延续,躯体则会消失。目标达到了。但是谁来享受?此后他还能有何期待?

塞莱斯特询问能否让伽利玛、里维埃和特隆什三人进来,

---

① Adrien Proust(1834—1903),马塞尔的父亲,医学家。
② Jeanne Weil(1849—1905),马塞尔的母亲。

他们"兴奋得不得了",希望同他会面。普鲁斯特让她答复说他现在不便会客,请他们稍后再来,晚上或者明天。

塞莱斯特传了话,但加斯东坚持要见。他一会儿要去赶火车,这样明天一早就能赶到阿贝维尔的印刷商帕雅尔那里开工,因为《在花季少女倩影下》如果不马上加印的话,书店里就会断货,那将是个灾难。塞莱斯特回禀主人,他这才同意接见。

马塞尔和衣躺在他的铁架床上。周围有一扇屏风,一把扶手椅,一个中国风小橱,三张办公桌,拉着蓝缎的窗帘。房间里弥漫着一股枕头味,一股久不通风、缺乏日照的霉味,一股哮喘熏蒸剂的味道——这是曼陀罗粉的气味,这气味浸润了一沓沓稿本,后来又飘荡在国家图书馆的手稿室里——那时仍旧提供这些资料的原件供研究者查阅——令人迷醉。

雅克·里维埃记下了当日普鲁斯特的喜悦之情。"他当然爱他的荣耀,他窥伺着一切与此有关的信号。"塞莱斯特也证实他挺高兴,只是不表露出来,因为"他一直这样,在任何情况下都安详自若,从不失态"。[25]

这时候莱昂·都德也赶到了,他带来了八名院士签署的贺信。普鲁斯特用他那"虚弱的,极轻柔的,近乎羞怯的嗓音"为访客们作了引见。莱昂·都德讲述了幕后的投票过程。他提到了多热莱斯的名字,普鲁斯特承认以前不知道,但他听成了"达热列斯"。"我并不为此感到骄傲,因为这显然是一个极富才华的人的名字。[……]后来在'剪报'中我熟悉了这个名字,我尊敬其名,并期待等我终于看过眼科大夫并马上阅读

《木十字架》时,把它和一部美妙作品联系在一起。"[26]

最后,普鲁斯特示意送客,访客们只在他房间里待了一小会儿。

接着他叫来塞莱斯特,关照说:"恐怕会有许多人来按我们的门铃,因为他们总会找到我的。我不想见任何人。尤其是记者和摄影师……他们是些危险的人,并且总是贪得无厌。谁来也别开门。"普鲁斯特精疲力尽。哮喘再次发作,"糟透了"。但在服药尝试平复并重新入眠之前,他得写几封信。第一封写给前脚刚走的雅克·里维埃。他请求后者在他即将发表于次年1月号《新法兰西杂志》的《谈福楼拜的"风格"》一文的校样上加一个注,称赞莱昂·都德"两本意义重大的优秀著作"开启了"一种崭新的文学评论","正如笛卡儿哲学之于崭新的物理学和医学"。对普鲁斯特而言,感恩是最紧迫的义务。1922年,谈到莱昂·都德,他依旧写道:"获得龚古尔奖之后我未能再见他〔……〕。他那不只停留于言语,更体现在行动中,并以体贴周到的礼数所给予的善意是如此厚重,只有大声喊出我对他的全部景仰才能让我如释重负。"[27]

随后他致信埃莱米尔·布尔舍("我永远忘不了您这样一位大作家以无比的热情与忠诚支持一部青睐的作品所展现出的风义"),亨利·塞亚尔("我不仅要向您表示感谢,因为您是慷慨为我投票的十院士之一,我还要向您献上我的崇敬,我对您的作品高山仰止"),古斯塔夫·若弗鲁瓦(他三日后回信,邀请普鲁斯特参加龚古尔文学院院院士的聚餐:"应该由我〔……〕向您致谢,感谢您有力、美妙的作品提供的阅读享受"),让·阿雅尔贝(他回信说他没有投他的票,因为他认为他的书"冗长不休"),以及文学院的其他成员,除了两人。"我之所以没有像感谢其他对立阵营的院士那样感谢德卡夫先生(以及贝热拉先生),不是因为他没投[我]票,这本就很自然,而是因为没有出席聚餐,他没能在莱昂·都德交给我的小简上签名。在这种情况下,我找不到任何给他写信的借口,总不能拿他没给我投票这事当由头。"[28]

夜幕降临。1919年龚古尔奖的落选者可以去咖啡馆、饭店消磨块垒,巴黎不缺这样的所在。不过他们大可去剧场麻醉自己:蒂沃利电影院正放映查理·卓别林的怪诞喜剧《田园牧歌》;沙特莱剧院在上演《马里科科,黑人王》,讲述一名食人者的故事,剧中人在爵士乐队的伴奏下,把烤肉架和滴油盘搬上舞台,准备把编剧们吃下肚子;巴黎演艺厅则有《舞动巴黎》歌舞秀——莫里斯·舍瓦利耶①在里头摹唱歌舞咖啡厅时代的金曲,蜜思丹盖特②一晚会换十次礼服和二十次帽子。[29]

---

① Maurice Chevalier(1888—1972),歌手、演员。
② Mistinguett(1875—1956),原名 Jeanne Bourgeois,女歌手、电影演员。

## 他们会重新捧起"幽灵魔盗"
1919年12月11日,12日

想到龚古尔文学院1909年舍吉罗杜而取勒布隆、1913年舍阿兰-傅尼埃而取埃尔德、1932年舍塞利纳而取马泽利纳①分别经历的激烈争论、无休无止的表决和摔门抗议,我们难以理解即将在12月11日的这个早晨扑向阿默兰街的风暴。因为一切似乎都已定谳,落选者接受了结果,也没什么争议,不过就是桂冠落到了一名陌生作家的头上而已。然而,消息一出,立刻招来了同仇敌忾的讨伐。

所有报纸都报道了这一新闻,大多采用了哈瓦斯通讯社的新闻通稿。《政府公报》也在12月14日这期的最后一版作了转载,就在一幅外来谷物交易价格走势详图之下。偶尔有些报纸会从《少女》一书或普鲁斯特的其他作品中选登一段。1 但还是以配发普鲁斯特小像,并毫不客气地附上本报评论的报纸居多。

勒内·勒布克(René Leboucq),《协约报》:"昨日,龚古尔文学院以六票对四票给自己判了死刑。当天的投票很关键,

---

① Guy Mazeline(1900—1996),作家。

各方都传来友善的祝愿,以期祛除潜藏的危险。最终结果是一个老朽的多数派一意孤行的产物。"

罗贝尔·肯普①,《自由报》(*La Liberté*):"授予马塞尔·普鲁斯特先生 1919 年龚古尔奖的决定会得到尊重,但唤不起热情。毋庸讳言,此奖若是授予霍朗·多热莱斯先生会更公平,并带来更多欢欣……然而霍朗·多热莱斯是一位真正的年轻人。[……]可观且超然的苦劳,遗世独立的人生,这的确令人崇敬。但有些评判将个别作者捧得太高,反而会为他招来风暴。"

让·贝乐含②,《希尔·布拉斯》:"只要稍稍翻阅得奖作品——这部打破现代作品长度纪录(之前由亨利·塞亚尔先生保持)的巨著,这部巨细靡遗、素材够写四五部普通小说的自传,立刻就会陷入沮丧。为何?因为龚古尔奖的评审刚刚告诉普通大众:'读吧!这是今年最佳文学作品!'而普通大众,当他们被这连篇累牍的琐细搞得灰心丧气,会再次对'文学'嗤之以鼻。他们会重新捧起'幽灵魔盗'③!谁又敢为此责备他们呢?"

《人道报》的评论标题为《给老人让位!》。维克多·斯内尔④夸张地写道:"五年无人质疑的统治让老人找回了自我信仰。把一个为青春而设的奖授予一名五十岁的作家,他们觉得

---

① Robert Kemp(1878—1959),记者、文学评论家,后当选法兰西学院院士。
② Jean Pellerin(1885—1921),幻想派诗人。
③ *Fantômas*,皮埃尔·苏维斯特尔(Pierre Souvestre,1874—1914)与马塞尔·阿兰(Marcel Allain,1885—1969)合著的系列通俗犯罪小说,在一战前后的法国极为流行,并多次改编为电影。
④ Victor Snell(1874—1931),瑞士记者,讽刺作家。

这招移花接木能够骗过无脑小民，可正是靠了这些无脑小民，他们才得以在德鲁昂饭店大吃大喝。/不过这个多热莱斯也真是！才三十三岁，当过志愿兵，打了五十个月的仗，他究竟怎么想的？"

## NOTES

## Place aux Vieux!

Un livre s'offrait, désigné aux suffrages de l'Académie Goncourt, par son incontestable mérite et par la voix publique : Les Croix de Bois. Au mépris du vœu suprême de Goncourt, que le prix annuel qui porte son nom soit donné « à la jeunesse », c'est à un volume dont l'auteur a cinquante ans passés qu'est allée la préférence de ce tribunal depuis longtemps sans prestige. La violation est cynique, mais ce n'est pas la première.

A quelle cause l'attribuer, si ce n'est à cette tendance obscure qu'on a sentie naître pendant la guerre, et qui a fini par créer une atmosphère suffoquante : la haine inexprimée et inconsciente, peut-être, des Vieux pour les Jeunes ? Qui de nous, en remontant dans ses souvenirs récents, ne retrouverait dix, vingt exemples, dans lesquels cette sorte de sadisme se décelait de façon évidente ? Qui n'a remarqué, notamment, l'insolence jouisseuse de ceux de la « classe heureuse » (la première hors mobilisation) et le jusqu'auboutisme exaspéré des plus âgés aspirant à une revanche immédiate sur ceux qui, déjà, les dépossédaient ?

Bien sûr que, pris un à un, les membres de la Goncourt repousseraient le reproche. Il n'en est pas moins clair qu'ils ont inconsciemment cédé à cette tendance.

Cinq ans d'un règne sans conteste ont redonné aux Vieux foi en eux-mêmes. Accorder le prix de la Jeunesse à un écrivain de cinquante ans leur paraît un tour délicieux joué à ces petits écervelés auxquels ils doivent, cependant, de pouvoir festoyer chez Drouant.

Mais aussi, ce Dorgelès ! Quelle idée de n'avoir que trente-trois ans, de s'être engagé volontairement et d'avoir fait campagne pendant cinquante mois ?

Place aux Vieux ! vous dit-on.

Victor SNELL.

1919 年 12 月 11 日《人道报》

《激进报》(*Le Radical*)："凭借一叫二笑三威胁和四骂五辩六呶嘴，莱昂·都德先生把龚古尔奖（众所周知，是为'奖掖青年作家'而设）颁给了马塞尔·普鲁斯特先生，一名富有的年轻人，才……五十一岁。"

乔治·克莱雷，《人民报》："保尔·克洛岱尔有一天对雅克·里维埃这样点评普鲁斯特的风格：'伽利玛风格的呓语连篇①！！'"

埃米尔·贝热拉在日记里忧伤地写道："报纸上为了普鲁斯特得奖的事把我们骂惨了，因为他有50岁，享受着5万利勿尔的年金。"[2]

左翼报纸怒不可遏，孰知右翼莫拉斯派的报纸还有更不满更凶狠的。《闪电报》上，战争期间一直战斗于前线并身负重伤的诗人若阿希姆·伽斯凯②对居然有"十个用功的脑袋瓜，秉持职业操守，坚持到底，一字不漏，通读了普鲁斯特先生的大作"感到恐怖："这位年轻人肯定一生下来就够老的。他有一种很少见的本事，能把最日常的感觉搞复杂，营造出有不知什么宏大安排的样子。［……］他没有明晰这个缺点。［……］普鲁斯特先生使尽了我们这个岁数的人所能挥霍的所有才华，但除了在那些为他投票的院士眼里，他没有任何过人之处，一丝一毫没有。［……］他那些平庸、艰涩的作品最

---

① Gallimardtias，克洛岱尔借 galimatias（混乱难懂、杂乱无章的话）一词玩的谐音游戏。
② Joachim Gasquet(1873—1921)，诗人，艺术评论家。

难读、最无趣。他想让我们觉得他的文笔优雅随意。可按即兴写作的标准，他是最笨拙的。"

伽斯凯还谴责普鲁斯特"思想扭曲变态"："所有健康、欢快、蓬勃的事物到他笔下全完蛋。在我们当下的文学界，我不知道还有谁的思想比这位喜欢精雕细镂但兑了水的文体家更腐败，他的《斯旺[原文如此]家那边》就有好几页情感自慰（我想不出其他词）的骇人内容。"[3]

普鲁斯特本来亲手起草了一篇更温和的文章——他并不羞于为自己唱赞歌。文中称"其才华优势在文学院看来是如此鲜明，足以令它把年龄问题搁在一边"，称他是名"开创性的小说家"，称这部作品"完全不是自传[……]亨利·詹姆斯和弗朗西斯·雅姆①等作家称其可媲美于巴尔扎克和塞万提斯"——这的确属实：詹姆斯曾表示《斯万》一书让他感受到"一种不可思议的，附属于人们所能想象的最极致的迷醉的怅然"，而雅姆曾列出一张普鲁斯特所能媲美的作家名单，其中包括莎士比亚、拉布吕耶尔、莫里哀和保尔·德柯克②，不过最后这个名字或许并非用来收尾，而是传递一种深层思维，因为 1928 年，雅姆又批评普鲁斯特"云山雾罩"。而在这页自卖自夸的手稿反面，可以看到一条铅笔所作的注释，是另一人的笔迹："龚古尔奖颁奖前夜，交由莱昂·都德转呈《闪电报》

---

① Francis Jammes(1868—1938)，诗人、作家。
② Paul de Kock(1793—1871)，大众文学作家，其描绘巴黎小人物的作品当时在欧洲极为流行。

时任主编乔治·博纳慕尔①。"⁴然而《闪电报》不但没有发表这篇不卑不亢的文章,反而早为尝过战壕里粗粝战饭的读者备下了更合他们口味的土烧⋯⋯

伽斯凯去世后,普鲁斯特——他什么都记得,什么都不原谅——吐露了对诗人这天为他准备的特别招待的不满:"我只是因为得龚古尔奖时《闪电报》刊发的一篇极其恶劣的文章才注意到他。我有理由认为他本来是打算非常客气地写一篇的,但《新法兰西杂志》社某些成员在接待时表现出的傲慢让他在一小时里就改了主意,这就让我对这篇文章愈加不悦。"⁵

比起这些重磅炮弹,普鲁斯特那些捍卫者的回击就像是发怒时用山羊皮手套抽打桌面。他们不去证明这部作品的伟大,反而用"精巧""细腻""讲究""罕见""优雅"等修饰语把它进一步推向漩涡,因为这些用语的唯一效果似乎只是给对手火上浇油。《费加罗报》向它的这位"合作者"表示祝贺,认为评审团的选择不过是必然:"龚古尔文学院青睐这部成熟作者的优秀作品,而不是其他青年作者参评的著作;因为就该由这本书得奖。"《高卢人报》(*Le Gaulois*)写道:"马塞尔·普鲁斯特先生是名年轻作家,文笔讲究,心思细腻,严谨至极。他最早以愉悦地嘲弄著名小说家的文风起步,一边自己不断练习,向成为著名小说家而努力。"此处,文学批评成了社交的一种形态。

---

① Georges Bonnamour(1866—1954),记者、作家、政客。

雅克·里维埃在为《爱克塞尔西奥》(Excelsior)画报撰稿时——非常少见，他通常为《新法兰西杂志》撰稿——还不知道对普鲁斯特的攻击有多疯狂，他描绘了一个古典、"擅长分析"，"由衷、庄严地反浪漫主义"的普鲁斯特形象："已经有很长时间，可能要从斯丹达尔之后算起，没有一人在法国——唯一出产这类作家的国度——对这个世上唯一有点正经的事，即爱，琢磨得如此细致。"

但这些都不足以平息反对的浪潮。12月13日晨，事态愈发严重，左翼报纸仍然不依不饶。《小共和国报》(La Petite République)确信多热莱斯"赢得了精神胜利。所有文人都发自内心地为他投了一票"。

《明灯报》挖苦说："看来，战争起于黄土的老爷子和它埋葬的小伙子一样多。"

《事业报》上，乔治·德·拉富沙迪埃——此人"在小县城许多自由思想者眼里，多年来一直代表着伏尔泰宗教怀疑思想的伟大传统"，但在友人看来却是"巴黎最忧伤的人"[6]——用普鲁斯特的小说标题作起了打油诗，因为这标题让他想起"副省会①音乐咖啡馆里驻唱歌手猫叫般的抒情歌曲，和他们打着三十二个褶子的微笑［……］"：

在花季少女倩影下，

---

① 法国行政区划，省之下为专区，专区治所又称"副省会"；专区之下为县。

> 啊，我心在那开了花，
> 就像护花浪蝶儿，
> 可人微笑挂庞儿……
> 在花季少女倩影下。（重复）

他不作诗的时候还不如他作诗的时候："这标题险些儿就让我打开书本，好在我确信里头的东西无聊透顶……"

高端或学术类报刊也效法社会主义报纸。让·德·皮埃尔福在《争鸣报》上写道："普鲁斯特先生被这场在其自我暗域中的艰难寻觅所奴役，每一步都在摸索、迟疑，他的语句笨拙得像盲人的手：探在身前，擦过物件，拿捏不准。"

这个周五，《在花季少女倩影下》的捍卫者并不比周四更多。在他们之中，令人欣慰地出现了勒内·戴普雷（René Després）的名字，那是在《不阿报》上："很少有作品能像他这部小说这样翻动我们的记忆，扬起众多私密的幽灵，有些持久，有些轻盈。童年某日记忆犹新的阳光；第一次留存并在心上枯萎的花朵；少女的笑声，唤起一连串始料未及的希望，像鸟儿般腾飞；突如其来的焦虑，因为看到了妇人开始说谎时荒芜的眼神；短小的乐句，每个音符都像一颗微小的恒星，有一团模糊的话语、欲望及过往的快乐围绕其运行；以及其他被无情展开、固定、树立在我们面前的种种回忆。这些书页激发出我们自身的千般影像，面对它们，我们就像是面对女仆幽灵的波德莱尔。"

而勒内·戴普雷是勒内·克莱尔①的笔名。这位未来《这发生在明天》和《夜美人》的作者——当时只有二十一岁,还未想过搞电影——曾讲述战争期间,吕西安·都德如何热情高涨地同他说起普鲁斯特的作品,于是他去借书处借了本《斯万家那边》。一读之下惊为神作,甚至一时有了当小说家的打算。而且1918年在巴黎,在同一个吕西安·都德的家里,他还遇见过普鲁斯特:"他没打招呼就来了,将近午夜,那是他的习惯,一辆出租马车等在门口。""据说普鲁斯特忍俊不禁地('不行,我没法发表这个,这太傻了!')给他们读了韦尔迪兰夫人家的晚宴。"勒内·克莱尔如此喜爱普鲁斯特的作品,因此每有《追寻逝去的时光》新卷出版,《不阿报》便指定他来作介绍;即使后来他不当记者改行搞起了电影,这些署名"十三人"——出自巴尔扎克小说的集体笔名——的评论还是由他继续操刀。[7]

《要闻报》(*L'Événement*)上,弗朗西斯·德·米奥芒德——著名的长朗了俱乐部(Club des Longues moustaches)成员,1908年龚古尔奖得主——同样把希望寄托于读者的智慧与好奇心,他打赌读者"将收获一场绝佳的——如果能够这样说的话——古典精神的治疗,在当前铺天盖地的宣传中习惯了暴力、空洞的食粮并因此而疲惫不堪的审美将得到净化"。

---

① René Clair(1898—1981),电影导演、编剧、作家。下文《这发生在明天》和《夜美人》是他自编自导的两部著名电影。他是第一位以电影艺术家身份当选的法兰西学院院士。

不过最关键的是莱昂·都德下场了。他写了篇弹眼落睛、字斟句酌，同时激昂果决的社论。刊在《法兰西行动》头条的标题相当于第二个龚古尔奖。而且肯定会令马塞尔·普鲁斯特更高兴的是，这标题——《开创性的新锐小说家》——一字不改地采用了他自己在《闪电报》未刊稿中使用的措辞。

"诚然，人民生存靠饭食，""巴黎议员"写道，"但同样，生存也需靠美文。一位闪耀着文学光芒的小说家的出现是关系到国家繁荣的大事。正是在此意义上，我的同仁及朋友们的评选结果才显得如此重要。以我之见，文学院自1903年建立以来，我们还从未奖励过一部像《在花季少女倩影下》这样有力、新颖、内涵如此丰富——其中一些独一无二——的作品。"

"他有喜剧才能。这是长久不曾有过的，哪怕在这场血腥悲剧以前许多年。在瓦莱斯及其后继者身上，这种才能在尖酸与痛苦的批评中转变为苦涩。但他超越了这一点。这是因为他没有一点虚荣，甚至完全不以自我为中心。他人的傲慢、冷漠、残忍、愚蠢都伤不到他，因为和他根本就不在同一条轨道上。它们让他好笑。他会描写这一切，就像优秀的植物学家发现了稀罕的种子，把它们丢在土里和水里，观察它们如何萌发。[……]

"他的挂毯乍一看像是挂反了，露着下垂的线头，色彩黯淡。他骤然翻过面来，于是我们看清了所有线条和透视，看到了炽烈的红、鲜亮的黄和深沉的紫。这是大师手笔。因此，认为《在花季少女倩影下》的作者只是个思想、声色、情感迷宫的漫步者将是个错误。他还是并尤其是一位预见者,他的目光越过了这些迷宫,看到了那神秘而崇高的源头,从那儿泻下这许多颜色、声音,这些得到细致描绘的氛围,这些准确而精辟的词语。在一名卓越作家——比如这一位——所有辛劳的背后,存在一个精灵,一个 daimôn①,它守护,它梦想,它为自己构建一个自如的世界,并试图将这个世界、这个根据它自己的面目得出的假想世界与外部世界相连,将这些遥远的幻景和预感融入后者。它丰富作家的人生,丰富其读者的人生。它将文学、诗学同幻觉和科学挂钩。它为所有领域所有发现开辟了空间。

"让这股火花闪耀的金水自由流淌吧,您会看到它铸起的座座殿堂。"

普鲁斯特欣慰地叫好,但他没有忘怀。他说:"莱昂·都德的这篇文章就登在通常印着'犹太佬去死'的位置上。"[8]

---

① 古希腊语 δαίμων 的拉丁转写,意为"精灵,守护神"。

## 女士温柔之手
### 1919年12月12日,星期五

12月12日下午,人们暂时放下普鲁斯特,把视线转向费米娜-幸福生活奖的评奖。

"幸福生活奖将于今日颁发。"《前程报》(*L'Avenir*)通知说,"得做好迎接惊喜的准备。龚古尔奖某些失利的竞评者很可能在此讨回公道。报界迄今对十院士投票结果的评价似在提示有一项大度、正确的善举待实施。"因为私下里确有传言,称"为了捉弄'顶楼房'的那些先生,幸福生活奖仁慈的缪斯们发誓会补偿被他们夺去希望的竞评者"。¹

费米娜-幸福生活奖评审团不搞饭店午餐这套,而是在下午茶时分聚到了卡洛琳娜·德·布鲁泰勒①家里。茱莉亚·都德如是描述这个地方:"是在一幢十分摩登的楼房的高区,楼顶高低错落的天台给人一种隐藏着葱茏花园的错觉。我们来到一个装饰得极富艺术感的明亮套间。木柴在燃烧,为女宾们抵

---

① Caroline de Broutelles,曾任《幸福生活》杂志主编。费米娜-幸福生活奖评审团终身秘书。

御这个灰暗冰冷的秋天的寒意,并添上几分愉悦气息。"

"这些太太"——人们带着优越感这样称呼她们——被迫爬了七楼,因为电梯出了故障。她们的勇气在这场考验中得到了淬炼,这不再是一群文学裁判员,而是一群战士,一个突击队;她们做好了放开手脚和伸出援手的准备。"女子评审团的成员们逐渐到来,每张脸庞都叫得出名字,因为进来的每个人的仪态、衣着都可以说是其才智与性格的标志。诗人,小说家,记者,她们选戴的帽子或大衣褶饰的得体或出格程度不一样,大衣穿法也不一样:这一位,中规中矩,那一位,风帽推在脑后,还有一位大衣拉得老高护住脖子,给人感觉风尘仆仆,因为她刚刚穿越了巴黎,而且少时就要离开。"²

这是些隐藏在——或被隐藏在——男子姓名、贵族头衔、男性化或光有名字没有姓氏的笔名之下的女性:让·贝特鲁瓦①,卡蒂勒-芒戴斯②,朱迪特·克拉戴尔③,阿尔封斯·都德夫人,吕茜·德拉吕-马尔德吕斯④,让·多尔尼斯⑤,玛

---

① Jean Bertheroy,真名 Berthe Clorine Jeanne Le Barillier(1858—1927),作家。
② Jane Catulle-Mendès,本名 Jeanne Mette(1867—1955),诗人。颓废主义诗人、作家卡蒂勒·芒戴斯(1841—1909)的第二任妻子。
③ Judith Cladel(1873—1958),小说家、评论家、剧作家。自然主义作家莱昂·克拉戴尔(1835—1892)之女。
④ Lucie Delarue-Mardrus(1874—1945),诗人、小说家、记者、历史学家、雕塑家、画家。与著名东方学者约瑟夫-夏尔·马尔德吕斯有过一段婚姻(1900—1915)。
⑤ Jean Dornis,真名 Élena Goldschmidt-Franchetti(1864—1948),作家。

丽·狄克洛①，克洛德·费瓦尔，拉希尔德，塞弗琳娜②，玛格丽特·波拉多夫斯卡③，加布里埃尔·雷瓦尔，霍昂公爵夫人④，玛塞尔·蒂奈尔，海伦娜·瓦卡莱斯科⑤……还有拉希尔德，"波德莱尔小姐"⑥本尊，曾在圣心修女会受过教育，不过下"大工夫尽可能表现得没有教养"，甚至在名片上印了"文学之士"字样，并很少在动词主语为"我"时将表语配合为阴性。

评审会由拉希尔德主持。她首先宣读了一封"雄辩的来信"（她对作者有过承诺），那是育儿法之父及宗师、法国国家医学科学院院士皮纳尔教授⑦写来的，他向"这些太太"推荐雷蒙德·马沙尔⑧创作的"有关一场生育的小说"《你会生的……》——可见"这些太太"的文学活动在时人眼中通

---

① Mary Duclaux，本名 Agnes Mary Frances Robinson（1857—1944），英国诗人、作家、评论家、翻译家。法国科学家、巴斯德研究所第二任所长埃米尔·狄克洛（1840—1904）的第二任妻子。
② Séverine，真名 Caroline Rémy（1855—1929），作家、记者，女权主义者。
③ Marguerite Poradowska，本名 Marguerite Gachet de la Fournière（1848—1937），作家。
④ Duchesse de Rohan（1853—1926），贵族，诗人。即普鲁斯特在《斯万家那边》中借人物之口提到的莱昂爵士夫人——莱昂爵士是霍昂公爵继承人的头衔。
⑤ Hélène Vacaresco（1864—1947），用法语写作的罗马尼亚作家。
⑥ 莫里斯·巴雷斯冠以拉希尔德的头衔。
⑦ Adolphe Pinard（1844—1934），产科医学家。1920年建立了法国第一所育儿学学校。
⑧ Raymonde Machard（1889—1971），记者，小说家，社会学家，女权主义者。

常是何级别。不过在一战屠戮过后的这些年里,恢复人口乃是一项全民大业。拉希尔德本人原本准备支持该书,她也从不掩饰,因为这一作品曾在《法兰西信使》上连载,而杂志的主编非是旁人,正是她的丈夫阿尔弗雷德·瓦雷特①,她则两周一次为该杂志撰写小说评论。雷蒙德·马沙尔正经历丧女之痛——她在小说出版当日失去了幼女;评审团或许可以表示一下。

数月来,报纸上一直在传今年的费米娜-幸福生活奖应该会授予一位女作家。[3]10 月的时候,拉希尔德,"仅有的几位读书的评论家之一",也表示"这次,该大张旗鼓地让奖项的惠举——不幸被糟蹋了那么多回——闪耀在一位女性的头上了"。[4]但现在她说的却是"发生了一起不公,我们必须纠正它"。费米娜-幸福生活奖评审团的女士们将僭权走出儿童室,踏足战壕。

拉希尔德"无畏地"提到了《木十字架》。没人反对。[5]第一轮投票就出了结果:霍朗·多热莱斯获得了女性评审团全部十九票中的十四票,胜出。雷蒙德·马沙尔一票未得,而埃利萨·哈伊斯——她的书刚刚印好——只得了一票。

根据《自由言论》(*La Libre Parole*)画报一位匿名编辑的看法,评审团"抓住了这个通过奖励《木十字架》赢取公众好感的良机",但并不是因为大家所说的无私和记仇:"这与教训龚古尔奖那帮评审无关,而是一种高明的摆脱困境的方式。

---

① Alfred Vallette(1858—1935),文化人,出版人。

竞评的女作家有很多。有一些拿来竞评的真的只是处女作;另一些,离这个标准也很远,但数她们动静最大,手腕最多。这个奖必须授予最具理解力而不是最渴求的作者。她们的诸多动作反而成全了多热莱斯先生。"[6]

在卡米耶·塔汉街,多热莱斯寓所的窗户斜对面就是蒙马特尔公墓,[7]斯丹达尔在此长眠。三天来,眺望墓园中的石质十字架,《木十字架》的作者也许对文学荣誉的虚幻、世间喜好的无常,以及人生之旦夕祸福有了思考?这些愁绪随着友人让·贝乐含——诗人、记者、老战士,他们在蒙马特尔时期狡兔酒吧的美好岁月便已相识——前来报信而扫荡一空。"他一开始还不知道刚刚还了他公道,一听到消息,他激动到战栗,连连感谢友善的女性评审团,几乎停不下来。"不知何故,他的惊喜似乎没有三天前的普鲁斯特那样可信……

"'不过,某些因素减弱了我的快乐,'他说,'因为我的成功必然剥夺了那些我喜爱的作品和我深深景仰的作者问鼎的机会。对于无法与露易丝·富尔-法维耶①、亚历山大·阿尔努和雷蒙德·马沙尔分享我的部分幸福与快乐,我感到由衷的遗憾。抛开这一点,之前我被老男人所伤,今天幸得女士温柔之手为我疗伤,夫复何求?……'"[8]

《小巴黎人报》(*Le Petit Parisien*)也采访到了这位优胜者,他在感言中所用的省略号多得可以媲美后来塞利纳的小说:"然后今天,我很高兴,是的,很高兴……我没料到……

---

① Louise Faure - Favier(1870—1961),作家,记者,飞行家。

我没想过……我并没有参加竞评……所以这让我更觉惊喜也更快乐……幸福生活奖评审团的这些太太是如此体贴,我非常感动……［……］我庆幸'丢了'龚古尔奖,因为这一失利让我有机会获得《费米娜》和《幸福生活》杂志女性同仁的嘉奖,我向她们致以十二万分的感谢。她们的作为非常'高贵'。"[9]

什么都逃不过普鲁斯特的观察,他如是评论多热莱斯的反复:"我认为我的沉默姿态比他的表现更高尚。当初他拒绝了幸福生活奖,称只愿拿龚古尔奖;可龚古尔奖失利后他立刻扑向'幸福生活'的那些女士;一拿到幸福生活奖他又马上接受《小巴黎人报》(我记得是这样)的采访,称他庆幸没有得龚古尔奖!"[10]

这是个幸福的时代,因为走在街上还能邂逅正直的莱昂·埃尼克!一名有此巧遇的记者从这名龚古尔文学院院士口中得知他将写信向费米娜-幸福生活奖评审团表示祝贺:"太棒了,女士们!你们纠正了我那些同事干的'蠢事'!……"[11]

所有对龚古尔文学院的决定感到愤慨的人都重复着类似的措辞:"文学界自有公道。昨日,女子文学院［……］给龚古尔文学院上了一节精彩的阳刚课。""费米娜-幸福生活奖评审团日前纠正了龚古尔文学院那些老先生犯下的不公——这个词一点也不夸张。"《巴黎闲话》(*Les Potins de Paris*)周刊上署名塔列朗-梅特涅(Talleyrand‑Metternich)的作者结合了对女性的蔑视和对《在花季少女倩影下》的不屑,称"这些太太"

不是纠正不公，而是"补缝"不公，就像她们会补一双袜子那样。[12]

若阿希姆·伽斯凯——就是两天前辱骂普鲁斯特的那位——终于兴高采烈："所有战士的心中欢欣鼓舞［……］。让我们感谢《幸福生活》的这些太太用她们美丽的手为这部佳作加冕，它将向她们的孙辈作证，真实地讲述在这苦难的四年中，法兰西的快意男儿如何面对胜利，面对死亡。"[13]

让·贝乐含采访了评审团的一名成员。"我们都以为十院士会把桂冠授予多热莱斯！""和蔼可亲的评审"说道，"结果他们做出了那样一个令人震惊的决定，因此我们决意要纠正十院士干的蠢事！……现在看谁还敢说妇女不能选举！"[14]

争论由此重启——或曰开启，因为目前这些都还不算什么——而其背景则是一场持续至今的更广泛的争论。无论是在1919年还是今天，文学往往只是一个介入与其完全无关（然而文学关乎一切）的问题的借口，而这些问题，因为它们的现实性，只会不断给争论各方火上浇油。妇女选举权问题便属此列。

对于这个议题，1919年可谓历史性的一年。当年5月20日，法国众议院首次通过了一项赋予妇女选举权的法案草案。虽然此后参议院拒绝将其纳入议程，但这一主张在舆论、街头巷尾及家庭中引发了热议，所有论据都得到了展示。战争为讨论该议题提供了新的视角，因为五年中，妇女在战地医院当护士，在兵工厂当工人，而且还"拯救了法国的农业"。借由奖赏多热莱斯，费米娜-幸福生活奖的评审们或许想释放一个信号,而某些报纸确实也注意到了这一点。让·贝乐含就在《明灯报》上承认,他"早在这一证明之前就已经是女性投票权的坚定支持者"了。《人道报》写道:"无疑,要我们接受'文学'女性的学院或议事会,这还不够。但有些结果我们是乐见其成的。"在《自由之人报》上,保尔·隆巴尔展开论证:"女性会选举。这是一个事实。[……]费米娜-幸福生活奖的女性评审团在五分钟内取得的成就,超过了十年来对妇女投票权的系统宣传。"在"民主共和报纸"《小避风港》(*Le Petit Havre*)上,让·雅克蒙(Jean Jacquemont)祝贺"这些勇敢的妇人",称她们那"公正的票选或能(令他)支持女性选举权,假如……"——句子就这样结束了,他不屑写明能让他改变立场的条件。[15]

事实上,所有这些男性都支持妇女投票——只要她们选出的是男性。不过从他们的表态中仍能看到些许警惕,因为左翼激进派和社会主义者担心向被视作笃信宗教、没有主见的妇女会执行神甫从讲坛或听忏室下达的指示,在政治议题上作出不甚符合社会进步的选择。对此,埃米尔·贝热拉这位"左派"作家在其《日常散记》中说出了心里话:"敌人是女权主义,也就是弱性的男性化。女性就该遵从自然法则继续当弱性,她们在人类事务中有专属之责。"[16]

《费米娜》杂志当然也为妇女选举权造势呐喊。因此,以其名义颁出的文学奖同样是对某种理念的宣传。不能排除有这种可能,即某些评审在为多热莱斯授奖之时想到了这一点,希望借此证明——如报界评论的那样——她们的评判"比[龚古尔文学院]院士更公正更认真更智慧",证明她们是"更优秀的审读者"。[17]

不过《战斗》报指出,阿尔封斯·都德夫人也是费米娜-幸福生活奖评审团一员:"她这个评审员会比她的儿子莱昂更优秀?"确实,后者反对给予妇女选举权,认为她们"还是待在家里别去参加政治集会比较好"。然而这份"工团主义日报"举的例子不是很恰当,因为茱莉亚·都德并没有投多热莱斯的票。反动议员的母亲给她的评审同仁们上了堂女权主义课:"岂有此理,这样一个女子评议会,成员里有那么多见解独立、自由的人,有那么多从事文学工作的职业女性,她们不是不知道在这一行起步有多艰难,无论是在报界还是在出版界,一开始也都经历过没有读者因为无人出版的煎熬,她们居然不来鼓励初露头角的文学姐妹,反而去照顾一个已经获得生活的眷顾,并在另一项拒绝妇女参加的评选中有过机会的作家,而且这竟然发生在一个充耳只闻女权主义(我不是女权主义者)、为妇女声索所有权益、鼓励她们百无禁忌的时代!……"[18]

这一步棋妙到毫巅,因为它把三天来喋喋不休抨击普鲁斯特的那些话掼回了多热莱斯头上,只是用"妇女"一词替下了"年轻人"和"战士"。就这样,一句话的工夫,茱莉亚·都德否定了费米娜-幸福生活奖评审团的选择,肯定了龚古尔文学院的选择——也即都德家的选择,对"亲爱的马塞尔"的小说给予了支持。普鲁斯特随即写信向都德夫人致意,为一大堆事情向她表示感谢,并称赞她发在《不阿报》上的这篇文章——这才是重点,称从中又看到了她"超凡绝伦的状物之笔":"每一位'幸福生活'女士的入场,衣着、帽子的区别,[……]女性真正出路的深层意义,不带'女权主义',这一切读得我太畅快了!"[19]他欣赏的主要是这一以彼之道还施彼身之计。

# 没事人
## 1919年12月—1920年4月

龚古尔奖揭晓后，公众不只发现了一部作品，首先还发现了一位作家。极少数报纸登载了普鲁斯特的肖像：或是复制雅克-埃米尔·布朗什①绘制的油画像——围着胸巾，着翼领衬衫；或是采用奥托②拍摄的他坐在一张路易十六式长椅上的照片——左手支着下巴，食指点在脸颊上，发绺垂在额前；或是根据这套照片绘制的素描。它们呈现的基本都是1891年至1896年《欢乐与时日》时期的普鲁斯特。[1]注意形象的普鲁斯特选择以青年男子的面貌示人，以显得比世上所有多热莱斯都更年轻。然而，现在已是1919年，他的服装式样未免过时，看上去像以前死者出殡时穿的生前最高级衣物的式样：他想扮年轻，反而让自己显老，他为报纸提供的肖像似乎可悬挂于十

---

① Jacques-Émile Blanche(1861—1942)，当时著名的肖像画家，据说自学成才，同时也是作家。此处提到的肖像就是第七章普鲁斯特寓所中"外套翻领的饰孔里插着茶花"那幅，现藏巴黎奥塞美术馆。
② Otto Wegener(1849—1924)，活跃于巴黎的瑞典摄影师，普鲁斯特之友。"奥托"(Otto)是他在摄影作品上的署名。

九世纪作家肖像馆,与比松①用达盖尔照相术为巴尔扎克拍摄的银版照片、卡尔扎②以照相凹版制版法印制的波德莱尔或兰波的照片,以及纳达尔③用火胶棉湿版摄影术拍摄的雨果照片为邻。

不过普鲁斯特很清楚,现如今,形象是成功的代价。《费米娜》杂志约请他撰写短篇,他推辞了。"我期待的根本不是发一篇文章,而是一幅巨照。"他解释道,"因为未能就报纸上报道我的那些消息作任何澄清,我现在由于社会主义报纸的那些报道——皆因莱昂·都德过问了我评奖的事——被人当成一个弱不禁风的老头。我觉得没有什么能比一张照片更能向贵刊的女读者说明这完全不是事实。诚然,我重病缠身[,]而且对于我的作品来说,很不幸,行将就木。但我的模样变化不大,拉斐特先生最近碰到我的时候甚至觉得我比十年前更年轻了。"而对这位拉斐特先生——《费米娜》杂志创办者本尊④——普鲁斯特表示:"我当时实在受不了《大众报》每天给我加五岁、给我安上长长的白头发,当然非常希望能向您

---

① Louis‑Auguste Bisson(1814—1876),早期法国摄影家,巴尔扎克的照片是他 1842 年所摄。
② Étienne Carjat(1828—1906),摄影家、记者、漫画家、诗人。兰波肖像(1871)是其最著名的作品之一。1872 年与兰波的友谊破裂后,他销毁了其所摄兰波肖像的所有玻璃底片。
③ Nadar,真名 Félix Tournachon(1820—1910),摄影家、漫画家、作家,热气球飞行家。
④ 《费米娜》杂志由记者、出版人皮埃尔·拉斐特(Pierre Lafitte,1872—1938)于 1901 年创办。

《费米娜》杂志的那些女读者——或长或幼的少女——展现一个我不怎么'圣诞爷爷'的形象。"[2]他拒绝像《寻回的时光》中"头部化装舞会"里的人物那样出现:他们上了年纪,容颜大变,一头皓然像经历了暴风雪。

普鲁斯特提供图像,同时也索取图像。他的房间里有一个浅色木匣,里面收藏的都是他百看不厌并喜欢向访客展示的照片——但全都是属于另一个时代、属于他青年时期的照片。获得龚古尔奖使他得以入藏几件珍品。雷雅娜[①]——他塑造拉贝玛时参考的伟大女演员——问能送他些什么贺礼。普鲁斯特回答说没有什么能比一张她在马萨侯爵[②]的歌舞节目中乔装萨冈爵士[③]的照片更令他快活。于是她寄来了亲笔题赠的照片,日期是12月10日:"致以爵士的敬意——艺员的钦慕——女友的友谊——雷雅娜,龚古尔的演绎者。"普鲁斯特如获至宝("我见过的唯一不流于滑稽的异性反串角色"),赶紧交给《戏剧报》复制刊发,并接受了前来取照的记者的采访——龚古尔奖揭晓那天他都不愿接受采访。"别弄坏了照片,"他叮嘱道,"它对我很珍贵。"然后他以一句话同时向龚古尔兄弟和都德一家表达了敬意:"我以前听到雷雅娜在《萨福》和

---

① Réjane(1856—1920),二十世纪初法国最著名的女演员之一,与萨拉·伯恩哈特齐名。普鲁斯特曾在她家中居住。
② Philippe de Massa(1831—1911),法国剧作家、作曲家。雷雅娜在其于1887年编曲的慈善歌舞演出《巴黎之心》中出演。
③ Prince de Sagan,萨冈公爵嗣子,1898年袭爵。全名Boson de Talleyrand-Périgord(1832—1910),著名荡弟。

《热尔米妮·拉塞尔杜》①中的表演时,染上了一种复发性忧伤。这么多年过去,仍会不时发作,将我攫获。"³

他还去向格雷菲勒伯爵夫人②——等于说盖尔芒特公爵夫人本人——讨照片,他说:"以前您拒绝了我,用了一个很不怎么样的理由,您说照片固定并中断女性之美。可是固定一个光彩照人的时刻,也就是说使其永恒,岂不正是美事一桩。照片为永恒的青春留像。"⁴

然而这一光彩的青春终究敌不过包围上来的阴影。将各家报纸自以为搜集到的普鲁斯特的生活信息连缀起来,会得出一幅怪人的肖像,仿佛那是一个错乱的灵魂,一个以鲜奶当鲜血的吸血鬼,一个文学变态。以条件式写就的报道,混合了事实与流言,猜测与蜚语。但有时,在这层底色之上,会吊诡地浮现出一个有几分相似的身影。

报道中的普鲁斯特像个"没事人"似的。"马塞尔·普鲁斯特先生是个挺特别的人。他受不了日照。这倒不是说他只能在夜间视物[……]。因为在巴黎避世隐居的马塞尔·普鲁斯特先生,这个红尘之外的红尘中人,执拗地拉起窗帘遮住阳光,只在夜幕笼罩城市之时才会冒险踏足街道。"⁵

---

① 《萨福》是都德于1884年发表的小说,1885年改编为舞台剧。《热尔米妮·拉塞尔杜》是龚古尔兄弟于1865年出版的小说,其序言被认为是自然主义的第一部宣言;1888年搬上舞台。
② Comtesse Greffulhe(1860—1952),巴黎社交圈红人,《追寻逝去的时光》中盖尔芒特公爵夫人原型之一。

"马塞尔·普鲁斯特先生［……］镇日躺在床上,夜里十点才起身。他住一间灯光昏暗的斗室。蜷在不占什么地的卧榻上,他只要伸伸手,就能从一张堆满书籍的桌子上拿到想读的那一册。墙上铺着软木,不挂任何画。房间里除了凌乱的书籍、衣物,还有这儿那儿几件小摆设,什么也没有。偶尔,当食客们用完晚餐从林荫大道的酒吧或著名饭店离开的时候,会看到一位尚未完全清醒的男士走进来要一客奶油咖啡和甜面包。那是马塞尔·普鲁斯特先生来用深夜十一点半的'晨间小点'。"[6]

"有人说曾看到他走进玛大肋纳教堂附近的一家大饭店,羞涩地点了一瓶矿泉水和几个水果,递给服务员一张一百法郎的钞票,问这点钱可还够。"[7]

"马塞尔·普鲁斯特先生只喝牛奶。每天会有四五升送到他楼上。他的酒窖里一瓶葡萄酒都没有。［……］另一方面,他的体质导致他既受不了热水汀的气味,也受不了花香。

"所以他只靠烧柴取暖,公寓里没有任何暖气设备。

"声音也令他不适,甚至痛苦。为此他被迫给整个工作间衬上厚厚的软木板。

"普鲁斯特先生过着真正的修道士生活。

"他一个月出门不到三次,而且时间总是很短。司机开着他租的汽车来接他,几乎马上又将他送回来。他不见客。他把房门堵死,密封。只有很少几位友人会犯他的禁。

"马塞尔·普鲁斯特是个长相年轻的人,尽管已年近半百。他非常慷慨,非常善良,让身边的人都很舒服。

"很多人都受过他的恩惠,尤其是战争期间的很多战士。"[8]

"马塞尔·普鲁斯特的一个朋友有一次去探望他,直接冲进了卧室,主人当时正好不在这间屋内。来自室外的访客震惊于卧室里的霉味和令人窒息的空气,对仆人说:'把窗户打开呀,关着屋子对身体不好。''哦,那可不行,先生。'仆人答道,神色极为恭敬,'这对老爷的灵感可是棒极了。'"[9]

"流传着一个关于马塞尔·普鲁斯特先生的传说。说他过着远离尘嚣的生活,白天睡觉夜间写作。似乎他只和一些精选的朋友往来,这些人中有画家雅克-埃米尔·布朗什和另几位拥有16区房地产的人。他自己——要不是他曾经透露过我也不会知道——拥有或以前拥有一笔不错的财产(私邸,园林,双驾马车等等)和非常体面的交际圈。"[10]

"马塞尔·普鲁斯特先生现在只有20000法郎的年金,但据说以前他每年能收入200000法郎。不过损失的金钱给他带来了才华。

"因为难道不是他曾经有一次把一出三幕剧本拿给某个剧院经理看,结果收获了这样的回答:这出戏好极了。对话精彩,剧情出人意料,很有潜力。不过我不会给您排。

"'为什么?'

"'您太有钱了啊。这出戏要是成功了,别人会说它不是您写的,您徒增烦恼。要是不成功,别人又会说您付钱给我安排它上演,那我就烦恼了。'"[11]

"据说他住的房子以前是他的,但现在他可能会被新房主赶出去。"[12]

面对这幅立体主义肖像,围观群众能想到这个怪人就是本世纪最伟大的作家吗?暗中挑唆是最后的点睛之笔。很难在几句话里做得比多热莱斯的朋友加布里埃尔·勒亚尔①更险恶了:"结果是一个上流社会的人,一个花季少女倩影下(他们这样说)社交沙龙里的享乐之徒爬上了夺彩竿,从顶端彩环的右侧,极右侧,摘得了锦标。据说,这个五十来岁的希腊孩子配得上香粉(poudre de riz)和五千大子儿(balles)。"[13]第三共和国在维克多·雨果崇拜中成长起来的读者会从中读出对《东方集》里《孩子》一诗的暗示。这首诗的背景是希腊独立战争中土耳其军队于 1822 年在希俄斯岛上犯下的屠杀。诗人遇到一个在废墟中哭泣的孩童,问可以提供些什么来安慰他,是鲜花、水果,还是"一只美丽的林中之鸟,/歌唱出的歌声比单簧管还要美妙"。"朋友,希腊孩子回答,〔……〕/我要的是火药(poudre)还有枪子儿(balles)。"

普鲁斯特对同性恋回忆做了女性化处理,而《小蛤蟆炮》上的一篇戏仿反其道而行,把吉尔贝特还原成了男性的吉尔贝。[14]无意间,讽刺与恶意有时候也会接近史料批评或成因研究。

《倾听》周刊上一则未署名消息称"马塞尔·普鲁斯特先生甚是得益于他与吕西安·都德先生的友情",后者"说服了他的兄长莱昂"。一周后,为防有人未能理解先前的暗示,该

---

① Gabriel Reuillard(1885—1973),记者,作家。

报卷土重来:"这个四十有十一岁(正如我们说过的那样)的年轻人得奖——代价是命运的一些小小挫折、略微受损的健康[……]并靠了莱昂·都德先生的友谊,因为吕西安·都德先生的钟爱——对文学而言甚至是颇为尴尬的一件事。"大概不大会有读者还记得,1897年,普鲁斯特曾与让·洛兰①决斗,原因就是后者暗示了他对吕西安·都德的"钟爱"。<sup>15</sup>

论勇敢,1920年的普鲁斯特不逊1897年的普鲁斯特,所以《巴黎闲话》上的一则消息未尝不可能挑起另一场决斗。这件事迹近敲诈。该讽刺周刊有个死对头,名叫莫里斯·凡尔纳②。这位记者兼作家生于1889年,是大罗尼、科莱特、拉希尔德、莫里斯·罗斯唐③的朋友,曾创立反假领联合会(Ligue contre le faux col),此后还担任过牧羊女街游乐厅和冬季马戏场的行政经理,是夜巴黎、杂耍歌舞剧场、马戏场、小丑、舞女和舞男的专家。《巴黎闲话》经常攻击他,将他描述为一个削尖脑袋向上爬的钻营分子,称他的成功全都靠了他"在最……上流的社交圈"的那些关系、那些"巨富高门的'朋友'"的影响力。<sup>16</sup>

莫里斯·凡尔纳还是文学评论人。1920年1月3日,他在政治、经济与金融报纸《讯报》(*L'Information*)上发表了一篇

---

① Jean Lorrain(1855—1906),诗人,作家,评论家。叛逆、挑衅是他的一贯风格。
② Maurice Verne(1889—1943)。
③ Maurice Rostand(1891—1968),诗人,小说家,剧作家。著名剧作家埃德蒙·罗斯唐之子。

翔实而有洞察力的文章介绍普鲁斯特，透露了一些《追寻逝去的时光》未出版章节的信息，一些只可能由作者本人提供给他的信息。凡尔纳不只谈到《在花季少女倩影下》，还回顾了普鲁斯特的学习经历、他在青年时代创办的那些杂志和《快乐与时日》。他提到疾病与文学对这位唯美主义者的救赎："马塞尔·普鲁斯特先生曾是社交家，大社交家。和孟德斯鸠先生①一样，一名最后的文学社交家。他信仰闲话，就像信仰一种罪孽。[……]疾病改变了社交家，至少把他变得时晴时阴、尖酸恶毒、不可忍受，使马塞尔·普鲁斯特先生成为遁世者、男人，最终创作出《发现逝去的时光》[原文如此]这一巨幅长卷。"

接下来是已成惯例的对软木铺墙的卧室和昼夜颠倒的作息的介绍。凡尔纳引用了普鲁斯特给他写的一封信，与其他同样主题的大量信件并无二致："我病得很重，卧床不起——除了不发病的日子——如您愿意，请明天来，五点左右。我会躺着接待您，或是任何一个您想来的日子，除非前一天我外出过——在这种情况下，我会通知您，因为外出的第二天我会一直病到夜里十一点。"

他转述轶闻："马塞尔·普鲁斯特先生会对您讲述在威尼斯，他去那儿躲避，在这座大理石与水的城市，躲避所有长着大片或小片绿色植物的地方都有可能使他出现的枯草热，他会对您讲述就在威尼斯，有一天夜里他出现了严重的窒息。身边

---

① Robert de Montesquiou（1855—1921），贵族，著名荡弟，文化人。

的人不知所措，也无法解释发病原因，直到他们得知公园的草坪刚刚修剪过，就在入夜前……"凡尔纳含蓄地夸耀自己认识这位大作家："我似乎打搅到了这位艺术家。读他的文字真是一种享受，而与他的私密交流对我来说也是少有的才智、文化与诗歌的盛宴。"

他还写道："在对他的作品进行概述之始，让我们记住这样一幅铜版画的画面，记住他的身影——不是里兹酒店晚宴上的马塞尔·普鲁斯特，我们'纯真的佩特罗尼乌斯'①——而是一个卧床接待访客的病人形象，脸颊上还沾着勒格拉粉剂②，穿着驼毛衣服，就和司机的制服一样黑。像古时候那样剪至齐眉的刘海之下，下巴略长的脸庞感性、聪明、忧郁，极为精细。他的面容有点像保尔·亚当③，也有点像让·洛兰。他的言谈，因哮喘而时断时续，给充斥着粉剂气味、几乎漆黑一片的房间注入沁人的芬芳。我们沉浸在一种自人们会说话的时代起便存在的魔法中，随后这个现代之人畅诉心曲，激情澎湃。马塞尔·普鲁斯特先生只有二十岁。"

随后他将普鲁斯特的作品与柏格森的作品对举，介绍将在未来几卷中解开谜团的人物的演变，提出"茶杯理论"，谈论夏尔吕先生的"反常之爱"、《追寻逝去的时光》的结局、《寻回的时光》的美学课，谈论"马塞尔·普鲁斯特先生深刻、坦

---

① 阿纳托尔·法朗士在《欢乐与时日》的序言中对青年普鲁斯特的评价。
② 制药商路易·勒格拉（Louis Legras）开发的一种抗哮喘粉剂。
③ Paul Adam（1862—1920），作家，艺术评论家。让·洛兰与普鲁斯特决斗的证人之一。

诚的现实主义,这种现实主义,事实上,经常让我们想到毕加索、梅青格尔①、塞韦里尼②,想到所有立体主义画家,想到让·科克托诗意的随笔,等等"。最后再缀以只会让介绍对象开颜的吆喝:"您喜爱活色生香的文字,您会在作品终结、须同已经相熟的人物告别时激动地长叹,那您怎会不把马塞尔·普鲁斯特先生当成您的幻想与梦境之神呢?"17

虽然颇有价值,但这篇文章本不会有人注意,假如不是三个月后,《巴黎闲话》上署名"塔列朗-梅特涅"的一则题为《美丽关系》的恶毒报道把它又翻了出来:"莫里斯·凡尔纳先生谈到了马塞尔·普鲁斯特先生,说得像是他的一位好友。他描述小说家的习惯,几点起床,几点睡觉,以及他的所有脾性。"文中称,普鲁斯特对此颇为不满,强调只被凡尔纳的"来访打搅过一两次"。报道还说,在雅克-埃米尔·布朗什那里做客时,普鲁斯特对这位文学评论人有过"不太客气的评价":"莫里斯·凡尔纳先生根本没读懂我的小说[……]。他批评我的小说缺乏结构——可我的作品内部无比协调。对了,在最近发在《新法兰西杂志》上的一篇文章里我谈到了这一点。我本来还想加上几句,但没好意思,那就是莫里斯·凡尔纳先生属于认为可以靠攀龙附凤就能在文学上获得成功的那号人,就像弗朗西斯·德·夸赛先生,甚至亚瑟·梅耶先生。我对这两位充满了敬意。他们成功了。莫里斯·凡尔纳先生则

---

① Jean Metzinger(1883—1956),立体主义画家、理论家。
② Gino Severini(1883—1966),意大利立体主义、未来主义画家。

差了一段高尚的婚姻。要结婚的话，至少得装出喜欢女人的样子。"[18]

不幸的是，这篇"闲话"怎么看都像真的。我们可以想象普鲁斯特对一篇曝光私人通信，把他写得像于斯曼笔下的德泽森特或洛兰笔下的福卡斯先生①，即那些颓废主义作家的猎奇文章不会很满意。文章举出的两人的确是普鲁斯特的私交，这是两个皈依了天主教并缔结了"高尚的婚姻"的犹太人：弗朗西斯·德·夸赛（本名弗朗茨·维纳）娶了玛丽-泰蕾兹·德·什维涅；②亚瑟·梅耶，《高卢人报》（Le Gaulois）经理、反德雷福斯分子，则在六十岁上娶了只有二十四岁的玛格丽特·德·蒂雷纳。③它提到普鲁斯特发表在 1920 年 1 月号《新法兰西杂志》上的《论福楼拜的"风格"》——文中确实谈到《斯万家那边》"尽管隐蔽但严谨的布局"。作者甚至清楚莫里斯·凡尔纳并非普鲁斯特的知心好友。此外，雅克-埃米尔·布朗什——莱昂·都德斥之为"以道学家自居的毒

---

① 德泽森特是于斯曼小说《逆天》的主人公，福卡斯是让·洛兰小说《福卡斯先生》的主人公，两者都是有怪癖的贵族。这两个人物据说也都是以前文提到的孟德斯鸠为原型。
② 弗朗西斯·德·夸赛（Francis de Croisset，1877—1937），德裔犹太人，剧作家，小说家。玛丽-泰蕾兹·德·什维涅（Marie - Thérèse de Chevigné，1880—1963）是银行家遗孀，其母洛尔·德·什维涅（Laure de Chevigné，1859—1936）是萨德侯爵的曾孙女，沙龙组织者，《追寻逝去的时光》中盖尔芒特公爵夫人的原型之一。
③ 亚瑟·梅耶（Arthur Meyer，1844—1924），第三共和国时代报界、政界活跃人物。玛格丽特·德·蒂雷纳（Marguerite de Turenne d'Aynac，1881—1945），贵族。这段老夫少妻的婚姻引发了舆论大哗。

舌",属于"可悲的长舌妇之流,以劝和为名添乱,把最简单的事搞复杂,对闲言碎语和飞短流长津津乐道,扮演着慈悲的恶人和善感的梅特伊①"[19]——的名字似乎也为该段情节打上了保真的戳记,并暗示是他在搬弄是非。这一报道中普鲁斯特对凡尔纳文章的主要批评,即认为他没能认识到小说的结构,的的确确是普鲁斯特在其信件中对《在花季少女倩影下》所有评论文章的批评之一。然而,这一批评落不到凡尔纳的文章头上,因为相反,它属于少有的几篇例外,它们都预感到这部作品有着一个潜在结构,但要等最后一卷发表后才会完全显现。

凡尔纳将《巴黎闲话》的报道做成剪报寄给了普鲁斯特。见此伎俩,普鲁斯特火冒三丈,答复说这一切"是彻头彻尾的捏造",因为自凡尔纳到访后他没见过雅克-埃米尔·布朗什:"成功的婚姻这段令我尤比震惊。如果指的是我,我生了病,所以并无结婚打算;如果指的是您,我记得您是和一位来自殖民地的女士结了婚的。"为了向对方彻底证明自己的无辜,他补充道:"得龚古尔奖之后,我规定自己再也不对任何事做任何澄清,因此哪怕昨天,甚或明天,我都是那样一个'热衷决斗的人',但面对再无稽的言论我都一言不发。然而,对这件事,如果我出面辟谣能令您满意的话,我一定会做。可是您不认为那样一来只会助长风言风语吗。我觉得不如

---

① 指梅特伊侯爵夫人,十八世纪小说经典《危险的关系》中马基雅维利式的放荡主义女性。

这样,等我从现在的突发怒火中平静下来以后,想办法打探(巧得很,我有这方面的渠道)究竟是谁发的这篇文章,或更确切地说花边消息。"[20]就这样,普鲁斯特差一点在同一天里和"塔列朗"及"梅特涅"刀兵相见。

同样,《争鸣报》的让·德·皮埃尔福也差一点就收到了他的决斗书。普鲁斯特向安德烈·舒梅克斯①——他记得这位是皮埃尔福的主编——投诉他:"毫无价值的作品可以在《争鸣报》上获得长篇介绍,作者的名字醒目地出现在篇首。《在花季少女倩影下》据说有幸得到了您的垂爱,却没有一行介绍文字,我的姓名也从未出现。不对,我记错了,谈到龚古尔奖,您尊贵的合作者皮埃尔福先生对该奖被授予这部过时且晦涩的作品感到震惊,值此一代纯正法国人的民族主义热情……"普鲁斯特告诉皮埃尔福,这篇文章"令决斗不可避免,至少不可能善了"。第二篇评论更加冷静,批评也少了,于是普鲁斯特打算邀请作者到里兹酒店晚餐以示感谢。但暗藏威胁的邀请也是见所未见:"从前遇到相似情况,我会犯决斗癖。我现在的健康状况并不妨碍我这样做,但出于一些解释起来过于冗长的原因[……],我觉得还是不要挑起为好,即便得龚古尔奖以来,我每天遭遇的辱骂滔滔不绝。"[21]

他没了"决斗癖",但保留了宴请癖,借此接近那些不为他的作品所动的人。龚古尔奖的5000法郎奖金(2月底的时候

---

① André Chaumeix(1874—1955),记者,文学评论家。1905年担任《争鸣报》主编。

他还没有拿到）就这样预支在了在他家或里兹酒店举办的宴席上。他精心搭配旧雨新知：皮埃尔·德·波利尼亚克①，让·德·盖涅宏②，博尼·德·卡斯兰③，伯沃-克拉翁亲王④，雅克·布朗热，保尔·苏代，让·德·皮埃尔福，埃德蒙·雅卢⑤。正如他并未收买龚古尔奖的评审员，他也无意对评论家施加影响。他总是在他们的文章发表之后才邀请作者晚餐，或是致谢，肯定他们的褒扬眼光独到，或是辩解，证明他们的贬损站不住脚。"您不会再有提到我的机会，"他对让·德·皮埃尔福说，"因为我即将同时出版的新书极'不成话'，《争鸣报》绝不会再作介绍。所以和您交言也不再有关说之嫌。而到时候回头再看，我定会为解除了我们两人之间的文学误解而感欣慰。"普鲁斯特的和善令皮埃尔福无话可答，他悔不当初——这总好过在二十步手枪决斗之后才后悔："啊！我真后悔写了那篇倒霉文章［……］；换了其他时候我会因为自己的文字得到传播而高兴，但这次我真是追悔莫及！"22

3月9日，普鲁斯特邀请了大罗尼到家里吃晚饭。院士对这晚的情况作了滑稽而伤胃的描述：在不断授意他添菜的普鲁

---

① Pierre de Polignac(1895—1964)，贵族。1920年与摩纳哥大公国公主结婚，是现今摩纳哥大公的祖父。
② Jean de Gaigneron(1890—1976)，贵族，画家。曾将《追寻逝去的时光》定义为"大教堂"。
③ Boni de Castellane(1867—1932)，贵族，政客，著名荡弟。
④ Prince de Beauvau‑Craon(1878—1942)，贵族。
⑤ Edmond Jaloux(1878—1949)，作家，评论家。

斯特的注视下，本来饮食俭朴且茹素为主的他只得吞下——独吞——"一条巨大的鳎鱼"，一只"赶上肥母鸡的童子鸡"，一个"特大号馅饼"和"一些美味的葡萄"，佐着香槟和高苏玳的甜酒。²³

  这便是普鲁斯特在日常交游之外所见的宾客了。他后来解释说报界让他为无法接受采访而付出了代价："我的健康状态不允许我接待记者，因此那些赶来'把他们报纸的头版留给我'的人毅然变卦，用不太厚道的文章填充了头版。"²⁴

  不过他并未严格执行采访禁令。《戏剧报》上署名"玻璃面罩"的作者无疑止步于候见室或客厅，因为他对普鲁斯特公寓的描写仅限于此："在吉美博物馆附近一条甚是幽静的街道上，住着1919年龚古尔奖得主马塞尔·普鲁斯特。登上六楼来到他的公寓，那扇门很少去锁开启。候见室里很暗，墙上挂着玛德莱娜·勒梅尔①的水彩画。客厅的外板窗全关着，可以看到一幅肖像，画得很精彩，是一位美丽忧郁的年轻女性；画架上还陈列着一幅油画，勒孔特·杜努伊②的作品（约1885年），那是普鲁斯特医生的肖像。在这幅以荷尔拜因③的手法绘制的小幅肖像底下，散落着标志其教授身份的物品，大衣，

---

① Madeleine Lemaire（1845—1928），画家，沙龙组织者，普鲁斯特的"伯乐"。曾为《快乐与时日》绘制插图。《追寻逝去的时光》中韦尔迪兰夫人的原型之一。
② Lecomte du Nouÿ（1848—1923），东方主义画家、雕塑家。
③ Hans Holbein（约1497—1543），欧洲北方文艺复兴时代著名德国肖像画家。

高筒礼帽,饰剑。无边的寂静笼罩着这里的回忆。"[25]

但12月11日的《小巴黎人报》可是拿到了独家访谈,为此还骄傲地打出了《在马塞尔·普鲁斯特先生家》的标题。

"马塞尔·普鲁斯特先生是一位巴黎的巴黎人。不过茶褐的面色、墨黑的眼睛、理成提图斯式发型①的乌油油的头发使他容易被当成南方人。至少他有着非常突出的南方人的特征。

"这几天,马塞尔·普鲁斯特先生因为伤风而抱恙在床。

"我走进他卧室的时候,莱昂·都德先生正从里面出来。匆匆赶到的巴黎议员前来通知《在花季少女倩影下》的作者,十院士将他评为了优胜者,并已宣布他获得了龚古尔奖。

"'不知道他要来,'马塞尔·普鲁斯特先生对我说,'完全是个惊喜,我想到了各种可能,唯独没有想到龚古尔奖。因为曾有好心人体贴地告诉我我没有任何希望,所以我就没怎么想了。'

"马塞尔·普鲁斯特先生小口抿着一碗温热的药茶[……]。

"'《在花季少女倩影下》一定是有关少女的咯?'

"马塞尔·普鲁斯特先生把他深褐的头颅靠到洁白的枕头上:'当然,当然……'"

普鲁斯特为何打破自己定下的规矩,而且是为了这种水平的访谈?原来,他一直记得1913年《时代报》编辑艾利-约瑟

---

① 指留短发,因该发型在十八世纪末刚出现时类似古罗马皇帝提图斯(Titus,39—81)头像的发型而得名。

夫·布瓦①对他所做的一次长篇采访，因而当他为《在花季少女倩影下》准备媒体宣传的时候，探听了一下后者现在供职的报社。而自 1914 年起，布瓦就进了《小巴黎人报》担任主编。应该就是他把上述文章的作者欧仁·德·福基耶尔（Eugène de Feuquières）派到了阿默兰街。这位采访、调查一脚踢的胡勒塔比耶②式记者经常被派到各地进行报道，如：到布里昂松追踪"凶残的博迪萨尔三兄弟"③，到旺德尔港探究"葡萄牙葡萄酒事件"④真相，到塔拉斯孔调查"克拉波讷的溺水女人"是否是朗德吕⑤（不过他偏爱火焚）的又一名受害者。他算不上名记：1920 年 7 月他去世时，这份雇用了他十九年的报纸只在两栏文字的夹缝里发了一条简讯。然而《小巴黎人报》印数接近 200 万——《费加罗报》当时印数不满 5 万——且每日在头条位置自诩"全世界发行量最大的报纸"。[26]这才是现在的普鲁斯特所看重的。

---

① Élie‑Joseph Bois(1878—1941)，记者。
② Rouletabille,《剧院魅影》的作者、侦探小说作家加斯东·勒鲁（Gaston Leroux, 1868—1927）在作品中塑造的一名记者。
③ 1918 年至 1920 年警方在法意边境地区追捕的三名杀人越货的意大利罪犯。
④ 法国当时禁止从葡萄牙以外地区进口葡萄酒，有人以西班牙葡萄酒假冒葡萄牙葡萄酒进口牟利。
⑤ Henri Désiré Landru(1869—1922)，当时臭名昭著的连环杀手，共骗婚并杀害了十一名女性，并将肢解后的部分遗体火化。1919 年被捕，1922 年被处决。

## 无事生非
### 1919年12月—1920年4月

    1927年，大罗尼在他的《文学生活回忆录》中回顾了1919年龚古尔奖的产生，他记得文学院内部存在"比较强的反对"，特别是还有"激烈的争吵和许多负面的文章"。对普鲁斯特的书"既有无情攻击，也有极力揄扬，但批判多于赞誉。[……]连带我们也被骂了个不亦乐乎。[……]他们会把我们埋到萝卜地①里"。[1]

    重读当年的报刊，不禁让人怀疑那些层层加码的抨击是一场游戏、竞赛、赌闹，怀疑记者们莫非写得性起而陷入了自我狂欢，甚至有时是在借机为攸关私利的歌舞表演做广告。他们比的是谁更无耻，更卑劣，更下流，一如《喧鸣报》(*Le Charivari*)的这位匿名撰稿人抱怨普鲁斯特的"小儿腹泻拉得连篇累牍"，或如罗贝尔·迪厄多内②——"重口味"轻歌剧《打盹的猪猡》编剧之一——把普鲁斯特比作一名"在镜中审

---

① 切口，指埋死人的地方。
② Robert Dieudonné(1879—1940)，编剧，记者。

视自己脸庞的唯美主义者,带着粉刺青年的专注,挤爆自己的青春痘观看里面究竟有什么"。[2]

骂战的参与各方身处的这个世界其实并不是很大。12月,豪华杂志《艺术折页》(Les Feuillets d'art) 刊载了普鲁斯特的文章《在威尼斯》。同一期的目录里还可看到让·吉罗杜、大 J.-H.罗尼、让-路易·沃杜瓦耶[①](马塞尔的朋友)、若阿希姆·伽斯凯(这位在不辱骂普鲁斯特的时候被某些人奉为最伟大的在世诗人)、罗歇·阿拉尔(《新法兰西杂志》社雇员),以及粉刺先生罗贝尔·迪厄多内的名字……[3] 新闻纸上隔空叫骂,日本纸上和谐共处。此外,闹得欢的主要是巴黎报纸,地方报纸仅仅通过由驻京通讯员撰写的"巴黎专栏"介入,而且大部分时候,它们宁可把有限的版面留给本地新闻,因为全国性报纸肯定不会报道这些,但这部分内容少了的话它们的读者又不答应。大部分记者比起调查更擅长说书。他们玩笑成性,语言生动,笑点低俗,喜欢冷嘲热讽,嘴上毫不积德。有那么几天,普鲁斯特就被这些活报剧作者或夜生活记者盯上了,他们嘻嘻哈哈地用蹩脚的诗歌织成讽刺的花环套到他头上。大部分时候,他们选择用八音节诗,比较好凑,比如《闪电报》上的这位匿名诗人:

十院士于龚古尔宴

决定一出訾议哓哓;

---

[①] Jean-Louis Vaudoyer(1883—1963),艺术史家,作家。

中选青年作家?风言

喁喁:"婆娘有点半老!"⁴

讽刺歌谣作者、歌舞艺术家让·巴斯蒂亚①——10月,他的一出"场面超级滑稽的大型轻歌剧"在音乐滑稽剧院上演,⁵而他本人,则在他本人担任经理的楼上楼夜总会登台,在他本人创排的歌舞《嗨》中出演——采用了同样的格律:

再,普鲁斯特之措辞,

恬美,隽永,不冷不热……

(我找不到话来押"辞",

像西拉诺押不上"热"。②)

换个可人儿来模仿,

会变成:在萌痘少年

光芒下……亲爱的姑娘,

这就是普鲁斯特范!⁶

维克多·梅里克③——有无政府倾向的文艺流民、恐犹和平主义者、1919年11月议会选举工人国际法国支部候选

---

① Jean Bastia(1878—1940),演员,歌手。
② 西拉诺是著名剧作家埃德蒙·罗斯唐的名剧《贝热拉克的西拉诺》(又译《大鼻子情圣》)中的主人公,曾与人一边斗剑一边作诗,其中一句便是"我找不到话来押'热'"。
③ Victor Méric(1876—1933),记者,作家。

人——不唱歌,但采用了奥尔良公爵查理①的回旋体,并像拉封丹那样总结教训:

> 如果您想,在龚古尔奖
> 评选中赢得高票,
> 您就得像耕牛一般强;
> 写一部砖头又烦又长,
> 好过深刻与壮豪,
> 如果您想,在龚古尔奖
> 评选中赢得高票。[7]

安德烈·舍瓦利耶②比他们更勇敢,《巴黎闲话》上负责填词作赋的这位挑战了亚历山大体:

> 可是这档子事既自然又合规,
> 奖赏这位白发作家做得对极,
> 该奖本就为真正无名者而立;
> 此番胜利绝无作者比他更配。[8]

---

① Charles d'Orléans(1394—1465),法国贵族,诗人。1415 年在阿金库尔战役中被亨利五世率领的英军俘虏后囚禁二十五年,期间写下大量诗篇。
② André Chevalier(18??—19??),诗人。

# PRIX COURANT

Cinq mille francs ! Les prix sont ceux d'avant la guerre.
Cinq mille francs ! Sans doute est-ce un chiffre coté;
Néanmoins, quelques-uns trouvent que ce n'est guère
Et regrettent que, seuls, ces prix n'aient pas monté.

Cinq mille francs ! Partout éclatent les révoltes
Et s'élèvent les cris de l'indignation
Parce que Monsieur Proust a fait cette récolte.
On a même parlé de... Proustitution.

Pourtant il est logique et sain et méritoire
Qu'on ait récompensé cet écrivain chenu
Puisque ce prix est fait pour de vrais inconnus;
Jamais auteur ne mérita mieux la victoire.

D'ailleurs les jugements de cette Haute Cour
Ont-ils jamais grandi notre littérature.
Plutôt que de pourrir en cette sépulture
N'est-il pas plus décent d'en sortir... hors Goncourt.

Et Roland Dorgelès doit être peu chagrin
Que ces Goncourtisans et leurs Goncourtisanes
N'aient pas, après dîner, en lampant leur tisane,
Arrêté sur son nom leurs suffrages... restreints.

Puisque cela permit a quatorze amoureuses
Brulant pour ses vertus d'un feu... substantiel
D'entrebailler pour lui la porte de leur ciel,
En lui rendant la Vie Heureuse.

André Chevalier.

《巴黎闲话》,1919 年 12 月 18 日

讽刺报纸在空想的场景中极尽嘲讽之能。12月20日的《白乌鸫》(Le Merle blanc)假想了该刊记者对十院士之一的采访,这位评审要求匿名(但他是"一位大作家的名公子",符合条件的没有几人)。他透露,龚古尔文学院已经选出了未来十年的优胜者:"明年,我们会给一位六十岁的年轻作者颁奖,他的小说题为《在成熟女士浅光下》,这是一部杰出的大型心理小说,不多不少855页。这本之后,后年轮到一位'老兵'的《一名祖先的回忆录》。大后年,我们会选《法兰西外交与安道尔共和国关系史史料》,1500页排版紧凑的一大本,作者是路易·菲力浦时代的一名外交大臣。[……]接下来几本部头更大。我们计划奖励一部产科学专论,2000页,作者劳拉女士是巴黎公立医院的助产士。我们还有替补方案,《土星环向心运动研究》,一部顶级重要的旧作,作者是宇宙学家,名叫……见鬼,我忘了他的名字。[……]总之,您可以向我们的读者确认,我们计划很快为新版的插图《拉鲁斯大词典》授奖。"[9]

"不过,龚古尔文学院的成员开始读他们奖励的这部作品了。"《巴黎闲话》写道,"马塞尔·普鲁斯特先生两百卷每本五百页'行距8磅'的大作让他们有些失措。据称,乔弗鲁瓦先生[原文如此]怒气连连。'三十页描写一个盐罐!六十五页谈一场鼻炎!他们还说作者有哮喘!'"[10]

由其创办者莫里斯·马雷夏尔①撰文,《脱缰之鸭报》(Le

---

① Maurice Maréchal(1882—1942),记者,1915年《戴镣之鸭报》的创办者之一。

*Canard déchaîné*，这份通常"戴镣"的讽刺周报临时改用此名）为读者献上了一则特色鲜明的圣诞故事。公共汽车上，一位"有些年纪，看上去有点萎靡倦怠的先生"，与一名抽泣的少女搭话。少女解释说，昨天晚上，她把最新的龚古尔奖获奖作品作为生日礼物送给父亲。不期今天早上，父亲发起脾气来："如果你只有这种礼物的话，那就自己留着吧。我可不喜欢被人耍！[……]你的书我只读了五十页，然后就头痛得不行！啊！讨人厌你可真有一套！"接着，他逮谁就和谁吵架，妻子，女仆，猫，少女的未婚夫，后者受不了，取消了婚约，因为他不想有这么个糟心的老丈人。

"话到此处，可怜的女孩号啕大哭：

"'我的人生毁了，先生，我怎么就那么不幸。'"

这时，这位有些年纪的先生匆匆起身下了公共汽车。从他的口袋中滑落一张名片，印着"马塞尔·普鲁斯特，龚古尔奖获得者"。

《白乌鸦》讲述在某仪式上，一个小姑娘朗诵了一篇由两百七十五节自由诗构成的贺词，作者也是"普鲁斯特先生，龚古尔奖获得者"。此外他还给"竞赛文学院"①发去一封感谢信，《巴黎生活》(*La Vie parisienne*)周刊影印刊登了该信的第一段，其余部分无奈舍弃，因为"随便一件事，即使毫无意义"，在这位作家笔下，"八开的页面平均可占 1023 页"。[11]

---

① 借法语中 concours（竞赛）与 Goncourt（龚古尔）写法读音相近玩弄的文字游戏。

## LETTRE
## A L'ACADÉMIE DES CONCOURS

Très fatigué par l'âge, le vieux doyen de nos « jeunes », M. Marcel Proutt, ayant mal lu la Bible, a compris que le premier des hommes était Paul Adam ! Mû par cette erreur, il s'est mis à composer comme lui, sans jamais aller à la ligne.

Chacun sait que l'Académie des Concours a aussitôt décerné son prix à M. Marcel Proutt, pour lui fournir de petites rentes, et qu'il puisse cesser d'écrire. Mais M. Marcel Proutt, très ému, a pris la chose au sérieux. Assis dans sa posture habituelle, « à l'ombre d'une jeune fille en fleurs », il s'est hâté d'écrire aux académiciens le remercîment suivant. Un de nos collaborateurs, qui [pour goûter cette étrange volupté — l'ombre d'une jeune fille — n'avait rien trouvé de mieux que de tenir la jeune personne sur ses genoux, a pu, grâce à ce subterfuge, copier l'inoubliable document suivant :

> Messieurs,
>
> Si la nouvelle que l'on m'apporte, et que diverses personnes me disent qu'elles ont entendue, soit par la rumeur publique, soit par le bruit qu'en font les journaux (aussi bien à dix centimes que les plus graves revues qui se publient sur la rive gauche), soit encore par les personnes qui ont été mêlées à l'évènement qui a eu lieu en ces temps derniers, et que j'attendais sans l'escompter, tout en l'espérant, est exacte, permettez-moi, pour vous remercier, de vous conter d'abord, sans la compliquer, la charger, la fausser ni la réduire, mais en lui conservant les qualités qui font qu'elle est ce qu'elle a la mission d'être, — à condition que rien ne la contraigne d'être ce qu'elle ne peut incidemment représenter — une anecdote, au surplus, sans intérêt.

La moindre anecdote, même sans intérêt, occupant chez M. Marcel Proutt une moyenne de 1.023 pages in-octavo, sans compter les détails inutiles ou ennuyeux et les digressions inattendues, notre metteur en pages a eu le regret de calculer que cette « historiette » occuperait douze numéros de *la Vie Parisienne*, en supprimant du coup toutes les illustrations. Nous devons donc renoncer à publier la suite de la lettre de M. Marcel Proutt. La phrase finale, seule, donnera, d'ailleurs, une idée de l'originalité de son style ; on y verra son assurance, son sentiment, sa distinction :

> Veuillez agréer, Messieurs, l'assurance de mes sentiments distingués,
>
> Marcel Proutt

《巴黎生活》,1920 年 1 月 3 日

"龚古尔文学院奖赏该书的目的，似乎是要和读者开个玩笑。"《喧鸣报》调侃说。有人怀疑金钱是龚古尔奖所有相关者的唯一动机。达达主义者就滑向了这一危途，路易·阿拉贡在《文学》（*Littérature*）月刊上以己度人地赞扬道："马塞尔·普鲁斯特先生是个才华横溢的年轻人，他创作有成，所以得了奖。行嘞，这将刺激印数。对于《新法兰西杂志》真是笔好生意。谁会想到一个勤恳的贵人迷竟能带来如此丰厚的回报。可巧，马塞尔·普鲁斯特先生价值万卷。"[12]

一切都可以拿来嘲笑，首先就是小说的标题。《闪电报》解释了其中的好笑之处："我们［……］会记得一个令人愕然的标题，记得曾有莞尔的一瞬，因为联想到——既然花季少女投下倩影——成熟岁月的壮实女性应会投下的、十有八九更加粗壮的身影！"各报争先恐后地对标题进行各种改编：在成熟女士浅光下，在果季少妇倩影下，在一位粉刺少男魅影下，在萌痘少年光芒下，在或长或幼的果季女士凉荫下，在成年粉刺男女的激情中，在落叶老人淡影下，在带梗老小姐的昏明中，在结籽老姑娘的阴影下，在花季雪茄烟影下……[13]

这标题还被用在普鲁斯特自己身上，以强调他篡夺了龚古尔奖："最后是多热莱斯，这个英俊无畏的战士写下他目睹的场景。他从战壕里走来。他曾走进战壕，为保卫那些今天叫得震天响的人而战斗。他恨法国人所恨，爱法国人所爱，纯朴至极真诚至极。他在十个月里，不靠广告不靠吆喝，单凭自己的才华，赢得了另外那些人有五年时间——在流泪妻子的阴影下——打造的知名度。"或在费米娜-幸福生活奖颁发后写：

"现在是《木十字架》被埋没的作者'在花季女士的倩影下'了。"[14]

当然还有拿他的姓氏开涮的。"马塞尔·普鲁斯特先生,才华感人","姓出名门",惹来很多讥笑。有的帮他改名——马塞尔·噗①。有的说他是因为一首儿歌才出的名:"他骑上我的小驮马,/颠起来放了三个屁。/噗鲁斯特!噗鲁斯特!还有一个噗鲁斯特!……"有人改造了感叹词:"快跑路斯特②,亲爱的!"有人谈论"卖普鲁斯特"③……[15]

至于认为玩笑、即便是下流的玩笑也还是太客气的那些人,他们还有辱骂这一招。他们的口径在尼斯《海滨报》(*La Riviera*)这位匿名撰稿人笔下可见一斑,他管普鲁斯特叫"梅毒胚[hérédo,既影射莱昂·都德以此为标题的小说,也指遗传梅毒病人,呆傻],疯子,痴汉,书写狂,能一口气写出七八百页的大部头,要内容没内容,要主题没主题,要文字没文字。毫无观点,毫无感情,毫无感觉;只有一些淡痕;一场难以置信、恐怖之至的精神手淫"。[16]

普鲁斯特从不回击这些文章。他说,它们惹不着他,因为他是"唯一要承受它们的辱骂的人"。他自重身份,不去回应这些谬论、谎言、污蔑、诽谤,因为他知道"稀奇古怪的念头

---

① Proutt,象声词,放屁的声音。与 Proust(普鲁斯特)只差一个字母。
② 将 oust(快,快走)改成了 Proust。
③ 将 prostitution(卖淫)改成了 proustitution。

很容易就会出现在记者的小脑袋瓜里",而且他或许担心会有其他更不体面的爆料,一些来自警方报告的内容,关于某些他本人只是作为观察者前往的场所的报告……他不愿展露自己的趣味,但也不愿被强加上不属于自己的趣味:"当我看到一名记者,本来是来给我戴高帽子的,但因为我没能接待他,转而报复我,写[……]我白天待在教堂里,晚上在公共汽车上尾随年轻的女装店女售货员,云云,云云,我觉得某种我不了解的想象力,一旦为恶意、怨恨,或仅只是写作的需求所用,是会形成各种无法预料的产物的。"[17]

事实上,他是"踢场子"的受害人,这是当时剧场中的一种陋习。多热莱斯的伙伴们捧完自己人,就开始吹口哨、喝倒彩,要把别人的戏——它竟然压过了他们支持对象的杰作——搞得谁也无法看下去。"无事生非",《卢瓦尔灯塔报》(*Le Phare de la Loire*)的撰稿人斥责道。费尔南·范戴兰姆也目瞪口呆,他把报界的反应比作一场骚乱。作如是观的还有雅克·里维埃。让我们以他为向导,在穿越了这片毒沼之后,去同新鲜空气、光明,还有崇高会合:"如果说我之前还对《追寻逝去的时光》的重要性有所怀疑,那么我们刚刚经历的这场小小的骚乱已将这些疑虑一扫而空。只有杰作才能有此殊遇,一问世便给自己招来一群声调如此统一的敌人。没有被有益且真正残酷地骂过,蠢人永远不会自己改变。"[18]

# 千封贺信
## 1919 年 12 月—1920 年 4 月

八卦新闻记者消停的时候,则有龚古尔奖的其他竞评者现身发言。报界对他们的口无遮拦趋之若鹜——当时还没有"热搜""掐架""怼"这些词,用语方面略显贫乏,但报界投入其中的热情已然不亚于二十一世纪面对类似情境的"社交媒体"。

霍朗·多热莱斯认为,十票中取得四票,这只是"相对少数"——在刑事法庭上,如果当事人的有罪判决仅系于一票的微弱优势,事实上他会被无罪开释。他关于女性"温柔之手"为他抚平了龚古尔文学院给他带来的创伤的言论被报界评价为一个"迷人的答复",纷纷加以引用。[1]

《巴黎-午报》和《世纪报》(*Le Siècle*)采访了"一位运气不佳的竞评者"——弗朗西斯·卡尔戈,他的措辞更尖锐:"设立龚古尔奖〔……〕是为了奖励年度最佳小说,并鼓励青春、才华与想象力。

"今年,龚古尔文学院唯一的想象力却是反其宗旨而行,奖励了一个恰恰不再是青年之人的作品。

"去年,我曾希望龚古尔奖会授予《哥尼希斯马克》①,于是我去了德鲁昂饭店,我看到那些先生仍在用餐,处于一种极不适于鉴赏文学著作的状态。

"这只不过更坚定了我的想法:我们年轻一代应该自己评判自己,不要去期待老头们的认同。

"龚古尔文学院完全失去了初心;因此才奖励了一部烦冗芜杂的小说,再无畏的读者都会将它视作一项艰巨挑战。"

好在对于某些作家而言,文学并不是真正的生活。这位马路生涯与流氓恶棍的诗人②在热尔梅娜的怀中找到了安慰——她还不到二十岁,卡尔戈与她结识于狡兔酒吧,并于12月30日迎娶。婚礼在蒙巴那斯的一家酒吧举行,参加者中有科莱特·德·茹弗内尔③、安德烈·瓦尔诺和霍朗·多热莱斯。[2]

但其他竞评者——他们本就没抱多大希望,所以希望破灭也不怎么失落——显得更有风度。

热拉尔·鲍尔曾被列为龚古尔奖的争夺者之一,他的历险小说《海下》讲述的是——从标题一点都看不出来——发生在一艘潜水艇上的故事。他"成长在大神的膝盖上"[3]:大仲马之孙,亨利·鲍尔④——巴黎公社社员、苦役犯、德雷福斯的

---

① 作家皮埃尔·伯努瓦(Pierre Benoit,1886—1962)的小说,在1918年的龚古尔奖评选中以四票对六票惜败于杜阿梅尔的《文明》。
② 卡尔戈被称为"流氓的小说家"。
③ Colette de Jouvenel(1913—1981),作家科莱特的女儿。
④ Henry Bauër(1851—1915),是大仲马与情人所生之子。

捍卫者、萨拉·伯恩哈特的情人——之子,他追随父亲的脚步,在《巴黎回声报》担任文学与戏剧评论员,对圈内的规则一清二楚。虽然从童年时代起就认识十院士中的大部分人,但他对成功并不抱很大幻想。次年,作为安慰,他获得了法兰西学院的"蒙蒂翁奖"。这个奖颁给"作品最有助风化"的作者,获奖者无数。

12月11日,在为多热莱斯未能获奖感到惋惜的同时,他向普鲁斯特"细腻的感受性""独创性"和"精致的自我观察"致敬。不过比起小说,他更推崇《仿作与杂记》,因为它们提供了"我们未曾料到的文采与迷人的判断力的证据。正是在他如此捉弄那些大文豪的时候,绽放出了花季少女"。

1934年起,鲍尔以"盖尔芒特"的笔名为《费加罗报》撰写的专栏收获了相当的知名度。他经常引用普鲁斯特的文字,以示热爱与崇敬——毕竟这是《费加罗报》,并提起1919年的这一天——但绝口不提他自己的小说——"一个充满激情的声音——那是能够捍卫自己赏识对象的激情,在觥筹交错中,把马塞尔·普鲁斯特的名字[……]推向辉煌"。[4]

普罗文学作家马塞尔·马蒂内也不是得奖热门,他的名字很少被提及,但在前两轮投票中得了一票。他认识大罗尼,并在作品出版前将手稿寄给他审阅;大罗尼说喜欢,同时提出些文笔方面的修改建议。他与多热莱斯也有着友好的交往,后者感谢他在《工人生活》(*La Vie ouvrière*)上为《木十字架》撰写了一篇"揄扬文章"——不忘借机重提自己的参战经历:

"因《木十字架》而获得的赞赏对我来说是宝贵的鼓舞。而在这场悲惨的杀阵过后,我们亟需鼓舞……"1922年,马蒂内在其担任文学主编的《人道报》发表了一篇字斟句酌的文章回顾普鲁斯特的胜利。虽然他了解所有决定他必然摒弃这本书的政治理由,但他很清楚龚古尔奖授予《在花季少女倩影下》这一"事件的重大意义",他无法"对马塞尔·普鲁斯特先生冗长错综、令人难以卒读的作品,因得奖被强烈质疑而成为关注对象表示不满",因为他相信,"我们的时代要是没有对'上流社会'的这些记忆,那就太遗憾了":"很少有作品当得起如此评价。""我不会意外,他接下来作品,尤其是他最新预告的一部,将对人类的认识有感人的揭示。"⁵

还有些人既未参加竞评也没任何要求,却有朋友代为出头攻击普鲁斯特。《新人类》(*Les Hommes nouveaux*)的一名匿名撰稿人称普鲁斯特是"共济失调的作家","他的作品是反动文学的化身。《追寻逝去的时光》是斯丹达尔的作品去了势,是贝尔①的心理描写抽去了维持生机的热焰。花季少女把马塞尔·普鲁斯特累得够呛……"作者探究形成这个"优待一部二流作品"的决定的原因,结论是出版商在捣鬼:"事实是《新法兰西杂志》社期待他们的作者能得大奖……还不止,因为据说在德鲁昂饭店,就在都德大声吵吵的包间近旁,伽利玛、特隆什等人毫不紧张、胸有成竹地等着投票结果。可《新

---

① 斯丹达尔的真名是亨利·贝尔。

法兰西杂志》社为什么选了这么一个蹩脚的候选人？他们不是还出版了萨尔蒙①、桑德拉尔②、维尔德拉克③、马丁·杜·加尔的作品吗，这些人，不是我们小瞧这位年高德劭的普鲁斯特先生……"⁶

《新人类》沿用了布莱兹·桑德拉尔创立于 1912 年的一份杂志的刊名，当时只出了一期就停了。1918 年的复刊桑德拉尔似乎并未参与，不过在这种情况下提到他的名字也并不令人意外。而且我们甚至可以猜到这篇文章的作者是谁：会不会就是两天后在《巴黎生活》周刊上列出一份相近作家名单——"夏尔·维尔德拉克、布莱兹·桑德拉尔、安德烈·萨尔蒙、德里欧·拉罗舍尔"——且更早时候，在 8 月 29 日的《家乡报》上为布莱兹·桑德拉尔作过一幅速写的路易·莱昂-马丁？桑德拉尔和莱昂-马丁两人——还有萨尔蒙——都曾为《红蔷薇》(*La Rose rouge*) 撰稿，这份周刊于 1919 年 5 月创刊，同年 8 月寿终正寝。然而我们或许可以认为桑德拉尔本人对这一恭维并不领情——它毫无实际意义，因为当年桑德拉尔并无非韵文作品出版，他的名字从未进入龚古尔奖候选人名单，而且现在奖也已经发完了。更主要的是桑德拉尔喜爱普鲁斯特的作品。1920 年，他给后者寄去一本他的诗集《自全世界》，题词是："向您致以热忱的敬意，您的仰慕者布莱兹·

---

① André Salmon(1881—1969)，诗人，小说家，艺术评论家。
② Blaise Cendrars(1887—1961)，法籍瑞士裔作家，现代主义重要先锋。
③ Charles Vildrac(1882—1971)，诗人，剧作家，评论家，儿童文学作家。

桑德拉尔"。[7]

其时，军人作家协会的一名成员向主席亨利·马勒布——1917年龚古尔奖得主——提议"为《木十字架》的作者组织一次致敬宴会，'以有礼有节地抗议龚古尔文学院的荒谬评选'"。不知是否真的举办了这样一次宴会，因为随后便评出了费米娜-幸福生活奖。可能只在12月10日或11日，有过一次和多热莱斯在一起的便宴。《大众报》的一则栏间消息写道："前天晚上进行了第二场评选，虽然算不得正式，但远比白天那场来得感人。几位作家在得知十院士的决定后，聚到了他们心目中的胜利者霍朗·多热莱斯身边，以抗议日间的裁决。"[8]

凭借《在花季少女倩影下》，伽利玛出版社首次摘得龚古尔奖，开启了其惊人的一个世纪豪取三十七个龚古尔奖的辉煌。普鲁斯特彻底进入《新法兰西杂志》的大家庭，对他的最后的抵触消失了：他不再是《费加罗报》的普鲁斯特，那个被安德烈·纪德拒稿的社交生活作家了。瓦列里·拉尔博，这名最好奇最挑剔的读者，这位最公正的精英主义者，这个对畅销书、大印数秉持戒心，只爱"值得去爱的文学"的人，对雅克·里维埃倾吐了本届龚古尔奖给他带来的喜悦："总算有个文学奖授给了一部文学作品！"《新法兰西杂志》社也打算组织一次宴会。是安德烈·纪德先提醒了加斯东·伽利玛，后者向普鲁斯特转达了提议："对这个计划我鼓掌赞成，而且我确信，我们所有的友人也都会支持我。对我们来说，这不但是向您道贺，尤其还是向您展示您在我们之中重要地位的机会，我几乎可以说是头把交椅。"不过无论伽利玛如何坚持，普鲁斯特就是不接茬，只是在一个月后私下表示："当安德烈·纪德友好地提出——倘使这个提议来自旁人我会付之一笑——为我获得龚古尔奖举办一场宴会时，我从未回应他们的多番恳请，我不想让人觉得假如我身体健康的话就会赞同这样的宴会。"⁹

对他来说，龚古尔奖也是对友情的一个考验。数日间，他便收到八百七十封贺信，来自社交界的男男女女，来自作家、亲戚，还有十名法兰西学院院士：雷雅娜、玛丽·德·雷尼埃、路易·德·罗贝尔、贝尔纳·格拉塞（他"忧伤的是没能［亲］自推出"获奖作品）、安娜·德·诺瓦耶①、亨利·波尔多②、让-路易·沃杜瓦耶、勒内·布瓦莱夫、雅克-埃米尔·布朗什、亨利·格雷菲勒③、苏西·普鲁斯特④、路易·马丁-肖菲耶⑤、斯特劳斯夫人⑥、贝尔特·勒马里耶⑦，另外八百五十六人的姓名没有记录，但肯定能从《庄园年鉴》《社

---

① Anna de Noailles(1876—1933)，诗人，小说家，沙龙主持人。1904 年幸福生活奖的创立者之一。
② Henry Bordeaux(1870—1963)，作家，律师。1919 年当选法兰西学院院士。
③ Henri Greffulhe(1848—1933)，贵族，格雷菲勒伯爵夫人的丈夫，《追寻逝去的时光》中盖尔芒特公爵的主要原型。
④ Suzy Proust(1903—1986)，马塞尔的弟弟罗贝尔的女儿。
⑤ Louis Martin‑Chauffier(1894—1980)，记者，作家。
⑥ Mme Straus(1849—1926)，音乐家比才的遗孀，普鲁斯特少年时期好友雅克·比才的母亲，沙龙主持人。
⑦ Berthe Lemarié(1872—1948)，作家，《新法兰西杂志》撰稿人。

交与上流生活》和《文艺年鉴》里找到。普鲁斯特没有精力一一答谢并处理日益浩荡的来信——3月的时候,他的床边仍有"千封贺信没有回复":"'千'就是'1000','1000法郎'的'1000',而不是耶稣喜欢用来指若干年月的那个虚数,对后者的错误解读引发了公元1000年的恐慌。"[10]

与此同时,龚古尔奖也导致了某些旧谊的终结或冷却。勒内·彼得①,童年时代的伙伴,认为这一时期在马塞尔身边出现了"一群随扈",而马塞尔并非"无感于臣从",从此他便彻底远离。[11]

同样,多年来为马塞尔表弟出谋划策,帮他管理股票池的利奥内尔·奥塞尔②也借机严厉地表达了真实想法:"你定会同意,我喜欢你、认识到你的真正价值要早于官方认可你的才华,早于社交圈那群不允许自己独立思考的人形成意见。正是基于这一资格,所以在我眼里,你就是一个被宠坏的小孩,动不动就要给拂逆自己的人脸色看。我亲爱的马塞尔,恐怕荣耀有点让你上头。"普鲁斯特答复道:"至于待写的与龚古尔奖有关的信是要寄给那些我二十五年前就认识的人的,他们的祝贺让我厌烦,因为不会外乎老调重弹,但绝没让我上头。如果你稍微动动脑筋,你就会明白在48岁上收获一个鼓励新人的奖项并不是件很光荣的事。"[12]

---

① René Peter(1872—1947),剧作家,传记作家。与普鲁斯特一样都出身于医生家庭。
② Lionel Hauser(1868—1958),银行家。普鲁斯特的远亲。

吕西安·都德还要苦涩。1920年,在送给他的一册《盖尔芒特那边(第一卷)》里,普鲁斯特写下了亲切的题词,但其中有一句:"我难过的是一段时间以来我们有些误会,你完全误解了我。"吕西安在旁边用铅笔批驳:"没有'误会'——只是我哥哥能发龚古尔奖,可我不行!马塞尔·普鲁斯特成了文学家了!"接着,针对印在书上的致敬其兄莱昂的献词"无两的友人",他继续写道:"从我16岁起(1895年)直到这本书出版(1919年!),我们这么多年的友谊,只落得他给我的题词,还有这段题献!'无两的友人',我也够得上,1913年12月,是我第一个为《斯万》一书写了篇热情的长文,而我哥哥那时还说《斯万》'读不下去,毫无价值'。"[13]

最后还有诗人罗贝尔·德·孟德斯鸠——他是如此喜爱普鲁斯特的恭维以至于会把它们用作自己作品的题记,他还为普鲁斯特塑造夏尔吕男爵这个人物提供了大量参照。他在回忆录中留下了一条长长的恶毒的注释,混杂着真相与谎言,或许说出了圣日耳曼郊上层社会一部分人的心中所想。在他看来,将龚古尔奖授予普鲁斯特是"用一个塔式蛋糕所行的一场骗局":"这个骗局,不像通常发生的那样是以次充好或以无代有,相反,有真材实料;这就不同凡响、值得研究了。而且这件事的过分之处在于,企图把一场隐蔽的舆论操纵伪装成一个正经的结果。"

"战争的爆发,导致这位作者年届望五也没能取得米尔博所说的'等级',能够抚慰他自尊的仅是一介文士、一个合格的生产者的地位。飞黄腾达与他无缘，也就没有蜂拥而至的读者，因而也没有畅销书，没有铺天盖地的宣传，没有财好发。虽然他的成名会让很多人不爽，但谁也不会否认，在所有人中，基督教种族与犹太教种族混血的果实最是会产生钻营者。不过，正如'贵人迷'一词可有褒义，也有值得称颂的钻营者；显然绝大部分钻营者不在此列；我们的朋友属于前一类。"

随后孟德斯鸠分析了普鲁斯特的三位朋友所起的作用："第一位，阿恩，普鲁斯特的狂热信徒，或您愿意，他的穆罕默德；这是个精明的导演，帮他参赞，在幕后运筹帷幄[……]。第二位，弗莱尔，同样忠诚，控制着《费加罗报》这片圣水湖，他是掌篙之人；第三位，莱昂·都德，负责送上一篇重磅文章，横扫千军，配合从天而降的龚古尔奖，不留任何质疑空间。"

他说普鲁斯特在《费加罗报》上收获了一篇罗贝尔·德雷福斯的文章（这是真的），但是登在了第二版（这是假的，因为文章登在了7月7日的头条位置）："这个坚强的多病之人从他的昏睡中走出，就像一个魔鬼离了匣子，威胁——态度无疑很好——要气死过去，并立刻取得了以下结果，即这篇文章次日再登一次，登在头版，保持同样的标题和排版布局。我想这在报业史上也是前所未见。"

这些话没有一句是真的。加斯东·伽利玛的确给罗贝尔·德·弗莱尔写过信——他曾给后者当过秘书——请他配发一篇宣传普鲁斯特的文字，但罗贝尔·德·弗莱尔答复说该做的都已做了,因为他对马塞尔"非常敬重,由衷喜爱"。[14]

不管怎样,孟德斯鸠认为骗局就此启动,而造势的最高潮,他说,是莱昂·都德的一篇文章(事实上发表于龚古尔奖揭晓两天后):"顺便插一句,我们注意到文章的作者,莫非是巧合,曾被这本书的作者捧得比圣西门还要高。"——这不假,前文提到过,写在《仿作与杂记》里。接着,"奖就下来了"。同时下来的还有孟德斯鸠断头台的斩首刀:"'花季少女倩影'战胜了流血英雄的身影。"[15]

## 达那伊得斯灌水似的啰里吧唆
1919 年 12 月—1920 年 4 月

12 月 23 日,大罗尼也撰文替《在花季少女倩影下》出头,文章发表在《戏剧报》上。"汇总一下,他们对龚古尔文学院究竟有哪些不满?"他质问道,"奖励了一本不如《木十字架》的书,选择了一个不需要奖励的人,没有选中战争小说,选中了一个莱昂·都德支持的候选人,没有考虑普鲁斯特的年龄?"在咨询过普鲁斯特,并经他提示准备了大量论据后,他一一反驳了这些指责。[1] 让我们也对此做一番盘点,不是要回应什么——过去的一个世纪已经解决了一切——而只是像孩童那样,乐呵地在烂泥塘里踩踏一回。

文学院"奖励了一本不如《木十字架》的书"。《小避风港》的一名记者如是概括一个非常普遍的观点:十院士"比起质朴、刚健的作者,选择了矫饰、造作,动辄虚情假意、添油加醋的小文人"。[2]

即便记者们偶尔承认普鲁斯特并非全无是处,他们还是更推崇同行多热莱斯。在他们的观念里,作家不可能诞生自圈外,记者是唯一能产生作家的职业。《脱缰之鸭报》玩笑式地写道——但毕竟是写了:"怎能因为不会在大型酒吧或任何其他地方邂逅马塞尔·普鲁斯特先生就傻乎乎地断定他不存在呢,谁又能自夸遇见过博丹先生①,可他的作品不也人手一份吗?""所有作家要么在报界有朋友,"《观点周报》指出,"要么自己就服务于报界,文学界与新闻界日常且深入的相互渗透已存在了十五年。新兴的作家,特别是多热莱斯所属的这一代,控制着大部分报刊的文学栏目,并利用这些栏目。他们应当善加运用,而非滥用。"埃德蒙·雅卢更是一针见血地解释说,某些报纸之所以苛待普鲁斯特,"准是由于[他]没什么熟人"在报界。³

在多热莱斯的作品里,记者们能读到他们自己写作时的口吻与节奏,读到"毫无夸张"、令人心碎的文笔,混杂着沉重与细琐,兼有冒险、波折、刺激、戏谑、真实、诚挚、人情等所有引人入胜的小说元素。而一读到普鲁斯特的作品,他们就只剩下了无聊:"我们在'花季少女倩影'下因为无聊而昏睡沉沉,正如《非洲女》中主人公在毒番石榴树荫下陷入死亡的长眠②。"普鲁斯特的书在他们看来就像"昏睡性脑炎"一样可怕——这种疾病在战争期间有过几次流行,之后几年一直是

---

① Sébastien Bottin(1764—1853),官僚,统计学家,后以编纂出版商铺名址大全而知名。其姓氏后来成为法语普通名词,意为名录、电话簿。
② 《非洲女》(*L'Africaine*)是作曲家梅耶贝尔创作的最后一部歌剧,在十九世纪下半叶、二十世纪初经常上演。女主角在最后一幕中吸入毒番石榴花的毒气自尽。

法国医学科学院的重点防治对象：

> 这病倒是没有鼠疫和狂犬病
> 危险；然而有个病例昏睡之症
> 最是严重：因为患者择书不审，
> 竟然读了普鲁斯特《少女倩影》！⁴

一些人抱怨这一"大堆乏味无趣的闲言碎语、思考与观察，外加孩童见识"，抱怨"这达那伊得斯灌水似的啰里吧唆①，这些在黏黏糊糊、淡而无味，就像煮烂的通心粉般的冗长句子中被反复回嚼到令人作呕的对平庸生活的回忆"。另一些人则像了结"罚抄的作业"似的读完了该书："无所事事的人，如果喜欢抽丝剥茧的分析，可以啃一啃这份又腻又难消化的'烤馕'"，但他们不会"把它当作一本无与伦比的杰作强加给可怜的大众，大众有时实在是木得有点厉害"。⁵

很多人甚至拒绝打开这本书读上一读。阿里斯蒂德（Aristide）认为不能要求他比龚古尔文学院院士们付出更多："十院士谁也不承认自己没有读《花季少女》一书。阿里斯蒂德承认自己没读过。他没能做到。他甚至认为读不了某本书，并说出来，这就是对该书的真实评论。"皮埃尔·瓦尔蒙（Pierre Valmont）评价小说"值得赞赏，但读不下去"："因

---

① 达那伊得斯是希腊神话中达那俄斯的五十个女儿，其中四十九名因杀死新婚丈夫而被罚在冥界往无底桶内不断注水。

为这或许就是普鲁斯特先生的奇特案例中最特殊的地方了。人人都赞赏他,但谁也没有完整地读过一本他的书。"[6]

多米尼克·迪朗迪①因这本书的物质形态而气馁:"好吧,我还是直说为好,我根本没看马塞尔·普鲁斯特先生的书,将来也不会看,至少不会理会现在的这个呈现形式。"原因是,"在其出版商的商业安排下",马塞尔·普鲁斯特"这部龚古尔奖作品制作蹩脚,至少四百页,全用钉头小字印在质量也不怎样的纸上,别的不敢说,但估计敢于冒险享用它的读者眨眼就需要眼科大夫的娴熟治疗"。有数十篇文章提到这本书有443页,每页44行,"小号字体密排","不分段"。在它们看来,它"来自某个食人者或野蛮人的印刷机"。[7]听上去,这不是一本书,而是印度苦行僧的钉板。

首先这究竟是部长篇小说还是回忆结集?没人能回答这个问题,这似乎证实它不是什么上等的文章。图书同业会②里编制书目的人就非常为难,他们把《在花季少女倩影下》时而归入"奇谭,短篇小说,记述",时而归入稳妥周全的"文学类",却从不归入"长篇小说"。但对于《木十字架》,他们从未有过迟疑——长篇小说,即使它多处一字不差地搬录士兵多热莱斯写给父母或玛朵——这位年轻女士一点不急于看到战争结束——的书信,[8]比起想象力作品,实际更接近于回忆

---

① Dominique Durandy(1868—1920),记者,文人。
② Cercle de la librairie,法国与图书有关的专业人员的公会,成立于1847年,成员主要来自出版界与书店。

录、记述或报道。

"从技术角度而言,它们不存在。"费尔南·范戴兰姆写道,"它们是无视常识和各种规范的建构,不是长篇小说,不是回忆录,也不是箴言集,比起书,更像是一篓篓的回忆与印象。""《斯万家那边》和《在花季少女倩影下》不是长篇小说,"安德烈·比利附和道,"尽管它们的作者在被问及这是否是他本人的回忆录时怒形于色:您为何认为曾有斯万其人?还有奥黛特?奥黛特也不曾存在过。"皮埃尔·瓦尔蒙则在系统阅读之后总结说这些作品——不晓得是实话还是挪揄——"不属于任何一类,但又全涉及":"长篇小说,哲学,美学,无一不包,无所不包,尤其包括'兔子'的故事。"⁹

唯有夏尔·库赞①在《调和与综合》(*Rythme et synthèse*)月刊中对普鲁斯特和多热莱斯各打五十大板。前者"这位先生爱分析自己的掌纹,爱从小玛德莱娜蛋糕中过度萃取嗅觉快感,爱想个没完,爱把一头浓密的金发一丝丝地劈成四片"。而"同样虚荣,同样空洞,多热莱斯先生的文字唤起对拙劣作品的厌恶。这是一团自负的虚无,对《火线》的乏味模仿。多热莱斯先生缺乏品味和笔力。日复一日的萎靡不振,没有思考,这就是乏味无聊到令人恶心的《木十字架》"。¹⁰

至于大罗尼,他信誓旦旦:"普鲁斯特的书是一本伟大的书,世所罕有。书中充满了独特的想法、精妙的意象、敏锐新颖的评论;不乏神来之笔。这样一本书很可能在本世纪出版的

---

① Charles Cousin(1893—1958),诗人。

绝大多数书籍都从人类记忆中消失后还能流传很久。居然有人指责我们为其颁奖不公,这让我殊不可解。马塞尔·普鲁斯特是我们最美的选择之一,也是我个人感觉与有荣焉的选择之一。"

其次,人们指责龚古尔文学院"选择了一个不需要奖励的人"。"物质角度,确实如此,"大罗尼评论道,"马塞尔·普鲁斯特先生不需要奖励。但在精神层面上,他需要这个奖。而多热莱斯先生打一开始就取得了所有人都觊觎的成功——销量,无论如何都不再需要这个奖。"

龚古尔奖预定揭晓那日,《木十字架》——阿尔班·米歇尔称首印10000册——已经重印,印数达到了20000(也有人说30000)。[11]至少这是公布的数字。远非会计凭证,这些数字首先——鉴于成功召唤成功——是卖点,因此在披露中难免有不实成分。不过这并未妨碍多热莱斯的支持者炫耀称,虽然他们的候选人没能得奖,可是读者与销量都站在他这边。

更普遍的意见认为,奖励一名"百万富翁",为其"戴上几张千元大钞而非荆冠"是个错误。某些人指出,普鲁斯特不指着这笔钱"来丢开不愁生计的自由创作之乐以外的所有东西",而借助费米娜-幸福生活奖提供的奖金,霍朗·多热莱斯"将可放弃新闻工作,全身心地当他的职业作家"[12]——他并没有这样做,正如阿尔贝蒂娜即便结了婚也不会放弃与女友们见面。

《晚安报》倒是对普鲁斯特的命运表示了同情,因为他

"曾经坐拥万贯家财,但现在都认为他破了产"。"然而有些消息灵通的朋友称他的支持者大大夸大了他的困厄,而且总的来说,有些候选人比他穷得多得多。"¹³

甚至还有讽刺报纸向税务局举报普鲁斯特:前者"在向公债六合彩的 100 万奖金收税时一点不含糊",所以"对于龚古尔文学院为了普鲁斯特先生那本诱人的小书而发给他的 5000 法郎,该收的也一定会收"。¹⁴

但有几人把这一论战上升到道德准则的高度。雅克·布朗热认为,埃德蒙·德·龚古尔"把他的奖视作荣誉,而绝非慈善馈赠。一部天才作品,仅仅因为其作者生活优渥就被剥夺获奖资格(如果这事发生的话),这难道符合他的意愿?"至于乔治·勒卡多内尔①,他从这一富有作家获奖的事件中看到了道德功效——不济也是社会功效:"今后,当一名贫穷作家获奖,在获取金钱援助的愉悦之外,他还可欣慰地想,是自己的文学成就获得了嘉奖。"¹⁵

路易·德·罗贝尔就对普鲁斯特说:"您战胜了一个把龚古尔奖当成济贫津贴的可憎传统。"¹⁶

人们指责龚古尔文学院最多的是没有"考虑普鲁斯特的年龄",故此违背了埃德蒙·德·龚古尔遗嘱中以该奖"奖励青春和独造之才,奖励在思想与形式方面崭新的、勇敢的尝试"的要求。普鲁斯特坚信挑起争议的是吕西安·德卡夫,他对穆

---

① Georges Le Cardonnel(1872—1941),小说家,评论家。

尼耶神父说:"因为他先是为我的对手拉票,后来还这样宣布结果:'普鲁斯特先生拿到了奖,多热莱斯先生拿到了独造之才和青春。好事不能一人全占。'"这的确是《日报》上一篇文章的结语,而德卡夫则是该报的文学主编。[17]

这场争吵持续了多年,龚古尔文学院一直没给出定论。如吕西安·德卡夫所透露,十院士当中有一位把决不为三十岁以上作家投票奉作行为准则。那应该是莱昂·埃尼克,普鲁斯特在龚古尔奖揭晓两三天后给他写信:"我知道您并不喜欢我的书〔……〕。但这一点不妨碍我喜爱您的作品,所以,我很高兴能在龚古尔文学院抬爱垂赐的书信末尾看到您的签名。"[18]

"我发言反对给您颁奖,也没有投您的票,理由很简单,"埃尼克答复说,"因为年龄,您的年龄。我曾协助阿尔封斯·都德,我的朋友和导师,负责埃德蒙·德·龚古尔的遗嘱执行,我也曾经常和埃德蒙·德·龚古尔聊起他的文学院,所以我知道,我肯定,他的这个奖不是发给技法与思想均臻不感的成熟作家的,而是奖给年轻作家,以鼓励他们,使他们——假如他们没钱——能暂离衣食之忧,安心写作。〔……〕先生,莱昂·都德告诉我,您有 47 岁;您是一位已届壮龄、完全成熟的作家。这种情况下,您说实话,我,作为埃··德·龚古尔的遗嘱执行人,我能无视他的意愿吗?……"[19]

莱昂·都德在 12 月 10 日的聚餐上辩称,龚古尔兄弟的真实意图是奖励"青春之才",并不是要对获奖者的年龄设限。1937 年,吕西安·德卡夫在事隔十八年后回应,他激动地援引埃德蒙的遗嘱:"注意'和'字!埃德蒙·德·龚古尔写的是'奖励青春和独造之才,云云';绝不是'奖励青春之才'。"[20]

1919年,人们看到了一连串异想天开的数字。《脱缰之鸭报》称,"只有莱昂·都德先生一人知道马塞尔·普鲁斯特先生是位生于1852年的青年作家"。在报纸这面魔镜中,普鲁斯特就像到了布瓦洛所说的有"一个蹩脚的人物"登场、"第一幕是小孩,末一幕成老头"的戏里,仿佛一名"幻梦剧角色",日增一岁,甚至隔二十四小时就老一辈子。"饱经岁月的风霜,我们'青年'的年老尊长"有四十七岁,但"他就快五旬了",他"50岁出头","五十一岁","四十有十一岁","六十岁",七十岁,他甚至曾是"莱昂·都德的中学老师"[21]——事实上,莱昂·都德比普鲁斯特年长四岁!

《白乌鸦》操练起了回旋诗:

> 如果您想,在龚古尔奖
> 评选中赢得高票,
> 可不能嘴上无毛。
> 不妨实言对您讲,
> 六十华年不可少,
> 如果您想,在龚古尔奖
> 评选中赢得高票。[22]

对此,普鲁斯特颇觉好笑:"龚古尔奖颁奖前夜,我没有机会得奖,因为我有 47 岁。发奖次日,我又不配得奖,因为'差一点儿'就五十了。又过了二十四小时,我就五十多了,我现在是 58 岁。[……]要是同您见面时我并无某些前瞻报刊所写之白发覆额还请不要失望。"²³

在这样一片嘈杂中,持平之论很难传播。"一本书是否过时既不取决于题材,也不取决于背景。而是取决于笔调、心态和感受性。"费尔南·范戴兰姆写道——在他的文章里,对普鲁斯特的批评逐篇减少,"从这三重角度,读者您说,文学界还有谁比马塞尔·普鲁斯特先生更现代,更当下,与我们的时代更相通?"²⁴

"他的作品既然新颖,那不就是年轻吗?"莫里斯·勒瓦扬①问道,"在文学上,青春只随首次且决定性的成功而终结;而一名推陈出新的作家,可以年轻两回,或者长久年轻。"²⁵

"在文学和艺术领域,户籍信息不代表一切。"保尔·苏代补充道,"青年指的是新人,他可能入行较晚,或者功成名就的速度很慢。"²⁶

雅克·里维埃写道:"一个是将已经用滥的套路玩得出神入化,使它暂时如新出于硎般灿烂的年轻小伙,一个是很晚才投身创作,只想一心记录自己对事物,特别是内心世界,前无古人且——如果可以这样说的话——'有独无偶'的认识的作家,这两者谁才是真正的'青年'?要回答这个问

---

① Maurice Levaillant(1884—1961),诗人,评论家。夏多布里昂研究家。

题，难道不应该看谁更有前途，文学在哪条道路上更开放、更有新生的机会吗？换句话说，难道不应该测算作品的青春度，而非作者有幸（这本身就是乐事且不需任何奖赏）坐享的年龄？"[27]

大罗尼指出，普鲁斯特比 1903 年荣获首届龚古尔奖的约翰-安托万·诺——时年四十三岁——和次年获奖者莱昂·弗拉皮耶——当时四十一岁——都没大多少。而他无从知晓的是（但笔者很乐意为他补充论据），比起吕西安·博达尔，1981 年龚古尔奖得主，获奖年龄六十七岁，还有 1984 年获奖的七十岁的玛格丽特·杜拉斯，1919 年的普鲁斯特只能算是毛头小伙。

此外，大罗尼还写道，《追寻逝去的时光》的作者十多年来一直在创作这部作品，是战争延误了其出版："通过奖励他的作品，我们奖励了一项从青年时代延续至壮年的不懈工作。在这一点上，普鲁斯特案例依旧是异乎寻常的，需要得到异乎寻常的对待。"

在这场争吵中，《少女》一书作者的真实、想象或夸大的年龄都不重要，因为彼时，"青春"意味着"前线战士"，"年纪"则是"后方闲人"的同义词。从想象的作者年龄，人们引申到了他所描写的那个世界的年龄。"这些大部头的主题是一个极其美丽的世界，"皮埃尔·瓦尔蒙在《布列斯特电讯报》（*La Dépêche de Brest*）上写道，"不是被收入仓库的那个，而是把法兰西带向 1870 年惨败的那个世界。我们理解莱昂·都德先生的热情。"这位布列塔尼的撰稿人拿普鲁斯特和埃德蒙·阿布①的小说《豁耳男》的主人公，拿破仑大军的一名上校相比，后者在冻成冰尸五十年后被科学家救活。瓦尔蒙怀疑，普鲁斯特是否"在 1800 年前后就被冰冻了"？"这才能解释他那些小说中微微的腐臭味，正是这股味道使得没有一个人——肯定是这样——能享受到最后。"[28]

龚古尔文学院的另一项罪名是"没有选中战争小说"。这一指控更严重，但不必夸大其影响。"他们没有吸取去年的教训。"让·贝乐含写道，"把崭露头角的皮埃尔·伯努瓦留给另一所'学院'赏识的十院士，今年又将把奖赏《木十字架》的荣誉让与幸福生活奖的评审团吗？"[29]因为 1918 年，报界曾批评十院士没有奖励皮埃尔·伯努瓦的小说《哥尼希斯马克》，而把奖颁给了乔治·杜阿美尔的《文明》，也就是说一部战争小说。但如果在战争期间，龚古尔奖的评审们排除一位战士作家的作品，去奖励一部爱情与历险小说，同一位让·贝乐含又会说些什么呢？

在普鲁斯特的作品荣获龚古尔奖之前，比内-瓦尔梅就曾指出它显得多么不合时宜，因为书中描写了 1914 年以前的那些法国艺术家——"全世界最有学问的人"，"他们会因任何一点审美失误而痛苦，一如毛汉子兵之于子弹"，这个"在友人家喝茶时、在林荫道散步时、在试着爱上花季少女时冒冒失失的患病之人。而这是一位诗人，一位痛苦的大诗人"。[30]

---

① Edmond About(1828—1885)，作家、剧作家，记者。

"龚古尔文学院的先生们，"比内-瓦尔梅继续写道，"你们没有上战场。你们拥有最高明的鉴赏力。如果你们在1913年为普鲁斯特颁奖，我会鼓掌称贺。然而，可惜，战争来了，还有整个战争文学。我们被密集轰炸，我们听到许多声音，我们希望给予回应，因此我们喜爱多热莱斯［……］。这就是原因，因为战争使文学焕然一新。"[31]

大罗尼回应："在那些因我们没有奖励一部战争作品而不悦的人之中，有比内-瓦尔梅，因为他是此类作品的参与者，而且他难以理解现在有人会写其他主题。［……］比内-瓦尔梅以为如果十院士上过战场，他们就会另作选择。我不同意他的看法。我们曾经，连续五次，把奖给了上过前线的人，邦雅曼、巴比塞、杜阿美尔等。您会同意，亲爱的朋友，五个'战争之奖'对一个'和平之奖'，这是个即便慷慨如您也会感到满意的比例。"

诚然，通过这一决定，龚古尔文学院可能是在表示，在连续五年嘉奖战争小说之后，现在应是"回归和平作品之时"了。[32]可是，战争虽已结束，生存竞争仍在继续，比内-瓦尔梅把剑与火带入了批评："遗憾的是，龚古尔奖的评审们在奖励了一位革命者与和平主义者之后，以为只要首都不受威胁就可以忘记战争。既然这些先生不再是上阵厮杀的年龄，那就请他们坐上火车，去光复的国土上看看。他们可以重新展示才干；他们也将成为这部史诗的参与者。［……］在那里，在法兰西的这九个省份，生活更艰难，完全就像 J.- H.罗尼曾经浓墨重彩地描绘的原始时代的生存状态。在那里，我亲爱的大师，人们无法忘记。残垣断壁,木十字架,坟墓,荒芜的农田,咳嗽的孩子,困苦的生活,令到访者想起我们仇恨并必须继续仇恨的德国鬼子。忘了巴黎和它的那些小客厅吧,忘了那些烦琐的分析,忘了我们纠结的情感和敏感性的痛楚吧!在那里,您将看到原始的人们正在重组社会细胞,这是一幅托时代不幸之福您才能体察并阐释的珍贵景象。如果不保留任何战争的记忆,您就无法理解这一切,或无法正确理解这一切。正因此,我亲爱的罗尼,因为我仇恨德国鬼子,因为我希望我们后一辈的年轻作家成为新时代的诗人,而非一种枯竭的文学的延续者,所以我要责怪您把法国人的鉴赏力引向了一部虽然我欣赏其全部价值、全部境界,但不会是我所期待的这一必然重生之源泉的作品。"[33]

比内-瓦尔梅——他或许在借机报复1906年未能评上龚古尔奖之仇,当时排除他的借口是他不是法国人,而是瑞士人——的这个论调与多热莱斯十分相近,后者在《死者觉醒》中记载了重建中的贪污、贿赂,对已葬尸体的发掘与归并,以及通过不当手段的致富。他写道:"有一瞬,这个法兰西相信那个幸福的法兰西把它遗忘了。巴黎的报纸给他们带来了一场惊人庆典的消息。[……]而他们,住的是窝棚,还要为了圆面包和几块冻肉的碎渣而争来抢去。"[34]

战壕里积累起来的对"后方闲人"或巴黎人的怨恨在战争小说中得到放大。针对以阿德里安·贝尔特朗或亨利·马勒布为代表的理想主义倾向——忙于爱国主义宣传,满脑子单纯的牺牲与圣战精神,鼓吹徒劳的英雄主义与病态的目的论("此土誓为法兰西之土"),以亨利·巴比塞为代表的现实主义倾向揭露这场冲突的政治与经济面目,描写经受考验的友谊,描写战士们的人性与弱点。多热莱斯在某种程度上糅合了这两种倾向。许多文章将《木十字架》与《火线》作比较,批评龚古尔文学院为巴比塞这个布尔什维克颁了奖,却不为多热莱斯这个温和派颁奖。"巴比塞先生不良、负面的怀疑主义令阅读《火线》的法国人有多么困惑,霍朗·多热莱斯振奋人心的理想主义就令《木十字架》的读者有多么鼓舞。"《高卢人报》如是写道。比内-瓦尔梅还转引其"贤内助"的话——她读了《木十字架》:"我哭了,我骄傲[……]。在读《火线》的时候,我也哭了,但感到羞耻。"<sup>35</sup>

但也有一些老战士,他们的意见没能引起足够关注。这些人在战争期间发现了普鲁斯特的作品,他的小说陪伴着他们,支撑他们苦度时光,一如后来在纳粹集中营、在古拉格,它支撑着那些还记得并将它传递给伙伴的人们。马塞尔·阿扎伊斯①就是其中一位。他出身葡萄酒酒农家庭,曾任《法兰西行动》的乐评人。1920 年,他创办了《批评随笔》(*Essais critiques*),他是这份刊物唯一的撰稿人,文章涉及各类主题。十字军功章获得者,他曾在凡尔登、阿图瓦、索姆河、香槟作战,但这并未妨碍他欣赏《斯万家那边》:"当我读到它——那是在前线,一个平静的防区——我陶醉了。普鲁斯特先生的长句缓缓展开,就像威尔斯小说中那些机器的长臂;它们软绵

---

① Marcel Azaïs(1888—1924)。

绵地铺展,嗅闻、触摸、攫握、开启一切,深掘一切,呈上邂逅的所有物件的隐秘本质。我读《斯万家那边》的时候,我想到以战争元素作比,我觉得普鲁斯特先生是一盏探照灯,它懒散地扫过地平线,但不漏过任何一个角落。"1917 年,雅克·里维埃在柯尼希斯布吕克的战俘营里回想"普鲁斯特的书,和书中描绘的那个极不健康极不纯洁,但对[其]感官、精神如此不可或缺的环境,充满饥渴"。[36]

普鲁斯特应该听说了其他类似的反应。准是他在夏尔·芒然①——马塞尔后来在《盖尔芒特那边》中称其为"一个天才"——司令部当外科医生的弟弟罗贝尔告诉了他,这位将军"喜欢[他的]书"。因而他可以在拉希尔德面前炫耀:"在战前,我绝难相信一本书竟会成为那么多陌生伤员的精神要素,不论是士兵还是将军。"[37]

---

① Charles Mangin(1866—1925),一战法军名将。

## 中了法兰西行动党的毒
### 1919 年 5 月—1920 年 4 月

然而所有这些指责都还只是些幌子而已,其后隐藏着对龚古尔文学院真正的、更深层的不满——它"奖励了莱昂·都德支持的候选人"。如果记者们会算数,这场笔仗本可避免。为普鲁斯特投票的六位院士中,仅有四位属"右翼"——我们以惯有的保留使用这些空间概念:布尔舍,塞亚尔,都德,以及大罗尼。莱昂·埃尼克把票投给了多热莱斯,虽然他也属"右翼"。《家乡报》那位认为他也为普鲁斯特投了票的记者以为所有人都像他自己一样将派系思维用诸四海:"莱昂·都德先生〔……〕和他的朋友埃莱米尔·布尔舍——他久久没能写完《舟》,以及莱昂·埃尼克——从来没人读过他的作品,大肆运作。"同样,勒内·勒布克虽然探听清楚了每位院士的政治倾向,却对他们的投票情况所知不详,认为既然小罗尼与古斯塔夫·若弗鲁瓦属"左翼",他们必然只会为多热莱斯投票。[1]但事实上这两人选择了普鲁斯特。

但此处问题不在于普鲁斯特和他的书如何如何,关键是在别人的观念中这两者如何如何。龚古尔奖提供了一个在文学领域延续斗争的机会,这一斗争通常发生在议会席,政治集会,还有保王报贩联盟与革命青年卫队的冲突中。而最重要的是,借此机会,每个人都得以对这个或那个党派宣誓效忠。

传统的左右对立在战争期间因"神圣同盟"而暂时收敛,和平一至便即刻复萌。一些走下战场的知识分子聚在一起,传播和平主义思想,施加社会影响。这个团体以巴比塞的小说标题"光明"命名,组建于1919年5月10日。一开始,该团体的意图不是很明确,政治边界也不是很明晰,因而如大罗尼等右翼人士起初也加入了运动——或许是一时疏忽。

其自诩"思想国际法国通讯"的半月刊《光明》(*Clarté*)在第三期上发表了阿纳托尔·法朗士的一篇文章,陈述了运动宗旨:之所以出现战争,皆因群氓的无知;而"幸得真理眷顾"之人的使命便是贡献"他们的力量、才华及生命向其他人揭示,现今的不幸既是战争的悲惨结果,更是整个社会构造所导致"。与此同时,该团体向德国作家伸出手——在这场解放运动中,后者不再是敌人,而是同盟。产生了一个指导委员会,委员中有托马斯·哈代、塞尔玛·拉格勒夫、拉宾德拉纳特·泰戈尔等外国作家,法国作家则有阿纳托尔·法朗士、亨利·巴比塞、乔治·杜阿梅尔、玛格德莱娜·马克思、维克多·西里尔[①](他后来在《大众报》上发文,批评龚古尔文学院奖励普鲁斯特而非多热莱斯)、雷蒙·勒菲弗[②](在同一张

---

① Victor Cyril(1872—1925),小说家、记者。
② Raymond Lefebvre(1891—1920),作家、记者。

报纸上，他指责普鲁斯特写了本"大容量教材，在里头一个暴发户或许会摆出一副懒散痴愚的样子"）和霍朗·多热莱斯。²

所以加盟光明运动的记者捍卫自己人，攻击龚古尔文学院的决定。这同时也是因为他们无法忍受莱昂·都德当选巴黎议员不到一个月就让自己的朋友借着龚古尔奖而名声大噪。"对莱昂·都德来说，今年是卡比托利欧之年……"《大众报》咄咄逼人地评论道，言外之意是离塔佩亚岩①不远了。³

记者们把囿于成见的猜测、毫无根据的指控——可能唯一根据只是他们对相左于自身政治信仰之事物的欣赏不能——当成确定事实来发布。和他的大部分同行一样，乔治·克莱雷对事实材料未作仔细研究，便在《人民报》上作出了缺席判决："有必要指出马塞尔·普鲁斯特先生的反动性一如所有职业或非职业文人，他们为使自己的作品获得成功，依仗的是社交关系和'沙龙客'的支持，而非自身的勤奋与才华。马塞尔·普鲁斯特先生据说是莱昂·都德先生看好并支持的候选人，而都德先生自从跟前没了令他胆寒的米尔博，便以凭借铁腕驾驭龚古尔文学院为傲。"《大众报》揭露："参加龚古尔奖聚餐的那些固执的院士"都"中了法兰西行动党的毒"。在乔治·德·拉富沙迪埃（光明运动成员）看来，普鲁斯特"是上流社会的一员，这是关键，因为在这个时代，作家的名声系于五时的钟

---

① 塔佩亚岩离古代罗马城重要宗教与政治中心卡比托利欧山不远，直到罗马共和国末期一直是执行死刑的地方。西谚"塔佩亚岩离卡比托利欧不远"有成败兴亡只在刹那之意。

声,追名逐利的文人必须认真地把鹅毛笔在茶壶和圣水缸中泡过"。《家乡报》则认为,"比起奖励一个德雷福斯派,龚古尔文学院选择了弃一位才华横溢的作家于不顾"。[4]

多热莱斯怎么会是德雷福斯派?当德雷福斯上尉被判处公开夺职、终身流放之时,多热莱斯只有九岁;当左拉发表《我控诉……!》之时,他也才十二岁。这也罢了,他确实早熟。同样,即使战争期间,每遇开放的教堂他都要在圣母的祭坛前下跪,即使在《木十字架》中,他描绘了毛汉子们在冲锋前向"步兵圣母"祈祷的感人场面——如果这种段落在普鲁斯特的书里出现,舆论估计又会评以"粗俗",即使在他蒙马特尔的公寓里,他在写作时所面对的墙上钉了串念珠,多热莱斯仍然被塑造成自由思想者的代言人。[5]

至于普鲁斯特,他对自己政治观点的重视程度应该不会高于医学观点。据经常同他谈论此类话题的雅克·里维埃透露,他的"政治倾向非常偏左,当然,他从未系统客观地思考过这个问题"。莱昂·都德也证实了这一点,因为可以想见,他本可尝试把普鲁斯特发展成《法兰西行动》的合作者:"他当时曾是德雷福斯派,我想那是由于斯特劳斯-比才夫人的缘故,他对其抱有深厚的友谊——因为他是个完美的朋友;之后,他便既无政治观点,也无宗教观点,而且因为蔑视政治家,他完全分不清谁是谁。他只关注一位,克列孟梭,遇见过两三次,但从未说过话。"[6]

然而确实,普鲁斯特虽然谴责当时自由鸣放于大部分报刊的反犹主义,却并不全然排斥《法兰西行动》报,但吸引他的仅仅是该报撰稿之人的文学水平。1920 年 3 月,他为莱昂·都德写了篇文章,但没有一家报纸愿意登载。文章标题"一个多样的头脑与天才"充分体现了他的景仰与感激:"因为只能读一份报纸,所以我不再读以前那些,只读《法兰西行动》。我可以说能做到这一点我真是了不起。鉴于从前,对一个人所经历的痛楚的考量使我成了德雷福斯派,可以想见,阅读一份比我往常所读的《费加罗报》或《争鸣报》残酷万分的报纸经常使我出现心脏病的初步症状。但舍此,还有哪份报纸的柱廊装点着圣西门本人——我指莱昂·都德——的宏伟手笔呢?"[7]

可是,光明运动对马塞尔·普鲁斯特毫不姑息。他支持德雷福斯的立场被遗忘,或无视,一如阿纳托尔·法朗士曾为《欢乐与时日》所作的序——普鲁斯特就算为十月革命唱赞歌并向列宁宣誓效忠,也仍是一个阶级敌人。但光明运动的成员同样忘了——或者还不知道——他们的良师巴比塞曾为《会饮》(*Le Banquet*)撰稿,而那是普鲁斯特与孔多塞中学的几名学友在 1892 年创办的刊物。巴比塞在那儿发表的诗作假如被 1919 年《光明》的读者看到,他们准会昏厥,连带作者自己也会脸红:"哦,冠冕庄严的神秘天主哟,/我将存在托与您仁慈之手。"在该刊 1893 年 2 月号里,离巴比塞的其他诗篇——不知依旧算颓废主义还是已经是布尔什维克主义("你看我的盛大之夜会冲淡你们的微笑")——不远便是普鲁斯特题赠给阿纳托尔·法朗士的短篇小说《薇奥兰特或红尘》[8],该作品可以算是《追寻逝去的时光》中若干章节的雏形。

雷蒙·勒菲弗(凡尔登战役的伤员,1919 年 11 月议会选举候选人)已在《大众报》(文学主编:亨利·巴比塞)攻击过普鲁斯特,现在卷土重来,在《光明》(主编:亨利·巴比塞)上继续这场十面埋伏。这次,他彻底大打出手,称普鲁斯特是个"有教养、重着装、思想正统的人,他没有察觉战争,没有听说战争,到了1919年仍在继续他的十九世纪",是"最新的斯居代里①","一个塞拉东②","一个贵人迷,殷勤,恭敬,和马屁一样蠢"。勒菲弗想从《少女》一书里找一句话"展现"给读者看:"找不到。全无文采。就像假花丛中的一眼泉水。还没法让它停下。没有水龙头。只有一招:逃跑。直白地说吧:普鲁斯特先生不是在写作。他这种文章该抽嘴巴子。"随后他把论战引向阶级斗争的角度:"你们之中如果有谁恰好因为造纸、炼焦、贩卖皮革发了财,一脚踏入上流社会,却还没有时间熟悉其风俗的,我郑重推荐普鲁斯特先生的全集。首先,这是对财主生活的一点惩罚,其次这将把您变成一个浅薄、乏味的人,会为了一个蠢女人的背叛而激动,却对当代世界最大的悲剧麻木不仁。""1919年的龚古尔奖是国民联盟的又一个战果。"他总结道,"今年法国的选情真是好。政坛上,罗斯柴尔德们大获全胜。文学界也一样。'斯万家那边'好不得意。"他呼吁抗争,甚至革命。他在结尾向多热莱斯喊话,称即使在"斯万和罗斯柴尔德们的警察"的监视下,

---

① 指十七世纪矫饰文风的代表人物 Madeleine de Scudéry(1607—1701)。
② 法国十七世纪田园小说《阿斯特蕾》中与牧羊女阿斯特蕾相恋的牧羊人,后成为忠于爱情、多愁善感、倾向精神恋爱的男青年的代名词。

他也不应放弃其"社会公义的追求":"[……]如果你想要别人读懂你,你或者可以选择屈服,租一套燕尾服,写写花边新闻,或者来吧……来我们这边,和我们一起冲锋。"⁹

忠实于自己定下的重要使命,且从来心无旁骛,雅克·里维埃把争论拉回文学范畴:"我不认为这是一个简单的巧合。联合起来反对普鲁斯特的主要是'革命艺术'的所有追随者,他们把政治和文学混为一谈,以为勇敢在这两个领域是一回事,以为不管是在政治上还是文学上,只有前进才是创举,以为创新者总是走得比别人更远。所有这些人把文学创新看成一种解放,把每放弃一条执行至今的规则、每打破一重限制、每丧失一点精确性都奉为通向美的一步。其中一位不无坦率地称普鲁斯特是'反动'作家。不错,在文学上会有后退的革命,以不像至今所做的那样厚重、宏大、自由、高尚、动人、扼要、'棒'为目标,他是怎么明白的?他是怎么明白我们现在亟需的正是这样一场革命,而'反动'的普鲁斯特恰好为这场革命发出了信号?"¹⁰

对于宗教与政治问题,普鲁斯特和他的朋友们进行了有力的反击,但都是在私下。在《戏剧报》上,大罗尼只用了四个词,够明确的:"他是自由思想者。"不过普鲁斯特在提示他如何回应时说得更清楚:"自第一次领圣体后,那得是三十多年前了,我就从未参加过弥撒。我不想选在刚刚得到莱昂·都德如此关照的时候声明说,我曾在某一时刻上过名单的唯一派系恰恰与他为敌。不过话说回来,莱昂·都德比谁都清楚,我在第一份声援德雷福斯的名单上签过名,我曾是一个积极的德雷福斯派,曾把我的第一本书寄给了囚禁于寻午监狱的皮卡尔①。不必说,对于那些称我'凭圣水缸和反动上位'的报纸我才不说这些呢!"对保尔·苏代,他明确指出:"我相信我应该是第一个德雷福斯派,因为是我跑去征求阿纳托尔·法朗士的签名的。但我居然得了龚古尔奖!这只能是对我从前反动与教权主义行径的回报!"[11] 不惮于失去穆尼耶神父的祝福,他向其透露:"我甚至敢向您承认,我并不像人们所说的那样成了'教权派',我也不曾是(因为恶意甚至会追溯以往)反德雷福斯派,而是最积极并有可能是最早的德雷福斯派。"[12]

两年后,莱昂·都德表示:"有时还有人指责我们选了一个拥有如此政治或宗教观点的优胜者,在其街区的看门人和邻舍看来,他是个反动分子,右派。因为在 1921 年的法国,依然有一种激进社会主义批评,对教权与新保王主义倾向无情抨击!不消说,我认为这些倾向好极了,但我的艺术与文学偏好并不取决于此。"1932 年,人们指责都德支持《长夜行》是在为一个侮辱祖国的作家的作品张目,据说他发表了类似的回应,但激烈多了:"祖国?事关文学,我请祖国滚他娘的蛋!"[13]

"无疑,马塞尔·普鲁斯特是莱昂·都德全力支持的候选

---

① Georges Picquart(1854—1914),1895 年担任法国军事情报部门负责人,因发现德雷福斯事件真相而受迫害,被短暂囚禁。平反后曾任战争部部长。

人。"大罗尼补充道,"但如果我没记错的话,莱昂·都德也曾全力反对巴比塞,而巴比塞最后以九票赞成一票反对胜出。[……]不管怎样,都德没有给我任何压力。而我希望这篇文章的调子本身也能使读者明白我对普鲁斯特作品的喜爱有多深!我曾坚决支持它[……]!而且我认为要让——比如说——若弗鲁瓦或布尔舍投出违心一票是不可能的事。"[14]

左翼有理由表示不满,右翼同样不缺借口。因为最激烈的抨击文章有几篇就来自右翼,作者包括若阿希姆·伽斯凯——莫拉斯的朋友,天主教与民族主义的皈依者,比内-瓦尔梅——同为莫拉斯的亲信,小队长联盟及后来保王报贩联盟的创建者,以及让·德·皮埃尔福——后于1940年成为贝当元帅的狂热支持者,并主持"民族革新刊物"《青年法兰西手册》(*Les Cahiers de la jeune France*)。他们都聚集在才智党周围——其宣言发表在7月19日的《费加罗报》上。这一运动的名称即显示他们是莫拉斯——著有《才智的未来》——的追随者,莫拉斯本人即是宣言的诸多签名者之一,签名的除《新法兰西杂志》的一位创办者亨利·格翁①,还有几名将会谈到普鲁斯特的评论家:比内-瓦尔梅,亨利耶特·沙拉松②,若阿希姆·伽斯凯,雅克·代·伽雄③,埃德蒙·雅卢,让-路

---

① Henri Ghéon(1875—1944),诗人、剧作家、文学评论家。真名Henri-Léon Vengeon。
② Henriette Charasson(1884—1972),诗人、剧作家、剧评家。
③ Jacques des Gachons(1868—1945),文人,编辑。

易·沃杜瓦耶，罗贝尔·瓦莱利-拉多①……但找不到莱昂·都德的签名。

才智党认为若无"思想复兴即无物质复兴"，提出，为走出大战导致的道德与思想危机，须通过建基于"货真价实的法兰西理念"的民族复兴，这些理念是"历史形成、并通过传统传递给我们的，曾长久被法国大革命与浪漫主义时尚忽视或弃如敝屣"，但"大战的教训"使人看到"它们具有永恒的力量"。"胜利的法兰西，文明之守护者"应负起"保卫人类精神成就"的重任，因为"文学难道不是通过民族化才能获得更普世的意义、对全人类更有价值吗？"该党办了份刊物，《普世杂志》(*La Revue universelle*)，将它所鼓吹的复兴古典理论结合实际，对普鲁斯特——"当代最造作的作家""最虚假的人"——和他的书——一个"不放蛋的煎蛋卷"，一个"代用品"——大加鞭挞。[15]

虽然左、右分属两个阵营，但他们的战斗有时未必总是对立。例如，光明运动的作家准会毫不犹豫地在莫拉斯信徒若阿希姆·伽斯凯这段有关《在花季少女倩影下》的评论下署上名字："不对，参加过这场大战的人不是这样思考、梦想、感觉和生活的。我们这辈人无法代入这堆自负的幼稚文字里。那些我们所爱，并将我们再现于他们的艺术和思想之中的人，他们才不出入斯旺［原文如此］家那边。我们的生活不在那儿。"

---

① Robert Vallery‐Radot(1885—1970)，文人，记者。

他们也准会赞同让·德·皮埃尔福的这段话——至少直到那个会打断他们掌声的分号:"这部由一位自愿隐居之人在失眠中所写的集子会让被现实伤害、躲入幻想的受苦灵魂得到安慰。它与歌唱斗争之美、启蒙之德的新生代作家的趋势没什么关系;它也同才智党宣称唯一与胜利之伟大祖国相称的复兴古典主义格格不入。"[16]

自然主义和象征主义枯竭后,"古典复兴"的诱惑征服了法国。和莫拉斯一样,《新法兰西杂志》也经常对此表现出期待,希望消除浪漫主义——因为来自日耳曼——以凸显法兰西特质和对心理及道德探索精神的向往。战争促使人们抱团,杂志的创办者考虑与《法兰西行动》妥协,像让·施伦贝格尔①所说的那样,缔结"光凭[他们的]本能不会达成的友谊"。同样的疑虑于1919年再现。《新法兰西杂志》的新主编雅克·里维埃——他对莫拉斯的思想感到"一种仇恨"——在才智党的宣言发表后从政治与宗教两方面提出了保留意见。但他也并不就此认同光明运动的论调,他认为"就算不是国际主义者,也完全可以抛开一切因素,不希望当前的仇恨变成死扣"。[17]

同样,普鲁斯特也被才智党这份"荒谬无耻的宣言"给"激怒"了。"全是战后冒出来的危险的蠢话",他怒斥道。这一论战被置于《寻回的时光》的核心,他在那儿回应得龚古尔奖时遭受的批判:"我以为,大众艺术和爱国艺术的观念虽

---

① Jean Schlumberger(1877—1968),作家,出版人,《新法兰西杂志》创办人之一。

然算不上危险,却是荒唐的。如果目的是通过牺牲'适于有闲人士'的精致形式,使平民百姓得以理解艺术,那么凭我在上流社会阅人之多,我知道真正的文盲是他们,而不是电工。从这一点来看,一种形式上的大众艺术或许更适合于巴黎赛马会的会员而不是法国劳工总联盟的工人;至于题材,大众小说给劳苦大众带来的享受和孩子们从专为他们而写的童书中得到的享受一样多。人们读书是为了发现不一样的世界,工人对贵族就像贵族对工人一样好奇。战局刚开的时候巴雷斯就说艺术家(以提香为例)首先须为祖国的荣耀效劳。但效劳的前提是他必须是个艺术家。"[18]

于是乎,普鲁斯特腹背受敌:这边是认为文学应保持动员的民族主义者,那边则是主张文学介入社会的国际主义者。前一批人,以在《戏剧报》上发文的比内-瓦尔梅为代表,讥讽地祝贺龚古尔文学院让"那些忘了全人类,只想着战争的作家"知道了自己几斤几两;后一批人,以在《光明》上发文的雷蒙·勒菲弗为代表,认为普鲁斯特属于这样一类作家,"他们的信条是:忘却战争,忘却人类与文明,让自身远离崇高灵魂、高贵心灵和对批评的宝贵担忧,享受废墟,把受难曲换做假面舞会,悲剧换做芭蕾,闲暇换做消遣,劳作之乐换做悠游之苦,为行将就木的世界添上一层百万富翁百无聊赖的乏味轻浮"。此后五十年,这两批人一直试图遮挡普鲁斯特著作的光芒。然而,虽然在第二次世界大战中,它们被指控腐蚀了人们的思想,埋下了战败的祸根,虽然光复后,萨特立刻又以同样具有说服力的理由谴责它们,但都仅仅是延迟了对它们的最终认可而已。只有朱利安·班达曾于1927年在《新法兰西杂志》上向这位任由"唯一的求真欲望指引,不在意任何社会需求"的"灵魂的真正教士"——少有的几名没有背叛的"知识分子"之———致敬。[19]

不但激进派、社会主义者、无政府主义者和民族主义者都不怎么喜欢普鲁斯特,就连天主教徒也是一样,但理由更偏执。《十字架报》(*La Croix*)——它可能还记得普鲁斯特是德雷福斯派,因为它自己全然不是——在一则预告国际寒冷大会的消息与一则对图卢兹百花诗赛评委会会议的评论之间,用几行字作了报道,并以一句话道出了它的不屑:"日前,龚古尔文学院〔……〕将其年度文学奖〔……〕授予了马塞尔·普鲁斯特先生,奖励其小说《在花季少女倩影下》。尽管如此,但我们不会因为这一决定就向读者推荐该书。"

《小说一览》(*Romans-revue*)月刊则解释得更详细。由严厉的贝特莱姆教士①(这个说腹语的克洛岱尔在其多次重版的著作《该读的小说和不该读的小说》里要言不烦地介绍他那些女读者从未得知的堕落作品,甚至让人陡兴阅读之念,他鞭挞普鲁斯特作品暴露出的"最可耻的淫荡",以及那"两卷极其恶心"的《寻回的时光》)创办于1908年的这份杂志,把《在花季少女倩影下》(还有《木十字架》)列为"可以在有充分理由的情况下,允许有足够鉴别能力的成年人阅读的小

---

① Louis Bethléem(1869—1940),天主教神父,文化审查的健将。

说"——尚不算其禁书单里被彻底禁绝的那一类。但对其身为"自由思想者"的作者,该杂志却毫不容情,称他"难懂、繁缛、复杂、钻牛角尖,有害且剧,总体上对今时绝大多数男女读者来说甚为无聊","估计只有专家与批评家——还有赶时髦的人——会去读他"。总之,它对这些书籍出具"严肃的保留意见",因为它们虽然不算"字面意义上的低俗黄色书籍",但"对于缺乏鉴别能力的读者却仍然危险",因为"此类忏悔经常毫无廉耻",更不用说"奥黛特·德·克雷西的态度[……],其他同样卑劣的勾当,不可接受的道德理论[……]强化了这一危险"。[20]

在《青年杂志》(*Revue des jeunes*,副题"法国天主教思想新闻与行动刊物")里,可以感受到罗贝尔·瓦莱利-拉多——才智党宣言的签署者——面对"普鲁斯特先生世所罕见——但令人失望——的作品"在其审美和道德之间举棋不定。"多么丰富啊!——可惜浪费在远离圣父殿堂的地方。多犀利的目光啊!——可惜着眼的不是现实世界,而是执着于表象,甚至不觉得需要从中逃离。摆在我们面前的是一部现代唯物主义的'雅歌',是以可感世界的精巧仪式取悦精神与心灵的绝望尝试。这是一部堕落的作品,其毒害年轻男女灵魂的能力,只有安德烈·纪德的《人间食粮》堪与并论。"

不过他喜欢书中提到的那个消失的巴黎、山楂树、弗朗索瓦丝、外婆,诺布瓦或布洛克的登场令他失笑,而且他几乎爱上了少女们——或更确切地说,他确确实实爱上了她们，因为"这种火热，这种不确定，这种激情，这种矜持与娇媚的混合，这种如今再难找寻的魅力"。总之，如果您喜爱切斯特顿①的文字，那您也将从普鲁斯特的作品中获得享受。

但可惜……"这本书同时也可算一种异教奥义，一种对享乐的深入思考，时间长了令人厌倦，因为为了那些无法教化灵魂之最高层次、任其在黑暗中沉沦的事物而如此努力致知、消耗大量感情，又有什么用呢。我们不断自问，真的不是在听一个神童的回忆吗；随后他的历险无误地向我们表明他确有十八或二十岁……但我们从来看不到他的精神和他的内心逃离浪漫情感这一感人但幼稚的领域；甚至他根本不像曾经想过可以过一种更灵性的生活，想过会有比遭遇奥黛特或阿尔贝蒂娜的白眼更甚的焦虑，想过天主的存在。正是这些，在我们的头脑被如此机敏、狡黠、自如的观察吸引的同时，引发了走投无路的窒息感。这是个神奇的孤岛；每一天都很纯洁，金色透明。然而这是个监狱。"[21] 或许正是为摆脱这样的囚笼，罗贝尔·瓦莱利-拉多在光复后遁入了缄口苦修会。

普鲁斯特向该文作者表示，这是他读到的所有评论其小说的文章里"最出色"的一篇。"对我来说如此愉悦的一件事，为何非要用一条任何一部文学作品都无法抵挡的批评来破坏

---

① G. K. Chesterton(1874—1936)，英国作家、评论家、天主教神学家。其神学著作极受推崇，另著有以布朗神父为主角的系列推理小说。

呢?〔……〕想想拉辛,他在有资格创作《以斯帖》和《亚他利雅》①之前不得不写了多少世俗戏剧啊。不要以为,不在自己的感觉和思想上弄虚作假,保持真实——在这个词最严格最守规的含义上,就不是对更高层次生活的必要准备。"[22]

---

① 拉辛创作的最后两部戏剧,均以《圣经》人物为题材。

## 霍朗·多热莱斯,龚古尔奖
### 1919 年—1999 年

在经历了各种侮辱性的标语和嘲讽之后,难道还需承受数字的暴政?如果说作家在文字中讨生活,那么出版商就是在数字中求富贵。龚古尔奖与其说是作家的竞争,不如说是出版商的角力。但不要忘了,普鲁斯特曾是他自己的出版商,他自费印行了他的第一本小说《斯万家那边》,而 1919 年,他宣称自己破了产,需要靠小说大卖挣钱"翻身"。

他相信,讽刺性的简介将阻碍其作品的传播:"一篇[……]首先指出这本书的物质形态、那些长句使它读起来多么令人气馁[……]的文章,将在某种程度上抵消得奖作品效应,赶跑读者。"[1] 但事实难道不是因为这场激烈论战传播了他的名字——哪怕是通过谐音游戏,才使他得以触及那些在其他情况下绝不可能注意到其作品的读者,并晋身为当代经典作家的吗?

一份关于这一效应的遥远见证来自魁北克撰稿人让·迪弗雷纳(Jean Dufresne)——他是如此喜爱《追寻逝去的时

光》,同胞们都说他得了"普鲁斯特腺炎"①。"我们通过法国报刊了解到新闻舆论对于1919年龚古尔奖的恶评。几乎所有巴黎批评家都愤愤不已,因为得奖的是《在花季少女倩影下》而不是霍朗·多热莱斯的《木十字架》,其享受丰厚年金收入的作者既不是一个年轻人,也不曾上过战场。因而我们花了些时间才开始读普鲁斯特的作品,先是第一卷,接着是第二卷。"[2]但万一普鲁斯特没有得龚古尔奖,那他岂不是会有更多滞后,尤其在大西洋的另一边?

诚然,成功并未把普鲁斯特变成一个流行作家,但他的名字开始回响在可能原本永远不会提及他的圈子里。《要闻报》即报道,在某茶室(靠近玛大肋纳教堂),侍者会把一张建议顾客阅读《在花季少女倩影下》的"印刷精美的犊皮纸"和菜单一起拿上桌。记者写道:"这让我们很高兴,因为现时,兜售香水、皮草、帽子、手提包简直成了一种骚扰,但还从未有人向我们建议——以如此体贴的方式——读一本好书。"[3]

不过,当广告逐渐盖过争吵,它自己保不齐又会掀起新的争端。12月18日,《新法兰西杂志》社的广告开始出现在报纸上。在粗体字印刷的"龚古尔奖"字样下,是马塞尔·普鲁斯特的名字和总标题《追寻逝去的时光》,随后按出版顺序排列着该系列前两卷的书名。[4]我们猜想目的是抓住机会推动——或重新推动——《斯万家那边》的销售。广告同时也提到了《仿作与杂记》的出版。

---

① 将 prostatite(前列腺炎)改成了 proustatite。

阿尔班·米歇尔出版社也打算从多热莱斯所受"不公"所引发的同情氛围中借力,但它的广告带有欺骗性。在书名和作者的名字下,"龚古尔奖"用大型大写字母排印,下用小型大写字母注明"10 票获得 4 票",随后用类似排印方式印着"幸福生活奖获奖作品,19 票获得 14 票"。某些报纸上,《新法兰西杂志》社的广告紧挨着阿尔班·米歇尔出版社的广告,让人对奖项的真正归属产生困惑。[5]

《费加罗报》,1919 年 12 月 18 日

普鲁斯特觉得是多热莱斯本人登了这些广告,他询问加斯东·伽利玛的看法:"我觉得这有点不地道。当然我不会去抗议。"伽利玛远没有他这么通融,认为这"岂止是不地道"。他开释了霍朗·多热莱斯,但指阿尔班·米歇尔需为此负责,并向他发去一份执达员笔录。"在《民法典》中,这种行径有个罪名,这叫'广告盗窃'。"[6]

然而,普鲁斯特再次向伽利玛抱怨"多热莱斯的粗野":"我之前没有向您转诉鄙友保尔·莫杭的怨言,他给我看一张腰封,内容是:龚古尔奖,霍朗·多热莱斯,他希望您起诉他们造假,他说这就是适用于此的罪名。"[7]

报界也发现了这一伎俩。"多热莱斯先生从他的失败与胜利中获益匪浅。"《灵通报》(*L'Indiscret*)写道。《自由报》猜测是否"1919 年龚古尔奖发了双奖"。[8]12 月 27 日的《观点周报》指出:"在所有书店里,《木十字架》都包着写有'1919 年龚古尔奖'的腰封。当然,在这一头衔上头,仔细看的话,用极小的字体写着:'10 票获得 4 票'。在很多时候非常吹毛求疵的议会,这样一种操作几乎足以使一名议员丧失资格。显然,我们无法赞同《木十字架》出版方的这种做法(这事显然与霍朗·多热莱斯先生无关)。"[9]我们从中听到了普鲁斯特的声音。因为 12 月 20 日,他致信《观点周报》的文学评论员雅克·布朗热,后者刚为他发了一篇长文:"我很高兴能得这个龚古尔奖,它拉近了我们。您的文章证实我真的得了奖,我还以为莱昂·都德、布尔舍、罗尼等诸位先生对我说我得了奖是在骗我,因为我在报上读到了这样的广告:'龚古尔奖:霍朗·多热莱斯。《木十字架》'。的确还用更小的字体标明：
'10票获得4票。[ ]' 可是在议会，那地方还不算怎么'吹
毛求疵'，这样做几乎足以使一名议员丧失资格。我说这话没
有任何向多热莱斯先生发火的意思，我不认识他，而且据说他
挺有才的。但我一点不喜欢他在报上的那些'公告'。对于广
告我必须承认，根据我收到的剪报，我的出版商也印了（自然
是在得奖后）'龚古尔奖：马塞尔·普鲁斯特'。他的理由
是，《少女花影》一书在龚古尔奖揭晓前售罄了，所以他想对
因缺货而不能满足任何订单要求的局面作出弥补，真是太体贴
我了。现在已开始陆续补货，可谁还记得得龚古尔奖的是谁？
不管怎样，我的出版商在说'龚古尔奖：马塞尔·普鲁斯特'
的时候只是在说出事实。多热莱斯先生的竞争操作目的在欺
骗。这两者不完全是一回事。"[10]

　　伽利玛也为《少女》一书印制了"龚古尔奖"的腰封，他
把争吵转移至司法层面。1月8日，他的执达员克罗齐耶先生
出具了三份笔录：阿尔班·米歇尔在《木十字架》的腰封上印
了"该书作者在该奖评选的10票中获得了4票，但其做法是
在环绕该书的纸带上以6毫米半粗体大铅字印上'龚古尔奖'
字样，很醒目，购买者从远处就可以看到，而在下方，以不到
2毫米、在1米外就几乎无法辨识的极小铅字印上'10票获得
4票'这几个词"。伽利玛将阿尔班·米歇尔告进商业法庭。
《不阿报》打出"出版商对决"的标题。"多无聊啊"，普鲁斯
特惊呼道，他才一点不急于召唤证人出庭呢……[11]

　　不过伽利玛并不是唯一一个要找阿尔班·米歇尔算账的

人。费米娜-幸福生活奖评审团也致信于他，抗议他在《木十字架》的腰封上印上他没有获得的奖，而且用的字号比用来印他真真切切获得的奖的字号更大：这样一种操作或许不受任何一个法条管辖，但仍是极其无礼的。阿尔班·米歇尔尝试"极为坦诚地"解释发生的事："我一接到《木十字架》这本书荣膺幸福生活奖的消息就马上叫人给朗洛印刷厂打电话，排版印刷上述腰封，对字号没作任何要求。腰封的目的很单纯，只是为了向公众指明该书在龚古尔奖评选中得票较少，而在幸福生活奖的评选中得票很多，作者获得优胜。[……]我从没想过要贬低这个奖的影响，完全相反，我向您保证。至少目前，我无法对这条腰封的文字和形式做任何改动，因为我的同行伽利玛的意见同您相反，他认为龚古尔奖的'10票获得4票'没有幸福生活奖的'19票获得14票'来得醒目，要同我打官司。"[12]

他在商业法庭上展开反击，提出一万五千法郎的反诉请求，称1919年11月10日与伽利玛书店签了份合同，在《新法兰西杂志》里购买了十二个广告页面，按月刊登，每页单价七百五十法郎。鉴于《新法兰西杂志》拒绝登载《木十字架》的一个广告——其设计模仿了该书的封面，但写有同样的争议文字，阿尔班·米歇尔要求法庭判处伽利玛为拒不履行合同向他赔偿损失。

法庭聆听了双方陈词。阿尔班·米歇尔主张"他只陈述了一个完全准确的事实，谁也不能禁止他发布"。伽利玛的代理人夏尔·马蒂奥（Charles Mathiot）律师——原皮埃尔·瓦尔德克-卢梭①的秘书,业余诗人——反驳说"允许这样做的前提是以诚实的方式,并在转述或呈现上述准确事实的时候保证它们本身不受扭曲"。

判决于 1920 年 5 月 20 日下达。法庭认为阿尔班·米歇尔的操作"不能被视作违反诚信",因为无法证明他"做的时候怀有恶意",但这不等于说这就不违法。法庭认为显然会有很多人以为《木十字架》获得了龚古尔奖并"出于对于这一奖励的信任而买了该书":"因此阿尔班·米歇尔[对伽利玛书店]造成了一定损害",后者"因其书销路不畅"而未能盈利更多。

法庭最后判处阿尔班·米歇尔向伽利玛书店支付两千法郎的损失费,并在十五天内,从《木十字架》的腰封和所有形式的广告中撤下以上文字,逾期不改每次处一百法郎的罚金。法庭还命令在起诉方指定的两份报纸上刊登判决,驳回反诉请求,所有费用由阿尔班·米歇尔承担。[13]

伽利玛向普鲁斯特保证,这两千法郎将用于给《在花季少女倩影下》"做广告",[14] 而《戴镣之鸭报》得以收获这一争端的最后一个玩笑:"我们高兴地向读者宣布,继龚古尔奖之后,普鲁斯特先生再接再厉,又夺得了价值两千法郎的阿尔班·米歇尔奖。评审团由塞纳省法庭的法官担任。"[15]

然而,与此同时又爆发了一场新的争吵,有关普鲁斯特作

---

① Pierre Waldeck‑Rousseau(1846—1904),政客,曾任法国总理。

品的定价。在法国，自从 1838 年"沙尔庞捷图书馆"丛书创立以来，几十年间出版的大部分长篇小说都固定不变地以 3.50 法郎的价格出售。这也是 1913 年《斯万家那边》的定价。战争结束后，小说价格上涨甚巨，达到 4.90 法郎，甚至 5.00 法郎。此外，还规定了一笔不用支付作者版税的 50% 的"临时加价"，用于抵偿"劳动力、原材料及总务费用的大幅上涨"。[16]

因此普鲁斯特的书涨到了 5.00 法郎，外加 2.50 法郎的临时加价，总计 7.50 法郎。当 1919 年 6 月，这一临时加价制度取消，部分出版商仍尝试保留加价部分，但面对书店的抗议和出版商工会的压力，他们只得认输，又调回 4.90 法郎。报界对这一回调表示欣慰，因为这对促进大众阅读只会有益无害，不过他们也理解"某些比一般书籍内容多得多或装帧更精美的著作不采用旧日价格"[17]：这尤其是普鲁斯特几本长篇小说的情况，《新法兰西杂志》社将它们的定价维持在 7.50 法郎。

所以《在花季少女倩影下》是一本特别贵的小说。作为对比，《木十字架》只卖 4.90 法郎。"这是第一本获得十院士嘉奖的定价 7.50 法郎的小说。"《不阿报》注意到，"确实，这本书的容量至少相当于三本普通书籍——按一名幽默作家的说法，这意味着每本书单价仅 2.50 法郎。"[18]

尽管如此，但正如普鲁斯特和伽利玛看到的那样，这本书卖得非常好。前者开玩笑说《少女》一书"出现在中国和日本的所有桌子上"；后者称"销售好得出奇，与该书取得的成功直接相关"。12 月 3 日，店里只剩下了 225 册，它们在龚古尔奖揭晓日瞬间售罄。伽利玛预计到会断货，曾想加印预作防范，但普鲁斯特一直没有授权他出版两卷本。所以前几章中我们看到，12月10日，他坚持要见普鲁斯特，以获得他的出版许可，随后赶赴庇卡底指挥加印6600部。所有报纸都在报道龚古尔奖的那几天，书店里却是断供的。新版于12月16日完成印刷，两天后开始到位。[19]

然而，书店里出现的不再是7.50法郎的单卷本，而是各售5.50法郎的两卷（普鲁斯特从中可拿2.31法郎），结果就是间隔一周，总价——书价、营收、作者版税——上涨了46%。不过文字全部重排，字号更大，初版中令人遗憾的几处排印错误被部分纠正。确实，为扭转商业上的不利局面，伽利玛力挽狂澜。他放弃了埃当普的播种女印刷公司，选择了阿贝维尔的帕雅尔印刷公司（该公司答应投入其所有印刷机印刷《少女》一书），三天内完成了加印，并在《法国新书目录》中夹入一封致书商的通函，解释说正如《不阿报》注意到的那样，这些"容量超高、材料密集浩瀚的卷帙"包含"至少三本普通书籍的量"："所以，如果我们告诉大家，当前，实际上不可能把类似书籍的定价维持在7.50法郎，谁也不会奇怪。为预防这一不便，我们决定把每本书拆成两卷。尽管拆分后每卷密度高于平均水平，但更趋于正常；形式上更宜人，它们会很好卖。"《不阿报》抗议道："我们当时这样写绝不是在帮涨价找理由！"[20]

新共和派报纸《晚安报》也揭露了由该报一名读者反映的"一件事"。这名读者12月10日就打算购入龚古尔奖作品，不得已等了数日才有新版上市。终于，他的书商通知他预定的书到货了。"他把倩影、少女和花季递给我；一枚腰封把它们紧紧扎成一厚册……我走向收银台，被告知需要支付11法郎。我向收银员指出他的无心之失，他讽刺地看着我，拆掉腰封，在我惊奇的注视下，变出各标着5.50法郎的两册书，所以才有刚才的总价。"书店经理这样解释："没错，先生，这简直恶心透顶［原话］！这本书出版有一段时间了，一开始是450页的一卷本。可当出版商［……］一知道龚古尔文学院给普鲁斯特先生的书颁了奖，他就没给我们送老版本，当时我们所有顾客都想买这本书。现在他们把切成两半的书——大约在250页的位置——又给我们送来了，重新装订，换了封面。把戏完成啦，现在买书的傻瓜得花11法郎而不是5.50法郎。"记者总结道："十足的惟利是图。"爱书人最后放弃购买一部如此昂贵的小说。[21]

1919年12月底，普鲁斯特解释说，龚古尔奖，"那是一下就30个印次"。"我想他们太夸张了［……］。总而言之，运作失误会逼使我们大幅降低这个数字。"尽管他认为他的龚古尔奖被"破坏"[22]了，但他的书后来的确取得了上述成就。1919年6月，《少女》的第一刷印了3242册；同年3月，霍朗·多热莱斯《木十字架》的第一刷印了5507册（而不是出版商宣称的10000册）。但阿尔班·米歇尔6月完成了第二次印刷，8月已是三刷。12月，多热莱斯的销售似乎增长缓慢，而伽利玛的加印量达第一版两倍。然而，龚古尔奖揭晓后，从广告、论战和费米娜-幸福生活奖中得益的是多热莱斯。截至1920年年底，《少女》一书共印了23100部，《木十字架》则是

85158 册，将近前者四倍。[23]

多年后，多热莱斯如是解释这次失败对他的助益："龚古尔奖或许对文学没什么促进，但不管怎样，它对文学仍旧有用，就像教堂里的钟，可以用来提醒走神的人……日复一日，报纸谈论所有竞评者，讨论他们的书，估算他们的胜率，有时候被击败的竞评者反会因其失败引起的巨大反响而走红。比如塞利纳。比如我本人……"[24]难道1932年，正是为让塞利纳通过失败而走红，所以他才成了《长夜行》冲击龚古尔奖失利的一位主要推手吗？某些人当时回顾说，1919年，他本人角逐该奖失败后，在《小蛤蟆炮》上发表了一篇题为"该在几岁时干掉老家伙？"[25]的文章。1932年他正好与1919年的普鲁斯特同岁，还不算"老家伙"。

对于这一失败中的成功，普鲁斯特也注意到了："多热莱斯先生的朋友们［……］应该满意了，因为他得了后一个奖，而他从前一个奖里得到的好处也比我多得多。"[26]达达主义杂志《文学》向作家们提出一个问题——这个问题后来与"普鲁斯特问卷"一样成为惯例："您为何写作？"大多数人借机为自己未来的传记作者提供素材，答以耀眼夺目、高深莫测的箴言，普鲁斯特则计划走简单路线："我为何写作……为了大家都来谈论多热莱斯先生呀！"[27]他的回答最终没有见报。

总之，可以肯定，多热莱斯并不嫌弃这一失败。皮埃尔·伯努瓦曾向路易·沙杜纳讲述了1920年6月里，他与莱昂·魏特、阿尔班·米歇尔和多热莱斯有一次共进午餐的情景。多热莱斯，"陶醉于他的成功，说来说去全是他的发行量，还有就是宴会邀请和女人们的来信:'啊!我收到多少封喷了香水的信啊,贵妇人的信,可真好闻。还有 C 夫人与 L 小姐。'"[28]在文学和社交两方面都不敌普鲁斯特,唯一可资慰藉的只有销量,难道他就这样无可奈何地成了《逝去的时光》里的一个人物?

1935 年,《政治与文学年鉴》(*Les Annales politiques et littéraires*)杂志邀请读者选出"奖中之奖",也就是说"在他们看来,凭借其发行量、影响力,以及在文学天空中的地位,可以领袖自龚古尔奖创办以来各主要文学奖获奖作品的著作"。他们收到三千多份答卷。绝大多数选了《木十字架》。《在花季少女倩影下》位列第四,排在皮埃尔·伯努瓦的《亚特兰蒂斯》和莱昂·弗拉皮耶的《幼儿园》之后。1950 年,两家报刊组织委员会,订立半世纪最佳长篇小说清单:"斯万的一段爱情"见于《费加罗报文学周刊》(*Figaro littéraire*)清单,该清单里没有《木十字架》;而最后征询的《巴黎-新闻-不阿报》(*Paris-Presse-L'Intransigeant*)的读者依然把霍朗·多热莱斯排在首位,不提普鲁斯特。普鲁斯特要到 1950 年以后才最终取得胜利。1999 年,《世界报》(*Le Monde*)邀请读者评选世纪百大著作,候选范围不再局限于法语作品,而是扩展至世界文学,漫画也与长篇小说、诗歌或哲学平起平坐。《追寻逝去的时光》名列第二,仅次于加缪的《陌生人》。《木十字架》不再被提起。[29]多热莱斯的忠实拥趸,他那些毛汉子弟兄,全都去世了;只有炼狱里还有人读他的书。

长时段来看，《在花季少女倩影下》的印数比《木十字架》多。1919年至1980年12月31日，它们的全版本累计印数分别为：《在花季少女倩影下》837000册，《木十字架》550000册。2018年，阿尔班·米歇尔出版社的网站宣布《木十字架》销量突破一百万。[30]而随着1987年普鲁斯特的著作在法国进入公版领域，市场上出现了十来个版本的《在花季少女倩影下》，总销量变得很难确定。

我们可以探讨龚古尔奖的加持是否使《少女》之卷比《追寻逝去的时光》其他分卷更受欢迎。起初，《斯万家那边》销量也很不错，甚至比《少女》还要好：1919年6月印了3300册——还要加上伽利玛接手格拉塞出版社的尾货换上新封面沾清的那一批——11月再次加印8800册。但该卷1920年未再加印。同年11月《盖尔芒特那边（第一卷）》出版之时，《在花季少女倩影下》已是第三十三次印刷，《斯万家那边》才只是第十五次印刷。[31]

1980年，《斯万家那边》全版本累计印数达1263400册；《在花季少女倩影下》则为837000册。据此可以估计有三分之一的读者止步于第一卷，龚古尔奖的荣誉也没能说服他们购买第二卷——就管这些读者叫"霍朗·多热莱斯之友"吧。

## 时光的另一边

1919年12月4日,乔治·卡尔庞捷①在伦敦击倒约·贝克特(Joe Beckett)赢得比赛,《运动》(Sporting)杂志在其巴黎办公室窗口燃放礼花报喜。回合只持续了七十四秒:以一记凶狠的上击,卡尔庞捷把贝克特放倒在自己脚下。听说这位拳击手因此获得二十一万法郎的奖金。"感情揍盟友的脑袋瓜好过揍德国鬼子的脑袋瓜:来钱更多啊!"一位毛汉子兵说道。12月8日,当这位拳击冠军回到法国,有一万人前往巴黎北火车站迎候,他们涌入路轨,阻碍列车运行,将他举起欢呼胜利。牧羊女街游乐厅、探戈茶室、奥林匹亚歌舞厅,还有全法的电影院都在放映比赛的纪录电影。一些爱好者建议法兰西学院免除考察,立即接纳这位拳击运动员,就像刚一停战它就迎接了福熙和克列孟梭那样。"因为在我们这个时代,真正享誉全球的是卡尔庞捷,是夏尔洛……"《日报》写道,"在大银幕上做鬼脸,或者精通搏击之术,这些才是能在最广的空间里赢取荣誉并以最快速度致富的才能。"[1]

---

① Georges Carpentier(1894—1975),法国拳击手,演员。

12月10日,突然,时事的礼花不再为卡尔庞捷点燃,他让位于《在花季少女倩影下》和《木十字架》。"'几行漫不经心的文字埋葬了雷诺阿,但为了卡尔庞捷的一拳可以整栏整栏地写!'思想界的'苦药'们这样吵嚷。"《新闻报》(*La Presse*)写道,"他们今天读到评论马塞尔·普鲁斯特先生的文章会感到满意。这本好书的作者赢的应该比那记精彩'上击'的作者要少。但他的工作同样也更安逸。"2

让·巴斯蒂亚这位不知悔改的打油诗人又进出了新的诗句:

> 普鲁斯特遮蔽了卡尔庞捷。
> 常言道得好:旧的去,新的来。
> 昨日,体育占据一切;
> 今日,艺术挟其真爱。
> 拳打柔腹之人,
> 才子将其取代。3

随后,在同样短的时间里,轮到普鲁斯特的名字被其他出现在报纸头条的姓氏取代:朗德吕,他的妻子申请离婚;邓南遮把阜姆献给意大利;朗松被任命为巴黎高等师范学校校长;罗斯金,他的房子待出售;普莱①在驾机飞行中被一只秃鹫逼停……这些事件为一些诱人标题的出炉提供了机会……

---

① Étienne Poulet(1890—1960),早期飞行员。

一位附属于密歇根天文台的天文学家计算出世界末日将于12月18日降临。19日,地球照转,轮转印报机照转。世界末日被无限期推迟。

当风暴平息,理性终于可以使自己的声音得到听闻。杂志与文学副刊从时事记者那里接手,分析取代了谩骂和潦草判决。普鲁斯特被阅读,他的读者通过一篇篇文章对话、质询。龚古尔奖促进了这一交流。

批评界的权威研究他的作品。普鲁斯特给他们写信,回信,自辩,一个个征服他们。有关《在花季少女倩影下》的媒体文章总计多达六七百页,几乎与小说本身等量齐观。普鲁斯特认为,报纸"出于完全与文学无关的理由"对他的这个奖态度恶劣,"相反,杂志[为他]进行了某种'平反'"。这些揄扬文章"平衡了报界的一整个攻势[……]它们觉得比起阅读[他的书],根据所有这些反话来评判[他]更简单"。[4]

现在国外也在谈论他的书,如在瑞士、比利时、英国、瑞典、意大利、西班牙、丹麦、阿根廷、美国。这部分历史不再与龚古尔奖有关,而是属于一部正巧因这一奖项而引起公众注意的作品的身后名。

1920年秋,人们还记得去年的奖。"我们把奖给了马塞尔·普鲁斯特[……],带着一种振奋。"莱昂·都德写道,"当然很清楚,一个如此有才之人,如此出类拔萃,如此高产，独创性如此之强，即使没有我们的奖，也会得到众多关注，成名，乃至更好；但我们好歹帮他缩短了到永恒的月桂树和不老泉的路。这就是图书业和批评界所有那些像变质柿子似的充盈着苦涩汁液的失败者——幸亏如此——决不原谅我们的地方。"⁵吕西安·德卡夫发现候选人名单里有几位"严格意义上不能称为新人"的作家，他再一次流露出嫌厌的情绪："龚古尔文学院去年奖励了马塞尔·普鲁斯特先生的一部小说，制造了一个让之前已有作品得到关注的作家也能援引的先例。"⁶

普鲁斯特因而担心当记者报道新科获奖者的名字时拿他作不伦不类的比较。他为雅克·布朗热撰写了一段仿作，模仿这篇他预计能在报纸上读到的文章，这些报纸去年对他的攻击是如此残酷："这个决定比去年好，当时是普鲁斯特这个肮脏下流的家伙——另外他已经快一百岁了——靠着阴谋诡计和全套无耻手段——《大众报》确信凭这些轻易就能把埃莱米尔·布尔舍和罗尼拉下水——胜出，他击败了那些健康、优秀的青年战争作家，本来只需从他们那儿选出一部杰作，结果却选了这帖催眠药，云云。"⁷

雅克·布朗热在一篇关于1920年龚古尔奖的文章里还是提到了普鲁斯特。他排除了亚历山大·阿尔努、弗朗索瓦·莫里亚克、雅克·德·拉科雷泰勒①、路易·沙杜纳或皮埃尔·麦科奥伦等候选人，认为应该把奖授予让·吉罗杜。不

---

① Jacques de Lacretelle(1888—1985)，作家。

过他承认，假如龚古尔文学院和他采取同样选择，恐怕于名声有碍："吉罗杜，一年前则是马塞尔·普鲁斯特……然而，《可悲的西蒙》的作者和《追寻逝去的时光》的作者无疑是近年最独特最有创造力的两位作家。"安德烈·比利、埃德蒙·雅卢或路易·莱昂-马丁都持同样意见，最末一位还把他们从同时期所有作家中单独提出，冠名为"最后的自恋狂"。普鲁斯特也在向龚古尔文学院院士们宣传吉罗杜，因为他目之为"完成度最惊人的作者"，"今年最理想的龚古尔奖人选"。[8]

总之，这两人惺惺相惜。1918年11月，吉罗杜就预言："冉冉上升的普鲁斯特将盖过所有其他人，而［……］龚古尔奖将陆续授予庸才。"十年后，他确认"龚院院士们只弄错了一次，那天他们把奖给了马塞尔·普鲁斯特"——这句话所包含的对龚古尔文学院惯常选择的讽刺令人回味无穷。[9]

1920年，不出所料，龚古尔文学院选择回归常态，把奖授予了厄内斯特·佩罗雄①的《奈娜》。

龚古尔奖为普鲁斯特带来了如雨般的荣誉，他也并不谦让。5月，他被选入法国文学之友协会指导委员会，该机构由拉希尔德和大罗尼执掌，理论上他在那里应会和雅卢、杜阿美尔、瓦莱里和罗曼②共事。[10]而后，和巴雷斯、柏格森、纪

---

① Ernest Pérochon(1885—1942)。
② Jules Romains(1885—1972)，作家,哲学家,诗人,剧作家。

德、瓦莱里一道，他又成为另一个委员会极为活跃的一员，该委员会受美国艺术赞助人弗洛伦丝·布卢门塔尔①委托，向作家、艺术家发放资助。他为他的朋友雅克·里维埃争取到了1920年的奖金，但1922年，布卢门塔尔夫人否决了他支持的候选人让·波扬②，理由让人想起1919年的那些评论：这位作家年纪太大了。对此，普鲁斯特指出："布卢门塔尔夫人对这些现实的直觉很准，比如第一年，她要求奖金获得者必须参加过战争。"[11] 放到当年的龚古尔奖，这一条件会把《少女》一书的作者淘汰掉。

然而，普鲁斯特梦想把基金会变成一个新的"学院"。他对布卢门塔尔夫人说："不知您回法后能否抽个晚上让我和您谈谈〔……〕我会告诉您我的一个想法，我认为挺棒，但或许完全无法操作，因为我还没对别人说过，所以也不知道会有怎样的反对意见。我的想法是把这个评委会办成布卢门塔尔学院。它的阵容如此强大（我不算！），几年后定会成为法国的头号学院。法兰西学院充斥着政客。龚古尔文学院的章程又规定不发愿放弃法兰西学院就无法加入，从而把优秀作家挡在门外。布卢门塔尔学院将不会有这些缺点。"[12]

他还打算竞选法兰西学院院士，并对自己成为诺贝尔奖候选人的消息欣喜不已，因为他本以为《所多玛和蛾摩拉》的出

---

① Florence Blumenthal(1875—1930)，美国女富豪。1919年在巴黎创设布卢门塔尔美国基金，以发现法国青年艺术家，并把他们推介到美国。

② Jean Paulhan(1884—1968)，作家，评论家，出版人。曾任雅克·里维埃的秘书，并在其于1925年去世后接掌《新法兰西杂志》。

版会令所有人对他避之不及。他失望地看到"人们像迷信般地接受《所多玛和蛾摩拉》"。"我震惊于竟然没掀起什么波澜！"他惊呼道。[13]

1919年的龚古尔奖是个里程碑，既是一个阶段的结束，也是另一阶段的开始。1929年，阿尔贝·蒂博代①致敬"这个文学时代，它始于两件大事：马塞尔·普鲁斯特荣膺龚古尔奖，《年轻的命运女神》发表。似乎我们还会在这个时代过上几个充实的有趣年头"。[14]

龚古尔文学院的院士们——包括当时没有为普鲁斯特投票的那几位——也明白了他们在1919年所作决定的重要意义。而且他们从中获得的益处与他们嘉奖的作家一样多，甚至更多。用罗歇·古兹②的话讲，"马克·埃尔德或安德烈·萨维尼翁搞到了龚古尔奖，而龚古尔奖搞到了普鲁斯特或马尔罗"。[15]每一方都以各自的方式，力求延长这一美妙时刻。

普鲁斯特不住地向莱昂·都德表示感谢，公开或私下。他把《盖尔芒特那边》题献给莱昂，"杰作层出的作家"，"无两的友人"——这话令莱昂的弟弟吕西安大为伤心。受题献的莱昂知道普鲁斯特"喜欢耍弄人"，"把人捧得天花乱坠，窥伺

---

① Albert Thibaudet(1874—1936)，《新法兰西杂志》撰稿人，著名文学评论家。
② Roger Gouze(1912—2005)，教师，作家，文化人。

他们的反应"，他惊呼："我恨不得钻到床下藏起来，用拖鞋蒙住脸。"这本书没让莱昂失望，他认为比《在花季少女倩影下》还要好，都德博上嘀咕："一想到您在床上观察这一切——因为您几乎从不起床不是吗——教人不禁想问直立还有何意义。"在1921年1月号的《新法兰西杂志》中，普鲁斯特又把《垂死》题献给他。随后，同年10月，轮到都德向普鲁斯特这位"内省的大师，心理生活的史官"题献他的小说《女皮条客》。但后者的加持没有为这本书带来好运，因为被贝特莱姆教士指控为淫书，应作者请求，它被从书店里下架化浆。[16]

　　论战家都德比普鲁斯特晚殁二十年，得以看到后者享誉全球："他凭借《在花季少女倩影下》一书夺得了龚古尔奖，这让他欣喜异常，开心过度。如果他知道自己的声名在全球精英心目中的惊人腾飞他会多么高兴啊！因为据我所知，除了蒙田在文艺复兴时代，没有一位法国作家——包括维克多·雨果在内——拥有过如此一个汇集了所有国家所有地区仰慕者的读者群。"都德并非不知他自己在这一认可过程中扮演的角色："假如龚古尔奖没有在1919年陡然使马塞尔·普鲁斯特的名字一炮打响，估计这位令人惊愕的小说家仍将默默无名，或者遭遇不幸的阿尔蒂尔·兰波——举个例子——曾经领略的愚蠢评论；那将是个耻辱！"这段往事成了神话。1935年，他让马塞尔在他的小说《美狄亚》里登场，场景是一出剧目的首演，一位观众把一名"仍然年轻，目如牝鹿的男子"——"明亮的眼神自信、忧伤，渴望温情"——指给他的邻座看:"那是马塞尔·普鲁斯特,刚刚得了龚古尔奖。他晚上很少出门。"[17]

大罗尼也多次提到普鲁斯特其人与其小说。1921年,一家杂志采访十院士,询问在角逐各届龚古尔奖的作品中,哪一部给他们留下的印象最深:"最令我陶醉的是阿兰-傅尼埃的《大莫纳》,如此清新,洋溢着青春气息,还有它的笔调。(尽管如此,傅尼埃还是没得龚古尔奖。)最令我惊讶的则是马塞尔·普鲁斯特那部令人观止的《追寻逝去的时光》,独到的优点不胜枚举。"他对于自己的发现永不厌倦。1922年,他依旧对巴雷斯说:"普鲁斯特,那是全新的。"[18]

亨利·塞亚尔投票帮普鲁斯特赢了龚古尔奖还不够,还打算为他争取勋章,为此投入"无限殷勤,为摘得这枚十字奖章而积极奔走"。[19]

让·阿雅尔贝当时投了多热莱斯一票。一开始他对普鲁斯特的作品只感到厌倦,但最终承认这是部伟大作品。普鲁斯特把他列入样书赠送名单,并在亲笔题赠中称他"散文高更"。1925年年末,普鲁斯特的弟弟罗贝尔把两卷《失踪的阿尔贝蒂娜》寄给这位阿雅尔贝,他回信表示"感激",称这些书里"马塞尔·普鲁斯特无尽的控制在一本本杰作中不断延续"。[20]

德卡夫,"排字熊"德卡夫,虽然他无法习惯普鲁斯特的伟大小说,虽然他的裁纸刀停在了《所多玛和娥摩拉》的第153页,却依然把《追寻逝去的时光》的所有分卷保存在一个外包黑色摩洛哥皮、内衬土黄小羊皮的书箱里，某几卷写有亲笔赠言，轻则"敬意"，重则"景仰"。"请不要以为我对德卡夫先生有任何不满。"普鲁斯特向穆尼耶神父解释道，"不喜欢我的作品的那些人和我持同样观点。"1923年，德卡夫开始觉得对《少女》一书的奖励可能并不完全徒劳："龚古尔奖使马塞尔·普鲁斯特广为人知，或许明天我们能够自夸帮助传播了一部其性质本与热销、大印数和优厚合同无缘的作品。"但1937年，读了亨利·马西斯①的《马塞尔·普鲁斯特的悲剧》后，他承认依旧对这个人的生活、作品兴趣不大："如果我说我将他的书放在床头那是假话。我读这些书，每次都对作者和因他我才了解他们生活方式的那些人物多一层陌生。我能感觉到，见鬼，在他的生命中有一个秘密，悲剧，照马西斯的说法；但我忏悔，我对这方面的披露丝毫不感兴趣。"1946年，在《排字熊忆往》中，他用两行文字将1919年的龚古尔奖一笔带过。他解释说，战后，龚古尔文学院意图"重新开始干正事"。[21]

1929年，霍朗·多热莱斯当选为龚古尔文学院院士。从此，他成为其长年的"辩护士、公证员、诉讼代理人，以及门房"；[22]1954年他甚至成为文学院主席，直到1973年去世。因此他有幸先后与1919年数位不喜《木十字架》的院士和另三位失利的候选人——亚历山大·阿尔努、热拉尔·鲍尔、弗朗西斯·卡尔戈——共事，仿佛被普鲁斯特战胜的经

---

① Henri Massis(1886—1970)，文学评论家，政论家，文学史家。

历让这些曾经斗胆与他一战的人比其他任何人都更有资格评判同行。

多热莱斯对普鲁斯特的真正看法，他后来曾向莫里斯·里科尔（Maurice Ricord）吐露："尽管普鲁斯特那么有名，但我还是不喜欢他。无疑，他有一种我无法否定的善于体察人心的才能。可是这些占三十行或两页还写不完的长句……普鲁斯特的书光只是形式就令我难以忍受。"[23]当时是谁出的馊主意给他做"普鲁斯特问卷"来着？他的回答是如此漫不经心，如此零碎，如此简短，提问者一定在想自己准是昏了头才会拿一份以那位作家的名字命名的问卷给他做。"我最厌恶的事物？虚荣心。"[24]在他从不显露虚荣心的愿望背后，是不是也有些许虚荣心作祟呢？

普鲁斯特最后也读了多热莱斯的书，但 1922 年在写给加斯东·伽利玛的一封信里，他对《圣马格卢瓦》的评价毫无激情。他反对"围绕这本[他读过的]用法语写作的最愚蠢、最差的书进行的洗脑宣传"。"如果能卖出 10 本《圣马格卢瓦》（*St Magloire*），那荣耀（la gloire）——这不是谐音玩笑——可归于出版商"，即便如此，后者"为配不上精彩、感人、朴实、真切的《木十字架》的这堆蠢话费此周章"也是"不可饶恕"的。[25]这两人天生说不到一起。

1966 年，在与雅克·梅耶①进行的一次广播访谈中，多热莱斯多少还是流露出一点不平，与四十七年前同样强烈："龚

---

① Jacques Meyer(1895—1987)，记者，广播人。

古尔奖对我来说是一个重要的事件。当时我刚从战场上下来，身上没有一个子儿。然后出了这本书。我得说老战士们立刻成了我的读者，我的书直接就红了。但我参加了龚古尔奖的竞评。别人对我说我肯定能赢。结果我输了。当时我挺失望，但后来我感到庆幸。我对自己失去龚古尔奖感到高兴，因为假如我胜了普鲁斯特得了这个奖，它将令我终身愧疚。人们会说：'这个混蛋，他抢走了马塞尔·普鲁斯特的龚古尔奖，让他伤心而死。真可耻。太坏了，他毁了马塞尔·普鲁斯特的生活。'好在最后，他有了他的奖；我呢，我有了我的小小成功，我满足了，而且我对不必为马塞尔·普鲁斯特的死负疚感到欣慰。"[26]

"我做什么都会以失败告终，而且这已经开始很长时间了。但龚古尔奖与此无关，它没那么重要。"[27]普鲁斯特在1920年1月如是说。这话他说得如此频繁，所以谁也不当真。不过标志着他进入不朽的龚古尔奖对他来说确实是个黄昏信号。它只是道旁的一个歇脚点。作家经历的每一瞬都会把他蘸笔的墨水染得更浓。叙事之线重新续上——它才被一场很快落入忘川的喧闹中断了数日，居然这些沸腾时刻就已经开始哺喂小说。生活重回正轨，小说继续展开，写作一往无前。写作，这才是真正的荣耀——外界的荣耀都不长久，且均为蠢货所赐。龚古尔奖给了普鲁斯特验证这一点的机会。他把这记在了自己的一本草稿簿里，永志不忘：

"同时代人——确乎由还不知道的年轻人和已经遗忘的老

年人构成——在生命的每个阶段,对曾经的事情遗忘得如此彻底,以致吾人(我,龚古尔奖得主)——如果也算出过名——必须面对周遭的无知。我会因一本书而为人所知(因为对于我想写的那本书而言,这应该就是目的),会有人问:'他是谁?'假如我们不愿别人在谈论我们的时候说些在不掌握任何材料的情况下没话找话的胡话,那就只能亮出自己的荣誉与优点,说出自己在时光的另一边曾是怎样一个人,因为最后的岁月会像一个我们突然抵达的陌生国度,净是些从未听说过我们名姓的居民。"[28]

百年之后,<br>
著于圣艾诺噶,<br>
潮起潮落之间。

"我,龚古尔奖得主"

(笔记本第 61 册,法国国家图书馆藏品编号 NAF 16701, f° 111 v°)

# 附 录

## 注 释

### 缩略语对照

| | |
|---|---|
| *Corr.* | Marcel Proust, *Correspondance*, édition de Philip Kolb, 21 volumes, Plon, 1970 – 1993. |
| *MP – GG* | Marcel Proust, Gaston Gallimard, *Correspondance*, édition présentée et annotée par Pascal Fouché, Gallimard, 1989. |
| *BIP* | *Bulletin d'informations proustiennes*, Éditions Rue d'Ulm, Presses de l'École normale supérieure (depuis 1975). |
| *BMP* | *Bulletin de la Société des amis de Marcel Proust et des amis de Combray* (depuis 1950). |
| BnF | Bibliothèque nationale de France, Paris. |
| *RTP* | Marcel Proust, *À la recherche du temps perdu*, édition publiée sous la direction de Jean – Yves Tadié, Gallimard, Bibliothèque de la Pléiade, 4 volumes, 1987 – 1989. |

\*

### 松露与婆罗门参(1897年—1913年)

1. Léon Deffoux, *Chronique de l'Académie Goncourt*, Firmin – Didot et Cie, 1929, p. 190.

2. Léon Daudet, *Vers le roi, souvenirs des milieux politiques, littéraires, artistiques et médicaux de 1908 à 1914*, Nouvelle Librairie nationale, 1921, p. 155.

3. Edmond et Jules de Goncourt, *Journal, Mémoires de la vie littéraire*, texte intégral établi et annoté par Robert Ricatte, Robert Laffont, «Bouquins», 1989, t. II, p. 28 et 149. — «Les Goncourt devant leurs cadets: M. Marcel Proust», *Le Gaulois*, 27 mai 1922; *Contre Sainte – Beuve*, précédé de

*Pastiches et mélanges* et suivi de *Essais et articles*, édition établie par Pierre Clarac avec la collaboration d'Yves Sandre, Gallimard, Bibliothèque de la Pléiade, 1971, p. 642; Jean‑Yves Tadié, *Marcel Proust*, Gallimard, 1996, p. 142, 255, 260 et 281. — *Le Côté de Guermantes*, *RTP*, t. II, p. 819.

4. Paul Léautaud, 6 mai 1903, *Journal littéraire*, t. I, Mercure de France, 1986, p. 72.

5. Robert Scheffer, «Les prix littéraires», *Les Marges*, n° 45, janvier 1914, p. 43.

6. André Warnod, «Il pleut des couronnes!», *L'Avenir*, 17 décembre 1919. — Marie Carbonnel, «Juges contre jurés. Les critiques et les prix littéraires (1903‑1932)», *Mil neuf cent. Revue d'histoire intellectuelle*, n° 26, 2008, p. 33. — Sylvie Ducas, *La Littérature, à quel(s) prix? Histoire des prix littéraires*, La Découverte, 2013, p. 5. — Valery Larbaud, *Du navire d'argent*, chroniques traduites de l'espagnol par Martine et Bernard Fouques, introduction, établissement du texte et notes d'Anne Chevalier, Gallimard, p. 31‑32.

7. Pierre Descaves, *Mes Goncourt*, Calmann‑Lévy, 1949, p. 91. — Léon Daudet, «L'Académie Goncourt et son prix — "*Genus irritabile…*"», *L'Action française*, 30 novembre 1920.

8. Lucien Descaves, «Le plus beau dîner littéraire du monde», *Les Annales politiques et littéraires*, 21 novembre 1926. — Émile Bergerat, *Notes quotidiennes 1919‑1920*, BnF, Département des manuscrits, NAF 14604, 14 et 15 décembre 1919, f° 267, et mercredi 26 novembre 1919, f° 252.

9. Lettre de Gustave Geffroy à Lucien Descaves, 1913, *Lettres de ou adressées à des membres de l'Académie Goncourt*, pièce 1182, volume 3, Ms‑15098 (3), Bibliothèque de l'Arsenal.

## 比许多新人还要无名(1913 年)

1. Marc Elder, *Le Peuple de la mer*, Oudin et Cie, 1913, p. 1.

2. Lettre à René Blum, 23 février 1913, *Corr.*, t. XII, p. 91.

3. Lettre à Georges de Lauris, peu après le 4 décembre 1911, *Corr.*, t. X, p. 384. — Lettre à Gaston Gallimard, 10 septembre 1921, *Corr.*, t. XX, p. 441.

4. Lettre à Louis de Robert, fin de novembre 1913 ( Louis de Robert, *Comment débuta Marcel Proust*, édition préfacée, augmentée et annotée par Jérôme Bastianelli, Bordeaux, L'Éveilleur, 2018, p. 84‑85, et *Corr.*, t. XII,

p. 351 – 352).

5. Lettre à Maurice Barrès, peu après le 24 octobre 1913, *Corr.*, t. XIII, p. 285. — Lettre à Mme de Pierrebourg, peu après le 8 novembre 1913, *Corr.*, t. XIII, p. 304 – 305. — «Fragments d'œuvres et correspondance — III. Correspondance et varia», BnF, Département des manuscrits, NAF 27352, f° 229. — *Swann a cent ans*, catalogue de la librairie Le Feu Follet, Paris, 2013.

6. Lucien Daudet, «Du côté de chez Swann», *Le Figaro*, 27 novembre 1913.

7. Lettre de Léon Daudet, 14 novembre 1913, *Corr.*, t. XII, p. 312 – 313.

8. Lucien Daudet, *Autour de soixante lettres de Marcel Proust*, Gallimard, «Les Cahiers Marcel Proust V», 1929, p. 214 – 215. Voir la lettre du 13 février 1918, *Corr.*, t. XVII, p. 107.

9. Lettre à Rosny aîné, décembre 1913, *Corr.*, t. XIII, p. 392 – 393.

10. Lettre à Mme de Pierrebourg, peu après le 8 novembre 1913, *Corr.*, t. XIII, p. 304 – 305. — Louis de Robert, *Comment débuta Marcel Proust*, p. 96 et 81. — Lettre de Louis de Robert, peu après le 26 novembre 1913, *Corr.*, t. XII, p. 350.

11. Lettre à Louis de Robert, premiers jours de septembre 1919, *Corr.*, t. XVIII, p. 390.

12. Lettre à Mme de Pierrebourg, peu après le 8 novembre 1913, *Corr.*, t. XII, p. 304 – 305.

13. Pierre Michel, *Octave Mirbeau et Léon Werth*, Angers, Société Octave Mirbeau, 2007, p. 11 – 12. — Lettre d'Alice Mirbeau à Gustave Geffroy, 15 octobre 1913, Archives de l'Académie Goncourt, citée par Pierre Michel et Jean – François Nivet, *Octave Mirbeau, l'imprécateur au cœur fidèle*, Librairie Séguier, 1990, p. 901. Voir aussi Sylvie Ducas – Spaës, «Octave Mirbeau, académicien Goncourt, ou le défenseur des lettres "promu juré"», *Cahiers Octave Mirbeau*, 8, mars 2001, p. 323 – 340.

14. Lettre à Mme de Pierrebourg, vers la fin de novembre 1913, *Corr.* t. XII, p. 349. — Lettre à Louis de Robert, peu avant le 23 novembre 1913, *Comment débuta Marcel Proust*, p. 82; *Corr.*, t. XIII, p.337 – 338.

15. Marcel Proust, *À un ami, Correspondance inédite 1903 – 1922*, Amiot – Dumont, 1948, p. 236 – 237; *Corr.*, t. XIII, p. 95. — Léon Daudet, *Paris vécu, Première série: Rive droite*, Gallimard, 1929, p. 128. — Lettre à Mme de Pierrebourg, novembre 1913, *Corr.*, t. XII, p. 307. — Jean – Yves Tadié, *Marcel Proust*, p. 352.

16. Roger Gouze, *Les Bêtes à Goncourt*, Hachette, 1973, p. 62.

17. Catalogue de l'exposition *1913*, Paris, Bibliothèque nationale, 1983, p. 57.

18. Gilles Heuré, *L'Insoumis Léon Werth 1878 – 1955*, Viviane Hamy, 2006; *L'Humanité*, 27 novembre 1913; *L'Action française*, 4 et 5 décembre 1913. — Claude Francueil, «Un scrutin épique», *Gil Blas*, 4 décembre 1913.

19. *L'Intransigeant*, 5 décembre 1913.

20. Eugène Montfort, *Les Marges*, t. XIII, n° 45, janvier 1914, p. 40. — André Beaunier, «L'Avenir de la littérature», *Le Figaro*, 7 décembre 1913. — *L'Éclair*, 4 décembre 1913.

21. Lettre d'Alain – Fournier à René Bichet, 2 novembre 1912, *Lettres au petit B.*, Émile – Paul Frères, 1936, p. 183. — Lettres d'Alain – Fournier à la maison Hachette, 27 mars 1914 et 14 avril 1914, *Lettres à sa famille et à quelques autres*, nouvelle édition, Fayard, 1991, p. 648, 654 et 656. — Henri Massis, «Alain – Fournier sans prix Goncourt», *La Parisienne*, décembre 1954, p. 1364. Voir Lucien Descaves, *Souvenirs d'un ours*, Les Éditions de Paris, 1946, p. 242.

22. Valery Larbaud, *Journal*, texte établi, préfacé et annoté par Paule Moron, Gallimard, 2009, p. 869. — Béatrice Mousli, *Valery Larbaud*, Flammarion, 1998, p. 226. — Valery Larbaud, *Du navire d'argent*, p. 343 – 364.

23. Lettre de Valery Larbaud à Alain – Fournier, 9 décembre 1913 (Alain – Fournier, *Lettres à sa famille et à quelques autres*, p. 651). — Lettre de Valery Larbaud à Nicolette Hennique, 23 novembre 1913, «Correspondance Nicolette Hennique, Valery Larbaud», *Cahiers des amis de Valery Larbaud*, n° 16, avril 1978, p. 1 – 2. — Lettre de Marc Elder à Alain – Fournier, 10 décembre 1913 (Alain – Fournier, *Lettres à sa famille et à quelques autres*, p. 649).

24. Gilles Heuré, *L'Insoumis Léon Werth 1878 – 1955*, p. 64.

25. *Tout – Paris, Magazine illustré mondain*, 25 janvier 1914, p. 7.

26. Lettre à Louis de Robert, septembre 1919, *Corr.*, t. XVIII, p. 390. — «Registre destiné à recevoir les procès-verbaux de toutes les réunions des Membres de la Société littéraire des Goncourt», Archives de l'Académie Goncourt, f° 57 – 58. — Claude Francueil, «Un scrutin épique», *Gil Blas*, 4 décembre 1913.

27. Rachilde, «Les romans», *Mercure de France*, 16 janvier 1914, p. 364.

知道小说为何物的人(1918年—1919年)

1. Fernand Vandérem, «Les Lettres et la vie», *La Revue de Paris*, janvier 1919, p. 421. — Léon Daudet, «Autour du prix Goncourt», *L'Action française*, 17 décembre 1926.

2. *La Bataille*, 12 décembre 1919. — *Bonsoir*, 11 décembre 1919.

3. Pierre Assouline, *Gaston Gallimard, un demi-siècle d'édition française*, Balland, 1984, p. 107. — Lettre à Alfred Agostinelli, 30 mai 1914, *Corr.*, t. XIII, p. 217.

4. Céleste Albaret, *Monsieur Proust*, Robert Laffont, p. 367.

5. Jules Huret, *Enquête sur l'évolution littéraire, préface et notices de Daniel Grojnowski*, José Corti, 1999. — Léon Daudet, «Après le prix Goncourt», *L'Action française*, 12 décembre 1930.

6. «La Terre», *Le Figaro*, 18 août 1887.

7. Léon Deffoux, *Chronique de l'Académie Goncourt*, p. 31. — Émile Bergerat, 14 novembre 1919, *Notes quotidiennes 1919 – 1920*, BnF, Département des manuscrits, NAF 14604, f° 243.

8. 26 octobre 1907, Jules Renard, *Journal. 1887 – 1910*, Gallimard, Bibliothèque de la Pléiade, p. 1139.

9. Lucien Descaves, *Souvenirs d'un ours*, p. 259. — Léon Daudet, *Vers le roi*, p. 144.

10. Léon Deffoux et Émile Zavie, *Le Groupe de Médan*, Payot, 1920, p. 285. — Préface de l'auteur, *Les Hauts Faits de M. de Ponthau*, Derveaux, 1880. — *Les Hommes d'Aujourd'hui*, 7ᵉ vol., n° 314, Vanier, 1887. — Vérane Partensky, «Léon Hennique: le silence du naturalisme», *Cahiers Edmond et Jules de Goncourt*, n° 10, 2003, «Les cent ans du premier prix Goncourt», p. 78. — Jules Renard, *Journal*, p. 910 (6 décembre 1907).

11. Jean – Michel Pottier, «Comment j'ai fait mes romans sociaux», une conférence inédite de Rosny aîné, *Les Cahiers naturalistes*, n° 80, 2006, p. 153. — Georges Casella, *J.- H. Rosny*, E. Sansot et Cie, 1907, p. 7. — Lettre de Zola à Huysmans, 21 août 1887, citée par Deffoux et Zavie (*Le Groupe de Médan*, p. 229).

12. Goncourt, *Journal*, t. III, p. 567 et 596. — Régis Messac, «L'Homme et la Pantine», *Les Primaires*, n° 5, mai 1930, p. 263.

13. Stéphane Giocanti, *C'était les Daudet*, Flammarion, 2013, p. 250. — *Journal officiel de la République française. Débats parlementaires. Chambre des*

députés: compte rendu, première séance du 27 juin 1922, p. 2048 - 2049.
14. Frantz Jourdain, *Les Décorés — Ceux qui ne le sont pas*, H. Simonis Empis, 1895, p. 92, et *Le Journal*, 24 août 1895. — Lettre non datée de Gustave Geffroy à Lucien Descaves, *Lettres de ou adressées à des membres de l'Académie Goncourt*, pièce 1040, volume 3, Ms - 15098 (3), Bibliothèque de l'Arsenal. — Léon Daudet, «Après le prix Goncourt», *L'Action française*, 12 décembre 1930. — Léon Bloy, *Journal*, Robert Laffont, «Bouquins», 1999, t. II, p. 163. — René Benjamin, *La Galère des Goncourt*, L'Élan, 1948, p. 17. — «Gazette des tribunaux», *Le Figaro*, 16 mars 1890. — Voir le témoignage de Léautaud dans son *Journal littéraire*, novembre 1905, t. I, p. 208 - 212. — Lucien Descaves, «À quoi tient le prix Goncourt: à une virgule!», *Le Journal*, 30 novembre 1937.

15. Valery Larbaud, *Du navire d'argent*, p. 345. — Jules Renard, *Journal*, p. 1207 (4 novembre 1908). — Léon Daudet, *Paris vécu, Première série: Rive droite*, Gallimard, 1929, p. 36. — Lettre à Paul Souday, 17 décembre 1919, *Correspondance*, t. XVIII, p. 536. — Élémir Bourges, *Les oiseaux s'envolent et les fleurs tombent*, t. I, Librairie Plon, p. 7. — J.- H. Rosny aîné, *Mémoires de la vie littéraire — L'Académie Goncourt, Les Salons, Quelques éditeurs*, G. Crès et Cie, 1927, p. 28. — Jean Ajalbert, *Les Mystères de l'Académie Goncourt*, J. Ferenczi et fils, 1929, p. 258.

16. *Les Marges*, t. XIII, n° 45, janvier 1914, p. 30. — Pierre Assouline, *Du côté de chez Drouant, cent dix ans de vie littéraire chez les Goncourt*, Gallimard / France Culture, 2013, p. 21 et 50. — Paul Léautaud, *littéraire*, t. I, p. 1500. — Léon Daudet, «Les mystères de l'Académie Goncourt», *L'Action française*, 23 janvier 1930.

17. Goncourt, *Journal*, t. III, p. 76 et 251; Georges Ravon, *L'Académie Goncourt en dix couverts*, Avignon, édouard Aubanel, 1946, p. 68. — Deffoux et Zavie, *Le Groupe de Médan*, p. 114. — Lettre autographe d'Henry Céard à sa femme, 19 décembre 1923, *Autographes — Gravures — Dessins & Photographies*, catalogue de la librairie William Théry, mars 2012, n° 19; voir *Lettres et manuscrits autographes*, Maison de ventes Alde, 6 mai 2008, n° 44, p. 16.

18. Émile Bergerat, *Souvenirs d'un enfant de Paris*, Eugène Fasquelle, «Bibliothèque - Charpentier», 1912, t. 3, p. 320. — Lucien Descaves, *Souvenirs d'un ours*, p. 253; Léon Deffoux, p. 77.

马塞尔·普鲁斯特病例(1919 年,6 月—11 月)

1. Lettre à Rosny aîné, *Bibliothèque R. et B. L. Éditions originales, autographes et manuscrits du xxe siècle*, Paris, Binoche & Giquello et Sotheby's, vente du 7 octobre 2014, p. 174 - 175, n° 150.

2. «Pour paraître en 1914», verso du faux-titre, *Du côté de chez Swann*, Bernard Grasset, 1913.

3. Lettre à Jean - Gustave Tronche, entre le 24 et le 28 juin 1919, lot n° 222, *Précieux autographes, manuscrits, lettres littéraires et musicaux et dessins chez Laurin - Guilloux - Buffetaud*, vente du 24 novembre 1999 à l'Hôtel Drouot, Paris. — Lettre de Jean - Gustave Tronche, 28 juin 1919, *Corr.*, t. XVIII, p. 277.

4. Lettre à Robert Dreyfus, 7 juillet 1919, *Corr.*, t. XVIII, p. 311.

5. Lettre de Jean - Gustave Tronche, 24 juin 1919, *Corr.*, t. XVIII, p. 276. — Lettre à Jacques Porel, peu après le 15 juillet 1919, *Corr.*, t. XVIII, p. 331.

6. André Lang, «Carte de la République des Lettres», supplément des *Annales politiques et littéraires*, 15 juillet 1923. — René Boylesve, *Feuilles tombées*, Éditions Dumas, 1947, p. 181 et 250. — Jean Nicollier, «À propos de Fernand Vandérem», *Gazette de Lausanne*, 11 janvier 1920. — Lettre de Roland Dorgelès à Fernand Vandérem, «Fernand Vandérem. Papiers», NAF 16871 - XXVI, f° 156: "我吃了饭,不太好吃……而且是一个人。/我等皮埃尔福、布里农,还有您,一直等到1点30分才开始点菜。/每次和您一起午餐好像都不太顺: 第一次我的火车晚点了两个钟头,第二次,也就是今天,我丢了龚古尔奖……"— Fernand Vandérem, «Les Lettres et la vie», *La Revue de Paris*, novembre 1919, p. 417.

7. *L'Intransigeant*, 25 juillet 1919. — Denys Amiel, «À travers Marcel Proust», *Le Pays*, 5 août 1919.

8. Abel Hermant, «Méditation sur l'œuvre de M. Marcel Proust aux rives de la Mésopotamie», *Le Figaro*, 24 août 1919. — Denys Amiel, «À travers Marcel Proust», *Le Pays*, 5 août 1919. — Binet - Valmer, «La Semaine littéraire», *Comœdia*, 5 octobre 1919. — Gaston Rageot, «Jeunes Filles», *Le Gaulois*, 25 octobre 1919.

9. J.- H. Rosny aîné, «L'opinion littéraire: le cas de M. Marcel Proust», *Comœdia*, 23 décembre 1919; Jean de Pierrefeu, «Le Cas de M. Proust», *Journal des débats*, 2 et 3 janvier 1920; André Varagnac, «Le Cas Marcel Proust — Un maître indésirable», *Le Crapouillot*, 15 janvier 1920.

10. Lettre à Jean – Louis Vaudoyer, première quinzaine d'octobre 1919, *Corr.*, t. XVIII, p. 420. — Pierre Valmont, «Lettre de Paris», *La Dépêche de Brest*, 16 décembre 1919.

## 拼死杀敌的荣誉(1919年,4月—11月)

1. «Roland Dorgelès», *Le Carnet de la semaine*, 4 janvier 1920. — Micheline Dupray, *Roland Dorgelès, un siècle de vie littéraire française*, Presses de la Renaissance, 1986, p. 156 – 157.

2. Roland Dorgelès, «Souvenirs et réflexions sur les *Croix de bois* », *Les Nouvelles littéraires*, 15 décembre 1928, p. 10. — «Correspondance Georges Duhamel – Marcel Martinet, 1919 – 1944», présentée et annotée par Arlette Lafay, *Les Cahiers de l'Abbaye de Créteil*, n° 9, décembre 1987, p. 89.

3. «À M. Roland Dorgelès le prix "Femina – Vie Heureuse"», *Le Petit Parisien*, 13 décembre 1919. — Jean Ernest – Charles, «La vie littéraire», *La Grande Revue*, juillet 1919, p. 158.

4. André Billy, «Le Prix Goncourt», *L'Œuvre* , 10 décembre 1919. — Georges Le Cardonnel, «Les œuvres de M. Marcel Proust», *La Minerve française*, 15 janvier 1920.

5. Roland Dorgelès, *Les Croix de bois*, Albin Michel, 1919, p. 342 344. — *Bulletin de l'Association générale des mutilés de la guerre*, novembre 1923, p. 351.

6. *Roland Dorgelès, De Montmartre à l'Académie Goncourt*, catalogue de l'exposition, Bibliothèque nationale, 1978, p. XIII – XIV. — Micheline Dupray, *Roland Dorgelès*, p. 29. — Lettre de Roland Dorgelès à André Warnod ( librairie Chez les libraires associés, Paris).

7. Paul Souday, «Les livres», *Le Temps*, 3 juillet 1919. — *L'Humour*, 23 avril 1919. — Jean de Pierrefeu, «La Réhabilitation du Naturalisme», *Journal des débats*, 7 juillet 1919. — Binet – Valmer, «La Semaine littéraire», *Comœdia*, 2 novembre 1919.

8. Louis Chadourne, «Hommes et livres d'aujourd'hui», *La Lanterne*, 4 avril 1919. — André Warnod, *L'Europe nouvelle*, 13 septembre 1919. — *L'Humanité*, 1er au 8 juin 1919.

9. Lettre de Roland Dorgelès à sa mère, 5 novembre 1914, *Je t'écris de la tranchée. Correspondance de guerre, 1914 – 1917*, Albin Michel, 2003, p. 94. — Roland Dorgelès, « Souvenirs et réflexions sur les *Croix de bois* », *Les*

Nouvelles littéraires, 24 novembre 1928, p. 1. — Jean de Pierrefeu, «La Réhabilitation du Naturalisme», *Journal des débats*, 7 juillet 1919.

10. Lucien Descaves, «Les Prix littéraires», *Le Journal*, 5 décembre 1919.

## 谁能摘得龚古尔奖？(1919年,11月16日—12月9日)

1. Léon Daudet, «L'Académie Goncourt et son prix — "*Genus irritabile* ..."», *L'Action française*, 30 novembre 1920; *Vers le roi*, p. 165.

2. Georges Clairet, «Le prix Goncourt. Quelques jeunes romanciers», *Le Journal du peuple*, 10 décembre 1919. — Roger Allard, «Le prix Goncourt», *Le Nouveau Spectateur*, 10 – 25 décembre 1919.

3. Georges Clairet, «Le prix Goncourt — Quelques jeunes romanciers», *Le Journal du peuple*, 10 décembre 1919.

4. Christophe Prochasson, Anne Rasmussen, *Au nom de la patrie: les intellectuels et la Première Guerre mondiale ( 1910 – 1919)*, La Découverte, 2010, p. 264.

5. Lucien Descaves, cité par Léon Deffoux, p. 124 – 125. Descaves, dans *Souvenirs d'un ours* (p. 245).本书引用有润色。

6. «Registre destiné à recevoir les procès-verbaux de toutes les réunions des Membres de la Société littéraire des Goncourt», Archives de l'Académie Goncourt, f° 59.

7. Fernand Vandérem, «Les Lettres et la vie», *La Revue de Paris*, septembre 1918, p. 867. — FernandVandérem, «Les Lettres et la vie», *La Revue de Paris*, novembre 1919, p. 417. — Lucien Descaves, «Les Prix littéraires», *Le Journal*, 5 décembre 1919.

8. Envoi autographe des *Croix de bois* (édition de 1921) à André Warnod, vu en juillet 2018, Chez les libraires associés, Paris. — André Warnod, «Qui aura le prix Goncourt?», *L'Europe nouvelle*, 29 novembre 1919. — «Pendant ces trois semaines...», *L'Europe nouvelle*, 6 décembre 1919.

9. «Nouvelles littéraires», *La Liberté*, 9 décembre 1919. — «Qui aura le prix Goncourt?», *L'Information*, 11 décembre 1919. — «Avant le prix Goncourt», *L'Opinion*, 6 décembre 1919. — Binet – Valmer, «La Semaine littéraire», *Comœdia*, 2 novembre 1919. — André Lang, *Les Annales politiques et littéraires*, 16 novembre 1919.

10. René Leboucq, «Le prix Goncourt», *L'Entente*, 8 décembre 1919. —

Raymond de Nys, «À qui la palme? Aujourd'hui les Goncourt décernent leur prix», *L'Éclair*, 10 décembre 1919. — André Billy, «Le Prix Goncourt», *L'Œuvre*, 10 décembre 1919.

11. Lettre de Paul Souday, 12 décembre 1919, *Corr.*, t. XVIII, p. 514.

12. Lettre à Léon Daudet, premiers jours de mars 1917, *Corr.*, t. XVI, p. 64. — Marcel Proust — Collection Marie - Claude Mante, Sotheby's, Paris, vente du 24 mai 2018, p. 39, n° 78. Voir Pyra Wise, «Une bibliothèque amicale: les livres dédicacés à Marcel Proust», *Revue d'études proustiennes*, n° 5, «La Bibliothèque mentale de Marcel Proust», dirigé par Guillaume Perrier, Classiques Garnier, 2017, p. 259. — Léon Daudet, *Salons et Journaux*, Nouvelle Librairie nationale, 1917, p. 299 - 304. — Lettre à Léon Daudet, *Corr.*, t. XVI, p. 64.

13. *Corr.*, t. XVIII, p. 272. — *Le Figaro* (supplément littéraire), 22 février 1908. — *Les Pastiches de Proust*, édition critique et commentée par Jean Milly, Armand Colin, 1970, p. 153, 162 et 164. Voir le f° 52 r° du manuscrit autographe de *Pastiches et mélanges*, BnF, Département des manuscrits, NAF 16632.

14. Lettre de Julia Daudet, 23 août 1919, *Corr.*, t. XVIII, p. 382. — *Corr.*, t. XVIII, p. 391. — Lettre à Jacques Boulenger, 31 octobre 1920, *Corr.*, t. XIX, p. 559. Voir aussi la lettre du même au même, 6 novembre 1902, *ibid.*, p. 571. — Léon Daudet, «Marcel Proust», *L'Action française*, 24 octobre 1941. — Lettre à Julia Daudet, 17 décembre 1919, *Corr.*, t. XVIII, p. 539. — Marcel Proust, *Les Plaisirs et les Jours*, édition de Thierry Laget, Gallimard, «Folio classique», 1993, p. 294.

15. J.- H. Rosny aîné, *Journal. Cahiers 1880 - 1897*, édition établie et annotée par Jean - Michel Pottier, Du Lérot, 2008, p. 173.

16. Lettre à Robert de Billy, 8 avril 1911, *Corr.*, t. X, p. 278 - 279. — Lettre à Louis de Robert, premiers jours de septembre 1919, *Corr.*, t. XVIII, p. 390 - 391. — *Corr.*, t. XIX, p. 20. — J.- H. Rosny aîné, «Une soirée chez Marcel Proust», *Les Nouvelles littéraires*, 13 décembre 1930.

17. Pyra Wise, «Une bibliothèque amicale: Les livres dédicacés à Marcel Proust», p. 273. — Lettre de Rosny aîné, 29 octobre 1919, *Corr.*, t. XVIII, p. 441.

18. Lettre à Rosny aîné, entre le 29 octobre et le 3 novembre 1919, *Bibliothèque R. et B. L. Éditions originales, autographes et manuscrits du xxe siècle*, Paris, Binoche & Giquello et Sotheby's, vente du 7 octobre 2014,

p. 174 - 175, n° 150.

19. Lettre à Rosny aîné, premiers jours de novembre 1919, *Corr.*, t. XVIII, p. 454 - 455.

20. Lettre de Rosny aîné, 3 novembre 1919, *Corr.*, t. XVIII, p. 455 - 456.

21. Lettre à Rosny aîné, 10 novembre 1919, *Corr.*, t. XVIII, p. 466 - 467.

22. Lettre de Gustave Geffroy à Rosny aîné, «27 9bre 1919», Archives de l'Académie Goncourt.

23. Émile Bergerat, *Notes quotidiennes 1919 - 1920*, BnF, Département des manuscrits, NAF 14604, mercredi 26 novembre 1919, f° 252.

24. *Corr.*, t. XVIII, p. 536 et 575. — Lettre à Élémir Bourges, 10 décembre 1919, *ibid.*, p. 509. — *Ibid.*, p. 517 et 542.

25. Lettre à Lucien Daudet, mai 1916, *Corr.*, t. XV, p. 107. — «Autour d'un prix», *L'Humanité*, 14 décembre 1919. — Lucien Daudet, *Autour de soixante lettres de Marcel Proust*, note 1, p. 161. — Émission «Souvenez-vous», de Pierre Minet, diffusée sur Paris Inter, le 15 juin 1950.

26. Lettre à Jacques Porel, *Corr.*, t. XVIII, p. 427. — Lettre à Robert de Flers, 4 juin 1920, *Corr.*, t. XIX, p. 287.

27. Michel Caffier, *L'Académie Goncourt*, Presses universitaires de France, 1994, «Que sais-je?», p. 41. — Noël Garnier, «À l'ombre des Goncourt», *Le Populaire*, 12 décembre 1919. Voir Pierre Assouline, *Du côté de chez Drouant*, p. 36: «déjeuners au Pré Catelan, dîners au Ritz»; Robert Kopp, *Un siècle de Goncourt*, p. 36: «Des dîners furent organisés en faveur des candidats». — Lettre à Paul Souday, 17 décembre 1919, *Corr.*, t. XVIII, p. 536.

28. Lucien Descaves, «Opinions et souvenirs», *Le Journal*, 31 octobre 1937.

29. Lettre de Rosny aîné, 2 décembre 1919, *Corr.*, t. XVIII, p. 494. — *Journal de l'abbé Mugnier ( 1879 - 1939 )*, texte établi par Marcel Billot, Mercure de France, «Le Temps retrouvé», 1985, p. 361; lettre à l'abbé Mugnier, derniers jours de décembre 1919, *Corr.*, t. XVIII, p. 569.

30. Dans *La Femme libre*, 13 juillet 1919. Voir Thabette Ouali, *Humanisme et engagement: la Première Guerre mondiale dans* Les Croix de bois, thèse pour le doctorat en langue et littérature françaises, université Jean - Moulin Lyon - III, 2011, p. 463. — Roland Dorgelès, *De Montmartre à*

*l'Académie Goncourt, op cit.*, p. 92 - 93.

31. *Ibid.*

32. *Bibliothèque littéraire Lucien Descaves*, Paris, Hôtel Drouot, vente du 7 juillet 2009, Kapandji - Morhange, lot n° 257.

33. Roland Dorgelès, *De Montmartre à l'Académie Goncourt*, p. 91, n° 265.

34. Jean Ajalbert, *Les Mystères de l'Académie Goncourt*, p. 283. — Lettre de Gaston de Pawlowski à Émile Bergerat, 8 novembre 1919, dans *Notes quotidiennes 1919 - 1920*, BnF, Département des manuscrits, NAF 14604, f° 238. — Gaston de Pawlowski, «La Semaine littéraire», *Comœdia*, 11 janvier 1914. — Roland Dorgelès, «Mots d'amour», *Automobilia*, 31 décembre 1918, p. 46 - 48, et «Sulphart chez les anges», *Automobilia*, 31 décembre 1919, p. 101 - 104.

35. Lettre non datée d'Henri Barbusse (à Léon Hennique?), *Autographes - Photographies*, catalogue n° 7 de la librairie Signatures, Paris, p. 5.

36. *L'Homme libre*, 8 novembre 1919.

37. André Warnod, «Pendant ces trois semaines ...», *L'Europe nouvelle*, 6 décembre 1919.

38. «Les nuits et les ennuis de la "Vie Heureuse"», *L'Homme libre*, 5 décembre 1919. — *Aux écoutes*, 21 décembre 1919.

39. «Entre la cave et le grenier», *L'Homme libre*, 8 décembre 1919.

40. Louis Méritan (pseudonyme de Paul Lombard), «Autour d'un prix», *L'Homme libre*, 10 décembre 1919.

41. Raymond de Nys, «La réunion chez Mme de Broutelles», *L'Éclair*, 13 décembre 1919. — *Aux écoutes*, 21 décembre 1919.

42. «Les nuits et les ennuis de la "Vie Heureuse"», *L'Homme libre*, 5 décembre 1919. — Cercle de la librairie, *Bibliographie de la France*, 30 janvier 1920, n° 453.

43. Rachilde, «Revue de la quinzaine. Les romans», *Mercure de France*, 1$^{er}$ janvier 1920, p. 199 - 203.

44. Lettre à Henri de Régnier, 30 octobre 1919, «Quand Proust se lançait dans la course aux prix», *L'Événement du jeudi*, 2026 novembre 1997, p. 72 - 73; *100 livres, manuscrits, documents et objets littéraires de la collection Pierre Leroy*, Sotheby's, Paris, 27 juin 2007, lot n° 83. — Lettre de Mme Henri de Régnier (née Marie de Heredia), 11 décembre 1919, *Corr.*, t. XVIII, p. 511. — Jean - Yves Tadié, *Marcel Proust*, p. 283 - 284. — Lettre de Marie

de Heredia, fin de juin – début juillet 1895, *Corr.*, t. I, p. 405. — Lettre à Gaston Gallimard, peu après le 26 décembre 1919, *MP – GG*, p. 225.

45. Lettre de Reynaldo Hahn, 3 décembre 1919, *Corr.*, t. XVIII, p. 497; Fernand Gregh, *Mon amitié avec Marcel Proust, Souvenirs et lettres inédites*, Grasset, 1958, p. 145 – 146.

一个睡觉的人（1919 年 12 月 10 日，星期三）

1. *Du côté de chez Swann*, *À la recherche du temps perdu*, édition publiée sous la direction de Jean – Yves Tadié, Gallimard, «Bibliothèque de la Pléiade», 1987, t. I, p. 5.

2. Talleyrand – Metternich, «Le Prix Goncourt», *Les Potins de Paris*, 18 décembre 1919, p. 5. — Joachim Gasquet, «Un jeune, enfin!!! L'Académie des Goncourt décerne son prix», *L'Éclair*, 11 décembre 1919. — «Comment ils votèrent», *Le Cri de Paris*, 21 décembre 1919. — Léon Daudet, *Paris vécu*, p. 148.

3. Gustave Geffroy, «Souvenirs de Renoir», *La France libre*, 11 décembre 1919. Article repris dans *Claude Monet, sa vie, son temps, son œuvre*, Crès & Cie, 1922, p. 168 – 170.

4. Émile Bergerat, «Un déjeuner à Cagnes chez Renoir», *Le Figaro*, 8 décembre 1919.

5. Léon Daudet, *Salons et Journaux*, p. 65.

6. *Journal officiel de la République française. Débats parlementaires. Chambre des députés*: compte rendu *in extenso*, séance du lundi 8 décembre 1919. — «L'ouverture de la nouvelle législature», *L'Action française*, 9 décembre 1919. — Léon Daudet, «Une plaisanterie qui a assez duré», *L'Action française*, 10 décembre 1919. — Marcel Cachin, «La nouvelle Chambre tiendra cet après-midi sa première séance», *L'Humanité*, 8 décembre 1919. — Mayéras, «La Chambre réactionnaire refuse d'entendre la voix de la classe ouvrière d'Alsace et de Lorraine», *L'Humanité*, 9 décembre 1919.

7. Lucien Descaves, «Les Lettres», *Le Journal*, 30 juin 1935; «Opinions et souvenirs», *Le Journal*, 26 juin 1938.

8. Léon Daudet, «À propos des nouveaux écrivains. Analyse et typification», *L'Action française*, 9 mai 1923. — «Comment ils votèrent», *Le Cri de Paris*, 21 décembre 1919.

9. Léon Daudet, *Paris vécu*, p. 151. — Gérard Bauër, «À la table des

Goncourt», *Chroniques 1934 - 1953*, Gallimard, 1964, p. 116. — Lettre de Gustave Geffroy, 13 décembre 1919, *Marcel Proust. Collection Patricia Mante - Proust*, Sotheby's, Paris, 31 mai 2016, p. 80, lot n° 216. — Henry Céard, *Terrains à vendre au bord de la mer*, Libraire Charpentier et Fasquelle, 1906, p. 55.

10. Nicolette Hennique - Valentin, *Mon père, Léon Hennique*, Éditions du Dauphin, 1959, p. 306. — Gérard Bauër, «Le prix Goncourt à M. Marcel Proust», *L'Écho de Paris*, 11 décembre 1919.

11. Léon Daudet, *Vers le roi*, p. 162. — Céleste Albaret, *Monsieur Proust*, p. 364. — «Nouvelles littéraires», *La Liberté*, 9 décembre 1919.

12. M. Gérault - Richard, «Les trois petits tours du scrutin», *L'Éclair*, 11 décembre 1919. — André Warnod, «M. Marcel Proust et le prix Goncourt», *L'Europe nouvelle*, 13 décembre 1919.

13. Jean de Pierrefeu, «Le Cas de M. Proust», *Journal des débats*, 2 et 3 janvier 1920.

14. «Procès-verbal de la 110e réunion de l'Académie Goncourt», Archives de l'Académie Goncourt, f° 76; Robert Kopp, *Un siècle de Goncourt*, p. 37.

15. *Album Proust*, iconographie réunie et commentée par Pierre Clarac et André Ferré, Gallimard, 1965, p. 260; *Corr.*, t. XVIII, p. 505; *Marcel Proust. Collection Marie - Claude Mante*, Sotheby's, p. 80, n° 216.

16. M. Gérault - Richard, «Les trois petits tours du scrutin».

17. *Le Carnet de la semaine*, 21 décembre 1919.

18. *Corr.*, t. XVIII, p. 526, 528 et 535; t. XIX, p. 56; lettre à Rachilde, *Collection R.G.*, catalogue de la vente aux enchères publiques des 19 et 20 juin 1996, à Drouot - Richelieu, lot n° 450; *BIP*, n° 27, 1996, p. 126.

19. Lettre de Roland Dorgelès à Fernand Vandérem, *Papiers Fernand Vandérem*, BnF, Département des manuscrits, NAF 16871 - XXVI, f° 158.

20. «Marcel Proust», *Les Hommes nouveaux*, 18 décembre 1919.

21. *Corr.*, t. XVIII, p. 433, 453 et 526.

22. Jacques Rivière, «Proust, détails biographiques», *Quelques progrès dans l'étude du cœur humain*, textes établis et présentés par Thierry Laget, Gallimard, 1987, «Cahiers Marcel Proust 13», p. 33. — Céleste Albaret, *Monsieur Proust*, p. 365.

23. Témoignage de Céleste Albaret, émission «Souvenez-vous» de Pierre Minet, diffusée sur Paris Inter, le 15 juin 1950.

24. Lettre à Bernard Grasset, 14 décembre 1919, *Corr.*, t. XVIII, p. 526.

25. Jacques Rivière, *Quelques progrès dans l'étude du cœur humain*, p. 36. — Céleste Albaret, *Monsieur Proust*, p. 365.

26. J.- H. Rosny aîné, «Une soirée chez Marcel Proust», *Les Nouvelles littéraires*, 13 décembre 1930. — Lettre à Jacques Boulenger, 6 novembre 1920, *Corr.*, t. XIX, p. 572.

27. Lettre à Jacques Rivière, 10 décembre 1919, *Corr.*, t. XVIII, p. 507; Marcel Proust, «À propos du "style" de Flaubert», *La Nouvelle Revue française*, 1$^{er}$ janvier 1920, n° 76, p. 85. — Lettre à Henri de Régnier, 28 mai 1922, *Corr.*, t. XXI, p. 230.

28. Lettre à Élémir Bourges, *Corr.*, t. XVIII, p. 509. — Lettre à Henry Céard, plutôt qu'à Élémir Bourges, comme l'affirme le catalogue *Importants livres anciens, livres d'artistes et manuscrits dont deux manuscrits originaux de Paul Verlaine et l'ancienne collection Louis Marcoussis*, Christie's Paris, 2 juin 2005, lot n° 266, p. 111. — Lettre de Gustave Geffroy, 13 décembre 1919, *Marcel Proust. Collection Patricia Mante - Proust*, Sotheby's, Paris, 31 mai 2016, p. 80, lot n° 216. — Lettre à Jean Ajalbert, peu après le 10 décembre 1919, *Corr.*, t. XXI, p. 676. — Lettre à l'abbé Mugnier, derniers jours de décembre 1919, *Corr.*, t. XVIII, p. 570.

29. *Le Pays*, 10 et 12 décembre 1919; *L'Information*, 11 décembre 1919; *Bonsoir*, 11 décembre 1919; *Le Charivari*, 14 décembre 1919.

他们会重新捧起"幽灵魔盗"(1919年12月11日,12日)

1. «À l'ombre des jeunes filles en fleurs», *Excelsior*, 11 décembre 1919; «Mme de Villeparisis à Venise», *Le Matin*, 11 décembre 1919; «Pages d'hier. Les Plaisirs et les Jours», *Le Figaro*, 14 décembre 1919; «Première impression de théâtre», *Les Annales politiques et littéraires*, 21 décembre 1919; «À l'ombre des jeunes filles en fleurs», *Le Livre des livres*, 1$^{er}$ février 1920.

2. Émile Bergerat, *Notes quotidiennes 1919 - 1920*, BnF, Département des manuscrits, NAF 14604, 14 et 15 décembre 1919, f° 267.

3. Joachim Gasquet, «Un jeune, enfin!!! L'Académie des Goncourt décerne son prix», *L'Éclair*, 11 décembre 1919.

4. André Maurois, *À la recherche de Marcel Proust*, Hachette, 1970, p. 277; Jean - Yves Tadié, *Marcel Proust, la cathédrale du temps*, Découvertes Gallimard, 1999, p. 113. — Georges Cattaui, *L'Amitié de Proust*, Gallimard, «Les Cahiers Marcel Proust 8», 1935, p. 69. — Lettre à Henry Ghéon, 2

janvier 1914, *Corr.*, t. XIII, p. 26. — Lettre de Francis Jammes à Henri de Régnier, 7 mars 1928, *Correspondance ( 1893 - 1936)*, édition de Pierre Lachasse, Classiques Garnier, 2014, p. 191. — *100 livres, manuscrits, documents et objets littéraires de la collection Pierre Leroy*, Sotheby's, Paris, 27 juin 2007, lot n° 83.

5. Lettre à Edmond Jaloux, 21 mai 1921, *Corr.*, t. XX, p. 287.

6. André Billy, *Le Balcon au bord de l'eau*, Fayard, 1949, p. 13. — Raymond Lefebvre, «Les Livres», *Le Populaire*, 21 septembre 1919.

7. René Clair, *Réflexion faite*, Gallimard, 1951, p. 113 - 114. — Bernard de Fallois, «L'histoire d'un roman est un roman», entretien avec Nathalie Mauriac Dyer, *Genesis*, n° 36, 2013, p. 111. — Georges Charensol et Roger Régent, *50 ans de cinéma avec René Clair*, La Table Ronde, 1979, p. 10 et 208.

8. Lettre à Robert de Flers, premiers jours de février 1920, *Corr.*, t. XIX, p. 111 - 112.

## 女士温柔之手(1919 年 12 月 12 日,星期五)

1. *L'Avenir*, 12 décembre 1919. — Paul Gsell, «Au jour le jour», *La Démocratie nouvelle*, 11 décembre 1919.

2. Mme Alphonse Daudet, «Un Prix littéraire», *L'Intransigeant*, 16 décembre 1919.

3. *L'Europe nouvelle*, 1$^{er}$ novembre 1919.

4. «Un livre tout indiqué», *L'Homme libre*, 21 octobre 1919.

5. Les Treize, *L'Intransigeant*, 14 décembre 1919; Raymond de Nys, «La réunion chez Mme de Broutelles», *L'Éclair*, 13 décembre 1919; Robert Kemp, «Le prix "Vie Heureuse"», *La Liberté*, 13 décembre 1919; «Raymonde Machard», *L'Action française*, 27 décembre 1919; Léon Bocquet, «Lettre de Paris», *La Renaissance d'Occident*, 1$^{er}$ janvier 1920.

6. «Les prix littéraires», *La Libre Parole*, 14 décembre 1919.

7. Micheline Dupray, *Roland Dorgelès*, p. 192.

8. Jean Pellerin, «À la louange du suffrage féminin. Le Prix Femina - Vie Heureuse à Roland Dorgelès», *La Lanterne*, 13 décembre 1919.

9. «À M. Roland Dorgelès le prix "Femina - Vie Heureuse"», *Le Petit Parisien*, 13 décembre 1919.

10. Lettre à J.- H. Rosny aîné, peu avant le 23 décembre 1919, *Corr.*, t.

XVIII, p. 544-547.

11. Raymond de Nys, «Chez Roland Dorgelès», *L'Éclair*, 13 décembre 1919.

12. Raymond de Nys, «La réunion chez Mme de Broutelles», *L'Éclair*, 13 décembre 1919. — Jean Pellerin, «À la louange du suffrage féminin. Le Prix Femina - Vie Heureuse à Roland Dorgelès», *La Lanterne*, 13 décembre 1919. — Talleyrand - Metternich, «Le Prix Goncourt», *Les Potins de Paris*, 18 décembre 1919.

14. Jean Pellerin, «À la louange du suffrage féminin. Le Prix Femina - Vie Heureuse à Roland Dorgelès», *La Lanterne*, 13 décembre 1919.

15. Jean Pellerin, *La Lanterne*, 13 décembre 1919. — «Le prix de la Vie Heureuse. Une réparation», *L'Humanité*, 13 décembre 1919. — Paul Lombard, «Roland Dorgelès», *L'Homme libre*, 14 décembre 1919. — Jean Jacquemont, «Chronique parisienne», *Le Petit Havre*, 16 décembre 1919.

16. Émile Bergerat, *Notes quotidiennes 1919 - 1920*, BnF, Département des manuscrits, NAF 14604, f° 255.

17. *Le XIX$^e$ siècle*, 14 décembre 1919.

18. «Autre prix littéraire», *La Bataille*, 14 décembre 1919. — *Excelsior*, 4 décembre 1919. — Mme Alphonse Daudet, «Un Prix littéraire», *L'Intransigeant*, 16 décembre 1919.

19. Lettre à Julia Daudet, 17 décembre 1919, *Corr.*, t. XVIII, p. 539.

## 没事人 (1919 年 12 月—1920 年 4 月)

1. *Comœdia*, 11 décembre 1919; *Excelsior*, 11 décembre 1919; *Je sais tout*, 15 octobre - 15 novembre 1919; *Le Journal*, 11 décembre 1919; *Les Annales politiques et littéraires*, 21 décembre 1919; *Femina*, 1$^{er}$ avril 1920.

2. Lettre à Dominique Sylvaire, vers la fin de décembre 1919, *Corr.*, t. XVIII, p. 573. — Lettre à Pierre Lafitte, vers le début de janvier 1920, *Corr.*, t. XIX, p. 42-43.

3. Louis Handler, «Hommage à Mme Réjane», *Comœdia*, 20 janvier 1920; lettre à Jacques Porel, 17 janvier 1920, *Corr.*, t. XIX, p. 81; Céleste Albaret, *Monsieur Proust*, p. 367; Jacques Porel, *Fils de Réjane*, Plon, 1951, t. I, p. 332.

4. Lettre à Mme Greffulhe, 19 janvier 1920, *Corr.*, XIX, p. 82.

5. Jean Bernier, «Les Livres», *L'Europe nouvelle*, 3 janvier 1920. —

Échos, *Paris – Midi*, 11 décembre 1919, et *Le Siècle*, 12 décembre 1919.

6. «Stratégie littéraire», *Aux écoutes*, 21 décembre 1919.

7. André Warnod, *La France* et *L'Avenir*, 11 décembre.

8. Talleyrand – Metternich, «Le Prix Goncourt», *Les Potins de Paris*, 18 décembre 1919.

9. Jean de Pierrefeu, «Le Cas de M. Proust», *Journal des débats*, 2 et 3 janvier 1920.

10. André Billy, *L'Œuvre*, 26 août 1919.

11. Talleyrand – Metternich, «Littérature ou littératuture», *Les Potins de Paris*, 15 janvier 1920.

12. «Marcel Proust», *Bonsoir*, 12 décembre 1919.

13. Gabriel Reuillard, «Roland Dorgelès», *Le Merle blanc*, 20 décembre 1919.

14. Louis Léon – Martin, «À l'ombre d'un jeune homme en boutons», *Le Crapouillot*, 1$^{er}$ octobre 1919.

15. «Stratégie littéraire», *Aux écoutes*, 21 décembre 1919. — Aristide, *Aux écoutes*, 28 décembre 1919. Voir Marcel Proust, *Les Plaisirs et les Jours*, p. 294 – 296 et 352 – 353.

16. Abbé Louis Bethléem, *Romans à lire et romans à proscrire*, Éditions de la Revue des lectures, 1928, p. 349 – 350. — «Adieu à Maurice Verne», *Paris – Europe*, 17 décembre 1943. — «Un jeune homme qui arrivera», *Les Potins de Paris*, 3 juin 1920, p. 13.

17. Maurice Verne, «La galerie des écrivains contemporains. M. Marcel Proust», *L'Information*, 3 janvier 1920.

18. Talleyrand – Metternich, «Les belles relations», *Les Potins de Paris*, 25 mars 1920.

19. Léon Daudet, *Salons et Journaux*, Nouvelle Librairie nationale, p. 226 – 227.

20. Lettre à Maurice Verne, derniers jours de mars 1920, librairie Les Autographes, Salon international du livre rare, Paris, Grand Palais, 2224 avril 2016; *BIP*, n° 46, p. 198.

21. Lettre à André Chaumeix, 12 décembre 1919, *BIP*, n° 38, 2008, p. 177. — Lettres à Jean de Pierrefeu, 4 janvier 1920 et peu après le 15 janvier 1920, *Corr.*, t. XIX, p. 48 et 75. Voir Jean – Yves Tadié, *Marcel Proust*, p. 351 – 352; *Corr.*, t. XIX, p. 51, 53 et 61.

22. Lettre à Rachilde, fin de février 1920, *Collection R.G.*, catalogue de la

vente aux enchères publiques des 19 et 20 juin 1996, à Drouot − Richelieu, lot n° 450; *BIP*, n° 27, 1996, p. 126. — Céleste Albaret, *Monsieur Proust*, p. 368. — Lettre à Jean de Pierrefeu, 4 janvier 1920, *Corr.*, t. XIX, p. 48 − 49. — Lettre de Jean de Pierrefeu, 4 mars 1920, *Corr.*, t. XIX, p. 145.

23. J.− H. Rosny aîné, «Une soirée chez Marcel Proust», *Les Nouvelles littéraires, artistiques et scientifiques*, 13 décembre 1930; lettre à J.−H. Rosny aîné, 8 mars 1920, *Corr.*, t. XIX, p. 146; voir aussi la lettre au même, peu après le 27 novembre 1920, *ibid.*, p. 628.

24. Lettre à Paul Souday, 17 décembre 1919, *Corr.*, t. XVIII, p. 535.

25. Le Masque de Verre, «Intimité», *Comœdia*, 13 décembre 1919.

26. Lettre à Jean − Gustave Tronche, entre le 24 et le 28 juin 1919, lot n° 222, *Précieux autographes, manuscrits, lettres littéraires et musicaux et dessins chez Laurin − Guilloux − Buffetaud*, vente du 24 novembre 1999 à l'Hôtel Drouot, Paris; *Histoire générale de la presse française* ( t. 3, «*De 1871 à 1940*» ), publiée sous la direction de Claude Bellanger, Jacques Godechot, Pierre Guiral et Fernand Terrou, Presses universitaires de France, 1972, p. 430; Lettre à Élie − Joseph Bois, 26 décembre 1919, *Corr.*, t. XVIII, p. 560. — *Nomenclature des journaux, revues, périodiques français*, L'Argus de la presse, 1917, p. 35; *Histoire générale de la presse française*, t. 3, p. 428.

## 无事生非(1919 年 12 月—1920 年 4 月)

1. J.− H. Rosny aîné, *Mémoires de la vie littéraire*, G. Crès et Cie, 1927, p. 83.

2. *Le Charivari*, 11 janvier 1920; Robert Dieudonné, «Prix littéraire», *Bonsoir*, 14 décembre 1919.

3. *Les Feuillets d'art*, n° IV, 15 décembre 1919.

4. *L'Éclair*, 12 décembre 1919.

5. *Le Petit Parisien*, 31 octobre 1919.

6. Jean Bastia, «À propos du prix Goncourt», *La Presse*, 14 décembre 1919.

7. Véhem ( pseudonyme de Victor Méric), «Rondeau − Goncourt», *Le Merle blanc*, 13 décembre 1919.

8. André Chevalier, «Prix courant», *Les Potins de Paris*, 18 décembre 1919.

9. Jean Drole, «Les prix Goncourt. Les futurs lauréats», *Le Merle blanc*,

20 décembre 1919.

10. Talleyrand – Metternich, «Littérature ou littératuture», *Les Potins de Paris*, 15 janvier 1920.

11. Ludoveau Nadic, «La mode nationale», *Le Merle blanc*, 27 décembre 1919. — «Lettre à l'Académie des Concours», *La Vie parisienne*, 3 janvier 1920.

12. A. M. [A. de Montgon?], *Le Charivari*, 11 janvier 1920. — Louis Aragon, *Littérature*, janvier 1920.

13. *L'Éclair*, 16 décembre 1919. — *Revue de Paris*, 15 janvier 1920; *Le Crapouillot*, 1$^{er}$ octobre 1919; *La Presse*, 14 décembre 1919; *Le Progrès*, 23 janvier 1920; *Le Merle blanc*, 20 décembre 1919.

14. René Leboucq, *L'Entente*, 11 décembre 1919. — Jean Jacquemont, «Chronique parisienne», *Le Petit Havre*, 16 décembre 1919.

15. *La Vie parisienne*, 3 janvier 1920; *Le Canard déchaîné*, 17 décembre 1919; *Le Populaire*, 12 décembre 1919; *Les Potins de Paris*, 18 décembre 1919.

16. «Génies inconnus», *La Riviera* (Nice), 20 décembre 1919.

17. Lettre à J.-H. Rosny aîné, peu avant le 23 décembre 1919, *Corr.*, t. XVIII, p. 547. — Régis Revenin, *Homosexualité et prostitution masculines à Paris, 1870–1918*, L'Harmattan, 2005, p. 73. — Lettre à la princesse de Polignac, début de février 1920, *Proust du temps perdu au temps retrouvé, Lettres et manuscrits*, Aristophil éditions / Musée des Lettres et Manuscrits / Éditions des Équateurs, 2010, p. 33.

18. Paul Cazaubon, «Prix littéraires», *Le Phare de la Loire, de Bretagne et de Vendée*, 22 décembre 1919. — Fernand Vandérem, «Les lettres et la vie», *La Revue de Paris*, 15 janvier 1920. — Jacques Rivière, «Marcel Proust et la tradition classique», *La Nouvelle Revue française*, février 1920; *Quelques progrès dans l'étude du cœur humain*, p. 60.

千封贺信(1919 年 12 月—1920 年 4 月)

1. «Les prix littéraires», *La Libre Parole*, 14 décembre 1919. — Raymond de Nys, «Chez Roland Dorgelès», *L'Éclair*, 13 décembre 1919; René Leboucq, «Le Prix "Vie Heureuse"», *L'Entente*, 13–14 décembre 1919.

2. Jean-Jacques Bedu, *Francis Carco au cœur de la bohème*, Éditions du Rocher, 2001, p. 203.

3. Abel Hermant, *Le Figaro*, 6 avril 1919.

4. Gérard Bauër, «À la table des Goncourt», *Chroniques 1934 - 1953*, Gallimard, 1964, p. 116 et 157.

5. Lettres de J.-H. Rosny aîné à Marcel Martinet, BnF, Département des manuscrits, Fonds Marcel Martinet, NAF 28352, f$^{os}$ 279 - 292. — Lettre de Roland Dorgelès à Marcel Martinet, NAF 28352, f$^{os}$ 308 - 309. — Marcel Martinet, «Nos livres», *La Vie ouvrière*, 13 août 1919. — Marcel Martinet, «Sur les prix littéraire, M. Marcel Proust, ou le "monde" vu du dedans», *L'Humanité*, 1$^{er}$ octobre 1922.

6. «Marcel Proust», *Les Hommes nouveaux*, 18 décembre 1919.

7. *Dictionnaire des revues littéraires au xxe siècle. Domaine français*, sous la direction de Bruno Curatolo, Honoré Champion, 2014, t. II, p. 820 - 821. — Louis Léon - Martin, «Pour parler littérature», *La Vie parisienne*, 20 décembre 1919, p. 1119 - 1120. — Pyra Wise, «Une bibliothèque amicale: les livres dédicacés à Marcel Proust», p. 257.

8. Jean Pellerin, «À la louange du suffrage féminin. Le Prix Femina - Vie Heureuse à Roland Dorgelès», *La Lanterne*, 13 décembre 1919. — J. Maillart, *La Voix nationale*, 21 décembre 1919. — La Voyante, «Le deuxième prix Goncourt», *Le Populaire*, 13 décembre 1919.

9. Lettre de Valery Larbaud à Jacques Rivière, 16 février 1920, *Correspondance 1912 - 1924. Le Bénédictin & l'Homme de barre*, édition établie, présentée et annotée par Françoise Lioure, Éditions Claire Paulhan, 2006, p. 129. — Lettre d'André Gide à Gaston Gallimard, 14 décembre 1919, *MP - GG*, p. 214, n. 2. — Lettre de Gaston Gallimard, 17 décembre 1919, *MP - GG*, p. 214. Voir aussi la lettre du même, 22 décembre 1919, p. 218. — Lettre à Rachilde, fin de février 1920, *Collection R.G.*, catalogue de la vente aux enchères publiques des 19 et 20 juin 1996, à Drouot - Richelieu, lot n° 450; *BIP*, n° 27, 1996, p. 126.

10. *Corr.*, t. XVIII, p. 546 et 574; t. XIX, p. 47, 95 et 166.

11. René Peter, *Une saison avec Marcel Proust*, Gallimard, 2005, p. 171.

12. Lettre de Lionel Hauser, 1$^{er}$ avril 1920, *Corr.*, t. XIX, p. 181. — Lettre à Lionel Hauser, premiers jours d'avril 1920, *Corr.*, t. XIX, p. 184 - 185.

13. Élyane Dezon - Jones, «Autour d'une lettre de Proust à Madame Alphonse Daudet», *BMP*, n° 67, 2017, p. 43 - 48.

14. Lettre de Gaston Gallimard à Robert de Flers, 20 août 1919, et lettre

de Robert de Flers à Gaston Gallimard, 21 août 1919, *MP - GG*, p. 194 - 195.

15. Robert de Montesquiou, *Les Pas effacés. Mémoires*, Émile - Paul, 1923, t. III, p. 273 et 288 - 291.

达那伊得斯灌水似的啰里吧唆(1919 年 12 月—1920 年 4 月)

1. Lettre à J.- H. Rosny aîné, peu avant le 23 décembre 1919, *Corr.*, t. XVIII, p. 544 - 547.

2. Jean Jacquemont, « Chronique parisienne », *Le Petit Havre*, 16 décembre 1919.

3. Rodolphe Bringer, « M. Proust existe! », *Le Canard déchaîné*, 17 décembre 1919. — « Le prix Goncourt », *L'Opinion*, 13 décembre 1919. — Edmond Jaloux, « L'œuvre de Marcel Proust », *Les Écrits nouveaux*, janvier-février 1920.

4. Robert Kemp, « Le prix "Vie Heureuse" », *La Liberté*, 13 décembre 1919. — Maurice Mérall, « Encéphalite léthargique », *Les Potins de Paris*, 5 février 1920.

5. « Nouvelles des arts et des lettres », *Le Progrès* ( Lyon), 23 janvier 1920. — « À l'Ombre des Jeunes Filles en Fleurs », *Simple revue*, janvier-mars 1920.

6. Aristide, *Aux écoutes*, 28 décembre 1919. — Pierre Valmont, « Le prix Goncourt. M. Marcel Proust a-til été frigorifié? "À l'ombre d'un jeune homme en bouton" Un mystère dévoilé », *La Dépêche de Brest*, 16 décembre 1919.

7. Dominique Durandy, « En marge — Le Prix Goncourt », *Le Petit Marseillais*, 17 décembre 1919.

8. Voir la table systématique de la *Bibliographie de la France*, 1919 et 1920. — Roland Dorgelès, *Je t'écris de la tranchée. Correspondance de guerre, 1914 - 1917*, p. 58 et suivantes.

9. Fernand Vandérem, « Les lettres et la vie », *La Revue de Paris*, 15 juillet 1919. — André Billy, *L'Œuvre*, 26 août 1919. — *La Dépêche de Brest*, 16 décembre 1919.

10. Charles Cousin, *Rythme et synthèse*, février 1920.

11. André Warnod, *L'Europe nouvelle*, 20 décembre 1919; « Histoire de deux prix », *La Vie parisienne*, 27 décembre 1919.

12. Marcel Martinet, « Les Lettres », *L'Humanité*, 1$^{er}$ octobre 1922. —

Léon Bocquet, «Lettre de Paris», *La Renaissance d'Occident*, 1$^{er}$ janvier 1920. —
Georges Parville, «Le nouveau prix Goncourt», *Le Rappel*, 12 décembre 1919. —
André Warnod, *L'Europe nouvelle*, 20 décembre 1919.

13. Robert Dieudonné, «Prix littéraire», *Bonsoir*, 14 décembre 1919.

14. Victor Snell, «Payons l'impôt», *Le Canard déchaîné*, 17 décembre 1919.

15. Jacques Boulenger, «Marcel Proust», *L'Opinion*, 20 décembre 1919. — Georges Le Cardonnel, «Les œuvres de M. Marcel Proust», *La Minerve française*, 15 janvier 1920.

16. Lettre de Louis de Robert, 11 décembre 1919, *Corr.*, t. XVIII, p. 513.

17. Lettre à l'abbé Mugnier, derniers jours de décembre 1919, *Corr.*, t. XVIII, p. 569. — «Le prix Goncourt est décerné à M. Marcel Proust», *Le Journal*, 11 décembre 1919.

18. Lettre à Léon Hennique, vers le 12 décembre 1919, *Corr.*, t. XVIII, p. 522.

19. Lettre de Léon Hennique, 16 décembre 1919, *Corr.*, t. XVIII, p. 531.

20. Lucien Descaves, «À quoi tient le prix Goncourt: à une virgule!», *Le Journal*, 30 novembre 1937.

21. Boileau, *Art poétique*, III, 42; Lettre à Paul Souday, 17 décembre 1919, *Corr.*, t. XVIII, p. 536. Voir aussi la lettre à J.- H. Rosny aîné, peu avant le 23 décembre 1919, *Corr.*, t. XVIII, p. 544 - 547. — *La Vie parisienne*, 3 janvier 1920; *Le Populaire*, 12 décembre 1919; *L'Humanité*, 11 décembre 1919; *Le Radical*, 11 décembre 1919; *L'Œuvre*, 12 décembre 1919; *Le Populaire*, 16 décembre 1919; *Le Cri de Paris*, 7 décembre 1919; *La Lanterne*, 6 décembre 1919. — Lettre à la princesse de Polignac, début de février 1920, *Proust du temps perdu au temps retrouvé, Lettres et manuscrits*, Aristophil éditions / Musée des Lettres et Manuscrits / Éditions des Équateurs, 2010, p. 33.

22. Véhem ( pseudonyme de Victor Méric), «Rondeau - Goncourt», *Le Merle blanc*, 13 décembre 1919.

23. Lettre à l'abbé Mugnier, derniers jours de décembre 1919, *Corr.*, t. XVIII, p. 571.

24. Fernand Vandérem, «Les lettres et la vie», *La Revue de Paris*, 15 janvier 1920.

25. Maurice Levaillant, «Du côté de chez les Goncourt», *Le Figaro*, 8

février 1920.

26. Paul Souday, «Les livres», *Le Temps*, 1<sup>er</sup> janvier 1920.

27. Jacques Rivière, «Le prix Goncourt», *La Nouvelle Revue française*, janvier 1920, p. 152 – 154.

28. Pierre Valmont, *La Dépêche de Brest*, 16 décembre 1919.

29. Jean Pellerin, «Le Prix Goncourt», *La Lanterne*, 11 décembre 1919.

30. Binet – Valmer, «La Semaine littéraire», *Comœdia*, 5 octobre 1919.

31. Binet – Valmer, «La Semaine littéraire», *Comœdia*, 14 décembre 1919.

32. Paul Souday, «Les livres», *Le Temps*, 1<sup>er</sup> janvier 1920.

33. Binet – Valmer, «La Semaine littéraire», *Comœdia*, 28 décembre 1919.

34. Sylvie Ducas, «La place marginale des écrivains francophones dans le palmarès des grands prix d'automne», *Outre-mers*, t. 88, n° 332 – 333, 2<sup>d</sup> semestre 2001, p. 354. — Roland Dorgelès, *Le Réveil des morts*, Albin Michel, 1923, p. 63.

35. Adrien Bertrand, *L'Appel du sol*, Calmann – Lévy, 1916, p. 272. — Georges Drouilly, «Roland Dorgelès», *Le Gaulois*, 14 décembre 1919. — Binet – Valmer, «La Semaine littéraire», *Comœdia*, 2 novembre 1919.

36. Voir Joseph Czapski, *Proust contre la déchéance, Conférences au camp de Griazowietz*, Éditions Noir sur Blanc, 2011; Varlam Chalamov, *Récits de la Kolyma*, traduit du russe par Sophie Benech, Catherine Fournier et Luba Jurgenson, Verdier, 2003, p. 1043 – 1067. — *Essais critiques*, n° 1, 1<sup>er</sup> janvier 1920, p. 12 – 13. Sur Marcel Azaïs, voir *L'Action française*, 13, 14 et 16 septembre 1924. — Jacques Rivière, *Carnets ( 1914 – 1917)*, présentés et annotés par Isabelle Rivière et Alain Rivière, Fayard, 1974, p. 427.

37. *Le Côté de Guermantes*, RTP, t. II, p. 411. — Lettre à Henri de Régnier, 14 avril 1920, *Corr.*, t. XIX, p. 215. — Lettre à Rachilde, 10 janvier 1920, *ibid.*, p. 56.

## 中了法兰西行动党的毒（1919年5月—1920年4月）

1. *Le Pays*, 12 décembre 1919. Voir aussi *Paris – Midi*, 11 décembre 1919, et *Le Siècle*, 12 décembre 1919. — René Leboucq, «Le prix Goncourt», *L'Entente*, 11 décembre 1919.

2. Henri Barbusse, «Le groupe "Clarté"», *L'Humanité*, 10 mai 1919. — Shaul Ginsburg, «Raymond Lefebvre et le mouvement "Clarté"», *Le*

Mouvement social, Les Éditions ouvrières, n° 60, juillet-septembre 1967, p. 49. — Victor Cyril, «Un as de Cinéma», *Le Populaire*, 27 décembre 1919. — Raymond Lefebvre, «Les Livres», *Le Populaire*, 21 septembre 1919. — «L'appel du groupe "Clarté"», *L'Humanité*, 20 août 1919.

3. «L'année de la victoire», *Le Populaire*, 15 décembre 1919.

4. Georges Clairet, «Le prix Goncourt à Marcel Proust», *Le Journal du peuple*, 11 décembre 1919; *Le Populaire*, 14 décembre 1919; Jean Jacquemont, «Chronique parisienne», *Le Petit Havre*, 16 décembre 1919; Georges de La Fouchardière, «Cuisine électorale», *L'Œuvre*, 12 décembre 1919; *Le Pays*, 12 décembre 1919.

5. Roland Dorgelès, *Je t'écris de la tranchée*, p. 61. — Roland Dorgelès, *Les Croix de bois*, p. 182 – 190. — André Billy, *Le Balcon au bord de l'eau*, p. 68.

6. Jacques Rivière, «Proust. Détails biographiques», *Quelques progrès dans l'étude du cœur humain*, p. 32. — Léon Daudet, «Le Drame de Marcel Proust», *L'Action française*, 26 octobre 1937.

7. «Un esprit et un génie innombrables», *Contre Sainte – Beuve*, p. 603.

8. Henri Barbusse, «Évocation», *Le Banquet*, n° 8, mars 1893, p. 242; «Retour» et «Tercets», *ibid.*, n° 7, février 1893, p. 196 – 200; Marcel Proust, «Violante ou la Mondanité», *ibid.*, p. 201 – 208. Voir *Les Plaisirs et les Jours*, p. 69 – 79.

9. Raymond Lefebvre, «En marge du Prix Concourt [*sic*]», *Clarté*, 13 décembre 1919.

10. Jacques Rivière, «Marcel Proust et la tradition classique», *La Nouvelle Revue française*, février 1920, p. 193 – 194.

11. Lettre à J.–H. Rosny aîné, peu avant le 23 décembre 1919, *Corr.*, t. XVIII, p. 545. — Lettre à Paul Souday, 17 décembre 1919, *Corr.*, t. XVIII, p. 535.

12. Lettre à l'abbé Mugnier, derniers jours de décembre 1919, *Corr.*, t. XVIII, p. 570.

13. Léon Daudet, *Vers le roi*, p. 162; Paul Léautaud, 17 mai 1933, *Journal littéraire*, t. 2, p. 1147.

14. *Comœdia*, 23 décembre 1919. Barbusse n'a en fait obtenu que huit voix, le 15 décembre 1916, pour *Le Feu* (*Registre*, Archives de l'Académie Goncourt, quatre-vingt-huitième réunion).

15. Alban Cerisier, *Brève histoire de La NRF*, Gallimard, p. 233 – 246. —

*La Revue universelle*, 1$^{er}$ avril 1920, p. 1. — «Pour un parti de l'intelligence», *Le Figaro* (supplément littéraire), 19 juillet 1919. — Pierre Lasserre, «Marcel Proust humoriste et moraliste», *La Revue universelle*, 15 juillet 1920.

16. Joachim Gasquet, «Un jeune, enfin!!! L'Académie des Goncourt décerne son prix», *L'Éclair*, 11 décembre 1919. — Jean de Pierrefeu, «Le Prix Goncourt», *Journal des débats*, 12 décembre 1919.

17. Henri Massis, *Maurras et notre temps*, Paris – Genève, La Palatine, 1951, p. 131. — Jean Schlumberger, «Sur le Parti de l'Intelligence», *La NRF*, 1$^{er}$ octobre 1919, p. 789. — Jacques Rivière, «L'Évolution du sentiment national», *Une conscience européenne 1916 – 1924*, textes présentés et annotés par Yves Rey – Herme avec la collaboration d'Alain Rivière et de Bernard Melet, Gallimard, «Les Cahiers de la NRF», 1992, p. 73; voir *La Nouvelle Revue française*, septembre, octobre, novembre 1919 et janvier 1920. — Jacques Rivière, «Catholicisme et nationalisme», *La Nouvelle Revue française*, novembre 1919, p. 968; *Une conscience européenne, ibid.*, p. 144.

18. Lettres à Jacques Rivière, premiers jours de septembre 1919 et 2 ou 3 décembre 1919, *Corr.*, t. XVIII, p. 387 – 388 et 496. — *Le Temps retrouvé*, *RTP*, t. IV, p. 466 – 467.

19. Binet – Valmer, «La Semaine littéraire», *Comœdia*, 14 décembre 1919. — Raymond Lefebvre, «En marge du prix Concourt [sic]», *Clarté*, n° 6, 13 décembre 1919. — Julien Benda, *La Trahison des clercs*, Grasset, 1927, p. 298. Voir Edward J. Hughes, «Proust, Benda et la "passion nationale"», *Proust écrivain de la Première Guerre mondiale*, sous la direction de Philippe Chardin et Nathalie Mauriac Dyer, Éditions universitaires de Dijon, 2014, p. 101 – 109.

20. *La Croix*, 12 décembre 1919. — Abbé Louis Bethléem, *Romans à lire et romans à proscrire*, p. 163. — Charles Bourdon, «Les Romans», *Romans – Revue*, 15 janvier 1920, p. 26.

21. «Chronique littéraire», *Revue des jeunes*, 10 avril 1920.

22. Lettre à Robert Vallery – Radot, peu après le 10 avril 1920, *Corr.*, t. XIX, p. 201.

霍朗・多热莱斯,龚古尔奖(1919 年—1999 年)

1. Lettre à Paul Souday, 1$^{er}$ janvier 1920, *Corr.*, t. XIX, p. 37.

2. Jean Dufresne, «Lecture de Marcel Proust», *Amérique française*, Montréal, novembre 1941, p. 35.

3. Le Mandarin, «Petite gazette de la littérature», *L'Événement*, 16 décembre 1919.

4. Voir par exemple *L'Action française*, *Excelsior*, *Le Figaro*, *Le Journal*, *Le Matin*, *Le Petit Journal*, *Le Petit Parisien*, 18 décembre; *L'Intransigeant*, *L'Œuvre*, *Journal des débats*, 19 décembre; *Le Temps*, *Le Gaulois*, 20 décembre; *Comœdia*, 27 décembre.

5. Dans *Le Figaro* et *Le Petit Journal* du 18 décembre 1919.

6. Lettre à Gaston Gallimard, 21 décembre 1919, *MP – GG*, p. 216. — Lettre de Gaston Gallimard, 22 décembre 1919, *ibid.*, p. 218.

7. Lettre à Gaston Gallimard, peu après le 26 décembre 1919, *MP – GG*, p. 223.

8. «Les prix littéraires», *L'Indiscret*, 25 décembre 1919. — *La Liberté*, 15 février 1920.

9. «Encore le prix Goncourt», *L'Opinion*, 27 décembre 1919.

10. Lettre à Jacques Boulenger, 20 décembre 1919, *Corr.*, t. XVIII, p. 542. Voir lettre à Binet – Valmer, 14 décembre 1919, *Corr.*, t. XVIII, p. 528, et *Corr.*, t. XIX, p. 56.

11. «Tribunal de Commerce de la Seine, Jugement du 20 mai 1920, Aff.: Soc. gallimard c. albin michel». *La Publicité*, n[os] 149 – 150, juillet-août 1920, p. 305. — *L'Intransigeant*, 4 juin 1920. — Lettre à Paul Morand, premiers jours de janvier 1920, *Corr.*, t. XIX, p. 45.

12. Emmanuel Haymann, *Albin Michel. Le roman d'un éditeur*, Albin Michel, 1993, p. 100 – 101.

13. «Tribunal de Commerce de la Seine, Jugement du 20 mai 1920, Aff.: Soc. gallimard c. albin michel», *La Publicité*, n[os] 149 – 150, juillet-août 1920, p. 304 – 306.

14. Lettre de Gaston Gallimard, 31 mai 1920, *MP – GG*, p. 249.

15. «Dans les lettres», *Le Canard enchaîné*, 9 juin 1920.

16. Lettre de Jean – Gustave Tronche, 4 juillet 1919, *MP – GG*, p. 182.

17. «La question du livre», *Journal de Genève*, 25 août 1919.

18. *L'Intransigeant*, 14 décembre 1919.

19. Lettres à Gaston Gallimard, 2 et 3 décembre 1919, *MP – GG*, p. 202 et 208. — Lettre de Gaston Gallimard, 17 décembre 1919, *MP – GG*, p. 213.

20. Lettre de Jean – Gustave Tronche, 14 avril 1920, *Corr.*, t. XIX, p. 210. —

Lettre de Gaston Gallimard, 3 février 1922, *MP - GG*, p. 474. —— *MP - GG*, p. 213 - 214, n. 5. —— *L'Intransigeant*, 23 décembre 1919.

 21. Paul - André Benoit, «D'un seul prix Goncourt on fait deux volumes», *Bonsoir*, 2 janvier 1920.

 22. Lettre à Gaston Gallimard, peu après le 26 décembre 1919, *MP - GG*, p. 223 - 225.

 23. 印刷商接到了 3300 册的订单,但没有执行到位,只印了 3242 册。Lettre de Gaston Gallimard, 3 décembre 1919, *MP - GG*, p. 207. 一数字明细见附件。( Source: Thierry Laget, «L'attribution du prix Goncourt à Marcel Proust», *BIP*, n° 14, 1983, p. 63 - 71.)

 24. Cité par Jacques Alègre, «Les recalés du prix Goncourt», *L'Éducation nationale*, n° 806, 24 novembre 1966, p. 24.

 25. *Le Crapouillot de l'an 3000*, Noël 1919, p. 5; voir «Le jeu de massacre» de Jean Galtier - Boissière, *Le Crapouillot*, février 1933.

 26. Lettre à Jacques Boulenger, 10 ou 11 janvier 1920, *Corr.*, t. XIX, p. 60.

 27. Lettre à Paul Morand, premiers jours de janvier 1920, *Corr.*, t. XIX, p. 46.

 28. Louis Chadourne, *Carnets 1907 - 1925*, édition établie par Christiane F. Kopylov, Éditions des Cendres, 1994, p. 215.

 29. «Le Prix des Prix», *Les Annales politiques et littéraires*, 10 août 1935, p. 126 - 127. —— «Le referendum littéraire de "Paris - Presse"», *Paris - Presse - L'Intransigeant*, 14 juillet 1950. Voir *Le Figaro littéraire*, 3 juin 1950. —— «Cent disques, cent films et cent livres pour un siècle», *Le Monde*, 15 octobre 1999, p. 33.

 30. Site d'Albin Michel consulté le 28 août 2018: http: // www. albin-michel.fr/histoire.

 31. *Journal des débats*, 15 novembre 1920.

## 时光的另一边

 1. *Le Petit Parisien*, 5 et 9 décembre 1919. —— «Mon film», *Le Journal*, 9 décembre 1919. —— *La Presse*, 11 décembre 1919. —— A. Bontemps, «*To be or not to be*, Qui sera champion?», *Bonsoir*, 14 décembre 1919.

 2. *La Presse*, 11 décembre 1919.

 3. Jean Bastia, «À propos du prix Goncourt», *La Presse*, 14 décembre

1919.

4. Lettre à Maurice Levaillant, 25 janvier 1920, *Lettres & Manuscrits autographes*, catalogue de la vente des 26 et 27 avril 2017, Ader Nordmann, Paris, lot n° 208, p. 80.

5. Léon Daudet, «L'Académie Goncourt et son prix. *"Genus irritabile..."*», *L'Action française*, 30 novembre 1920.

6. Lucien Descaves, « Autour du prix Goncourt», *Le Journal*, 28 novembre 1920.

7. Lettre à Jacques Boulenger, 4 décembre 1920, *Corr.*, t. XIX, p. 652.

8. Jacques Boulenger, «Le prix Goncourt», *L'Opinion*, 18 décembre 1920; André Billy, *L'Œuvre*, 26 août 1919; Louis Léon – Martin, «Pour parler littérature», *La Vie parisienne*, 20 décembre 1919. — Lettre à Jacques de Lacretelle, 19 novembre 1920, *Corr.*, t. XIX, p. 606.

9. Lettre de Jean Giraudoux à Robert Émile – Paul, 24 novembre 1918, Galerie Thomas Vincent/Le Neuvième Manuscrit. — Déclaration de Giraudoux citée dans *L'Action française*, 3 janvier 1929.

10. Lettre de Francisco de Homem Christo, 15 mai 1920, Pyra Wise, «Un écrivain courtisé: vingt et une lettres inédites à Marcel Proust», *BIP*, n° 42, 2012, p. 19.

11. Lettre à Walter Berry, 7 juin 1922, *Corr.*, t. XXI, p. 248. Voir Pyra Wise, «Dix lettres inédites de Marcel Proust retrouvées au Kentucky», *BIP*, n° 34, 2004, p. 13 – 38.

12. Lettre à Florence Blumenthal, 25 septembre 1920, Pyra Wise, «Trois lettres et une dédicace inédites de Marcel Proust conservées à la Pierpont Morgan Library», *BIP*, n° 35, 2005, p. 29.

13. Lettres à Robert de Flers et à Jean Schlumberger, 16 juillet 1922, *Corr.*, t. XXI, p. 353 et 357.

14. Albert Thibaudet, «Réflexions sur la littérature, épilogue à la poésie de Stéphane Mallarmé», *La Nouvelle Revue française*, novembre 1926, p. 553, repris dans *Réflexions sur la littérature*, Gallimard, «Quarto», 2007, p. 1125.

15. Roger Gouze, *Les Bêtes à Goncourt*, p. 63.

16. Léon Daudet, «Le Drame de Marcel Proust», *L'Action française*, 26 octobre 1937. — Lettre de Léon Daudet, 11 août 1920, Pyra Wise, «Un écrivain courtisé: vingt et une lettres inédites à Marcel Proust», *BIP*, n° 42, 2012, p. 21 – 22. — Stéphane Giocanti, *C'était les Daudet*, p. 263.

17. Léon Daudet, *L'heure qui tourne*, Éditions de la Nouvelle France,

1945, p. 155. — Léon Daudet, «L'Universalité et le Roman», *L'Action française*, 23 novembre 1922. — Léon Daudet, *Médée*, Flammarion, 1935, p. 17 – 18.

18. «Vingt-cinquième anniversaire de la mort d'Edmond de Goncourt», *Belles – Lettres, art et critique*, n° 25, juillet 1921, p. 3. — Maurice Barrès, «Hommage», dans «Hommage à Marcel Proust», *La Nouvelle Revue française*, n° 112, 1$^{er}$ janvier 1923, p. 22.

19. Lettre à Henry Céard, 29 septembre 1920, *Corr.*, t. XIX, p. 489.

20. Envoi autographe à Jean Ajalbert, sur un exemplaire de *Sodome et Gomorrhe II*, 29 ou 30 avril 1922, *Corr.*, t. XXI, p. 154. — Carte de Jean Ajalbert à Robert Proust, 16 février 1926, Marcel Proust, *Fragments d'œuvres et correspondance III, Correspondance et varia*, BnF, Département des manuscrits, NAF 27352, f° 251.

21. Catalogue «Grand Palais 2016», librairie Le Feu Follet, Paris, n° 42. — Lettre à l'abbé Mugnier, derniers jours de décembre 1919, *Corr.*, t. XVIII, p. 569. — Lucien Descaves, «La semaine des grands prix littéraires ou le dernier jour des condamnés», *Le Journal*, 7 décembre 1923. — Lucien Descaves, «Opinions et souvenirs», *Le Journal*, 31 octobre 1937. — Lucien Descaves, *Souvenirs d'un ours*, p. 252.

22. René Benjamin, *La Galère des Goncourt*, p. 215.

23. Cité par Micheline Dupray, *Roland Dorgelès*, p. 284.

24. *Cent écrivains français répondent au «Questionnaire de Proust»*, préface de Léon Peillard, Albin Michel, 1969, p. 111 – 112.

25. Lettre à Gaston Gallimard, 1$^{er}$ février 1922, *MP – GG*, p. 473.

26. Cinquième entretien avec Roland Dorgelès, par Jacques Meyer, France Culture, 12 octobre 1966.

27. Lettre à Rachilde, 10 janvier 1920, *Corr.*, t. XIX, p. 56.

28. Cahier 61, BnF, NAF 16701, f° 111 v°; *RTP*, t. IV, p. 925.

## 印数比较

### 1919 年—1920 年《在花季少女倩影下》印数

| | |
|---|---|
| 1919 年 6 月 | 3300 册 |
| 1919 年 12 月 | 6600 册 |
| 1920 年 2 月 | 6600 册 |
| 1920 年 7 月 | 6600 册 |
| 总计 | 23100 册 |

### 1919 年—1920 年《木十字架》印数

| | |
|---|---|
| 1919 年 3 月 | 5507 册 |
| 1919 年 6 月 | 6121 册 |
| 1919 年 8 月 | 5794 册 |
| 1912 年 12 月 | 11776 册 |
| 1920 年 2 月 | 23524 册 |
| 1920 年 5 月 | 21629 册 |
| 1920 年 11 月 | 10807 册 |
| 总计 | 85158 册 |

《追寻逝去的时光》全版本累计印数（截至 1980 年 12 月 31 日）

| | |
|---|---|
| 斯万家那边 | 1263400 册 |
| 在花季少女倩影下 | 837000 册 |
| 盖尔芒特那边 | 526500 册 |
| 所多玛和蛾摩拉 | 526800 册 |
| 女囚 | 528100 册 |
| 女逃亡者（失踪的阿尔贝蒂娜） | 494800 册 |
| 寻回的时光 | 551200 册 |

（以上数据由伽利玛出版社、阿尔班·米歇尔出版社提供。另参见 *Correspondance Proust – Gallimard*, p. 231, note 4。）

# 报刊报道及评论总目

## 1919

Jacques Patin, «Chez le libraire», *Le Figaro*, 29 juin. — Bartholo [Robert Dreyfus], «Une Rentrée Littéraire», *Le Figaro*, 7 juillet. — Fernand Vandérem, «Les Lettres et la vie», *La Revue de Paris*, 15 juillet. — *L'Intransigeant*, 25 juillet. — Abel Hermant, «Du pastiche», *Le Figaro*, 3 août. — Denys Amiel, «À travers Marcel Proust», *Le Pays*, 5 août. — «A sequel to "Swann"», *The Times Literary Supplement* (Londres), 14 août. — Abel Hermant, «Méditation sur l'œuvre de M. Marcel Proust aux rives de la Mésopotamie», *Le Figaro*, 24 août. — André Billy, «À l'ombre des jeunes filles en fleurs ; Pastiches et mélanges par Marcel Proust», *L'Œuvre*, 26 août. — Dominique Braga, «*Du Côté de chez Swann — À l'ombre des jeunes filles en fleurs*, par Marcel Proust», *Le Crapouillot*, 1$^{er}$ septembre 1919. — Charles Régismanset, «Chronique des livres», *La Dépêche coloniale et maritime*, 21 et 22 septembre 1919. — Raymond Lefebvre, «Les Livres», *Le Populaire*, 21 septembre. — Jacques-Émile Blanche, «Critique "sociale"», *Le Figaro*, 22 septembre. — Louis Léon-Martin, «À l'ombre d'un jeune homme en boutons», *Le Crapouillot*, 1$^{er}$ octobre. — Binet-Valmer, «La Semaine littéraire», *Comœ-*

dia, 5 octobre. — Nicolas Ségur, «La vie littéraire», *La Revue mondiale*, 15 octobre. — Jacques des Gachons, «La Vie littéraire», *Je sais tout*, 15 octobre - 15 novembre. — «Un livre tout indiqué», *L'Homme libre*, 21 octobre. — Gaston Rageot, «Jeunes Filles», *Le Gaulois*, 25 octobre. — Jacques - Émile Blanche, «Le Mouvement Dada», *Le Figaro*, 27 octobre. — Paul Souday, «Les livres», *Le Temps*, 31 octobre.

Fernand Vandérem, «Les Lettres et la vie», *La Revue de Paris*, novembre. — *L'Europe nouvelle*, 1$^{er}$ novembre. — Binet - Valmer, «La Semaine littéraire», *Comœdia*, 2 novembre. — Henriette Charasson, «À propos de *L'Aube ardente* d'Abel Hermant», *Le Rappel*, 3 novembre. — Charly Clerc, «Réflexions sur Marcel Proust», *La Semaine littéraire* (Genève), 8 novembre. — Camille Marbo, *La Revue du mois*, 10 novembre. — André Lang, *Les Annales politiques et littéraires*, 16 novembre. — *Le Cri de Paris*, 16 novembre. — Gaston Picard, «Le prochain prix Goncourt», *La Renaissance politique, littéraire, économique*, 22 novembre. — André Warnod, «Qui aura le prix Goncourt?», *L'Europe nouvelle*, 29 novembre. — «Pour le prix Goncourt», *Le Carnet de la semaine*, 30 novembre.

12月5日

«Les nuits et les ennuis de la "Vie Heureuse"», *L'Homme libre*. — Lucien Descaves, «Les Prix littéraires», *Le Journal*.

12月6日

André Warnod, *L'Europe nouvelle*. — Le Lanternier, «Place aux jeunes», *La Lanterne*. — «Avant le prix Goncourt», *L'Opinion*.

12月7日

«Le déjeuner des Goncourt», *Aux écoutes*. — *Le Cri de Paris*.

12月8日

René Leboucq, «Le prix Goncourt», *L'Entente*. — «Entre la cave et le grenier», *L'Homme libre*.

12月9日

Les Treize, *L'Intransigeant*. — «Mon film», *Le Journal*. — «Nouvelles littéraires», *La Liberté*.

12月10日

Raymond de Nys, «À qui la palme? Aujourd'hui les Goncourt décernent leur prix», *L'Éclair*. — Marcel Laurent, «Goncourt et son prix», *L'Événement*. — Louis Méritan [Paul Lombard], «Autour d'un prix», *L'Homme libre*. — «Le testament et le prix des Goncourt», *L'Humanité*. — Les Treize, *L'Intransigeant*. — Georges Clairet, «Le prix Goncourt. Quelques jeunes romanciers», *Le Journal du peuple*. — *La Liberté*. — *La Presse*. — André Billy, «Le Prix Goncourt», *L'Œuvre*.

12月11日

Alain Mellet, «M. Marcel Proust l'emporte sur M. Roland Dorgelès», *L'Action française*. — René Sudre, «Le prix Goncourt. Les Dix l'ont attribué à M. Marcel Proust», *L'Avenir*. — André Warnod, *L'Avenir*. — «Le prix Goncourt est décerné aujourd'hui», *Bonsoir*. — Jean Valmy-Baysse, «Le prix Goncourt. Les Dix ont couronné *À l'ombre des jeunes filles en fleurs* de M.

Marcel Proust», *Comœdia*. — Paul Gsell, «Au jour le jour», *La Démocratie nouvelle*. — Gérard Bauër, «Le prix Goncourt à M. Marcel Proust», *L'Écho de Paris*. — Joachim Gasquet, «Un jeune, enfin!!!», *L'Éclair*. — M. Gérault - Richard, «Les trois petits tours du scrutin», *L'Éclair*. — René Leboucq, «Le prix Goncourt», *L'Entente*. — Jacques Rivière, «Marcel Proust», *Excelsior*. — «Le vote des Goncourt», *Excelsior*. — «L'attribution du prix Goncourt», *L'Express du Midi*. — «Marcel Proust», *Le Figaro*. — «Le prix Goncourt. L'œuvre de Marcel Proust», *La France*. — *La France libre*. — Gaston Rageot, «Prix Goncourt», *Le Gaulois*. — Louis Méritan [ Paul Lombard ], «Le prix Goncourt», *L'Homme libre*. — «L'attribution du prix Goncourt. M. Marcel Proust l'emporte», *L'Humanité*. — Victor Snell, «Place aux vieux!», *L'Humanité*. — *L'Intransigeant*. — «Qui aura le prix Goncourt?», *L'Information*.— «Le prix Goncourt est décerné à M. Marcel Proust», *Le Journal*. — «Le prix Goncourt», *Journal des débats. Dossier de presse* — Georges Clairet, «Le prix Goncourt à Marcel Proust», *Le Journal du peuple*. — Jean Pellerin, «Le Prix Goncourt», *La Lanterne*. — Robert Kemp, «Le quinzième prix Goncourt», *La Liberté*. — *La Libre Parole*. — «M. Proust obtient le Prix Goncourt pour 1919», *Le Matin*. — *Le Midi*. — *Le Moniteur du Puy - de - Dôme*. — «On a attribué hier le prix Goncourt», *La Montagne*. — «Les Dix accordent le prix Goncourt à M. Marcel Proust», *L'Œuvre*. — *Ouest - Éclair*. — «Courrier», *Le Pays*. — *Le Petit Journal*. — *Le Petit Marseillais*. — *Le Petit Méridional*. — Eugène de Feuquières, «Chez M. Marcel Proust», *Le Petit Parisien*. — «On a attribué hier le prix Goncourt», *Le Petit Provençal*. — *Le Petit Var*. — *La Petite République*. — *La Presse*. — L'Homme d'Écoute, «Échos», *Le Radical*. — «Le prix Goncourt», *La République française*. — *Le Temps*. — *Le XIX$^e$ siècle*.

12 月 12 日

Léon Daudet, «Un nouveau et puissant romancier», *L'Action française*. — Saint-Ausone, «Le temps perdu», *L'Avenir*. — «Le prix Goncourt», *La Bataille*. — «Marcel Proust», *Bonsoir*. — *La Croix*. — *L'Éclair*. — Francis de Miomandre, «Le Prix Goncourt. Marcel Proust», *L'Événement*. — René Després [René Clair], «Quelques mots sur... M. Marcel Proust», *L'Intransigeant*. — *Journal de Genève*. — Jean de Pierrefeu, «Le Prix Goncourt», *Journal des débats*. — «Le Lauréat du prix Goncourt», *La Justice*. — Le Fils Diogène, «Le rayon de la lanterne à travers les feuilles», *La Lanterne*. — Georges de La Fouchardière, «Cuisine électorale», *L'Œuvre*. — «Notre carnet», *Le Pays*. — *La Petite République*. — Noël Garnier, «À l'ombre des Goncourt», *Le Populaire*. — Georges Parville, «Le nouveau prix Goncourt», *Le Rappel*. — Francis Carco, «L'opinion d'un candidat malheureux», *Le Siècle*. — Le Planton, *Le Siècle*. — «Le prix Goncourt», *La Voix nationale*.

12 月 13 日

Lucien Dubech, 《Le prix de la "Vie heureuse"》, et Orion (pseudonyme d'Eugène Marsan), 《Sur Marcel Proust et le prix Goncourt》, *L'Action française*. — Edmond Gojon, 《Le prix Goncourt》, *L'Afrique du Nord illustrée*. — 《Le prix de la "Vie Heureuse"》, *L'Avenir*. — André Warnod, 《Le lauréat d'hier》, *L'Avenir*. — 《Cinq autres mille francs》, *Bonsoir*. — Raymond Lefebvre, 《En marge du Prix Concourt [sic]》, *Clarté*. — Le Masque de Verre, 《Échos. Intimité》, *Comœdia*. — *La Dépêche du Berry*. — Gérard Bauër, 《M. Roland Dorgelès reçoit le prix de la "Vie Heureuse"》, *L'Écho de Paris*. — Raymond de Nys, 《La réunion chez Mme de Broutelles》, *L'Éclair*. — Joachim Gasquet, 《Le vrai jeune》, *L'Éclair*. — René Leboucq,

《Le Prix "Vie Heureuse"》, *L'Entente*, 1314 décembre. — André Warnod, 《M. Marcel Proust et le prix Goncourt》, *L'Europe nouvelle*. — 《"Vie Heureuse"》, *Le Figaro*. — 《Prix "Femina"》, *Le Gaulois*. — Milon, 《Le Prix Goncourt》, *Le Gaulois*. — 《Le prix de la Vie Heureuse. Une réparation》, *L'Humanité*. — 《M. Roland Dorgelès reçoit le prix "Vie heureuse"》, *Le Journal*. — 《Le Prix de la Vie Heureuse》, *Journal des débats*. — Jean Pellerin, 《À la louange du suffrage féminin. Le Prix Femina - Vie Heureuse à Roland Dorgelès》, *La Lanterne*. — 《Le Prix Hors - Goncourt》, *Le Merle blanc*. — Véhem [Victor Méric], 《Rondeau - Goncourt》, *Le Merle blanc*. — Robert Kemp, 《Le prix "Vie Heureuse"》, *La Liberté*. — André Billy, 《Les prix littéraires》, *L'Œuvre*. — 《Le prix Goncourt》, *L'Opinion*. — *Le Petit Journal*. — 《Le Prix Goncourt》, *Le Petit Niçois*. — *Le Petit Parisien*. — La Voyante, 《Le deuxième prix Goncourt》, *Le Populaire*. — Maurice de Waleffe, 《Les deux Académies》, *Le Siècle*.

12月14日

«Autre prix littéraire», *La Bataille*. — Robert Dieudonné, «Prix littéraire», *Bonsoir*. — «Lauréat», *Le Cri de Paris*. — Binet - Valmer, «La Semaine littéraire», *Comœdia*. — Martial Perrier, «La semaine parisienne», *L'Éclaireur de Nice*. — Georges Drouilly, «Roland Dorgelès», *Le Gaulois*. — Paul Lombard, «Roland Dorgelès», *L'Homme libre*. — Les Uns et les Autres, «Autour d'un prix», *L'Humanité*. — Les Treize, *L'Intransigeant*. — «Le Prix "Vie Heureuse"», *Journal des débats*. — «Académie Goncourt», *Journal officiel de la République française*. — «Les prix littéraires», *La Libre Parole*. — Jack Mercereau, «Les Lettres», *La Petite République*. — «Bravo, les femmes!», *Le Populaire*. — Jean Bastia, «À propos du prix Goncourt», *La*

Presse. — *Le Radical.* — Henriette Charasson, «La Vie littéraire», *Le Rappel.* — *Le XIX^e siècle.*

12月15日

«Jurys littéraires», *Bonsoir.* — Raoul Viterbo, «Prix littéraires», *Le Gaulois.* — Les Treize, *L'Intransigeant.* — «L'année de la victoire», *Le Populaire.* — Albert Guittard, «Le prix Goncourt», *Le Télégramme* (Toulouse).

12月16日

Pierre Valmont, «Le prix Goncourt. M. Marcel Proust a-til été frigorifié? "À l'ombre d'un jeune homme en bouton". Un mystère dévoilé», *La Dépêche de Brest.* — Louis Marsolleau, «À propos... d'un prix littéraire», *L'Éclair.* — Le Mandarin, «Petite gazette de la littérature», *L'Événement.* — Mme Alphonse Daudet [Julia Allard], «Tribune libre. Un Prix littéraire», *L'Intransigeant.* — Jean Jacquemont, «Chronique parisienne», *Le Petit Havre.*

12月17日

André Warnod, «Le prix de 500 000 francs», *L'Avenir.* — Marcel Maréchal, «À l'ombre d'une jeune fille en pleurs», *Le Canard déchaîné.* — Rodolphe Bringer, «M. Proust existe!», *Le Canard déchaîné.* — Victor Snell, «Payons l'impôt», *Le Canard déchaîné.* — Dominique Durandy, *Le Petit Marseillais.*

12月18日

Verax, «Prix Goncourt», *Le Cri du Nord.* — «Marcel Proust», *Les Hommes nouveaux.* — Véhem [Victor Méric], *Le Populaire.* — André

Chevalier, «Prix courant», *Les Potins de Paris*. — Talleyrand - Metternich, «Le Prix Goncourt», *Les Potins de Paris*. — Paul Souday, «Les livres», *Le Temps*.

12月20日

André Warnod, *L'Europe nouvelle*. — Jean Drole, «Les Prix Goncourt. Les futurs lauréats», *Le Merle blanc*. — Gabriel Reuillard, «Roland Dorgelès», *Le Merle blanc*. — Jacques Boulenger, «Marcel Proust», *L'Opinion*. — François Le Grix, «Le Prix Goncourt», *La Revue hebdomadaire*. — «Génies inconnus», *La Riviera* (Nice). — «Échos de partout», *La Semaine littéraire*. — Louis Léon - Martin, «Pour parler littérature», *La Vie parisienne*.

12月21日

Roland de Marès, «M. Marcel Proust et le Prix Goncourt», *Les Annales politiques et littéraires*. — «Stratégie littéraire», *Aux écoutes*. — «Lundi. Autour du prix Goncourt», *Le Carnet de la semaine*. — «Comment ils votèrent», *Le Cri de Paris*. — J. Maillart, *La Voix nationale*.

12月22日

Henry Asselin, «Le prix Goncourt. L'ouvrage couronné», *L'Express de Mulhouse*. — Paul Cazaubon, «Prix littéraires», *Le Phare de la Loire, de Bretagne et de Vendée*.

12月23日

J.-H. Rosny aîné, «Le tréteau des lettres. L'opinion littéraire: le cas de M. Marcel Proust», *Comœdia*. — *L'Intransigeant*.

12月25日

«Les prix littéraires», *L'Indiscret*. — Roger Allard, «Le prix Goncourt», *Le Nouveau Spectateur*, 10 - 25 décembre.

12月27日

*Comœdia*. — Albéric Cahuet, «Prix littéraires», *L'Illustration*. — Ludoveau Nadic, «La mode nationale», *Le Merle blanc*. — «Encore le prix Goncourt», *L'Opinion*. — Victor Cyril, «Un as de Cinéma», *Le Populaire*. — «Histoire de deux prix», *La Vie parisienne*.

12月28日

A. M. [A. de Montgon?], «Le prix Goncourt», *Le Charivari*. — Binet Valmer, «La Semaine littéraire», *Comœdia*. — Aristide, *Aux écoutes*.

1920

Pisanello, «Marcel Proust», *Belles - Lettres, art et critique*, janvier. — Edmond Jaloux, «L'œuvre de Marcel Proust», *Les Écrits nouveaux*, janvier-février. — H. L. P., «Le prix Femina», *Femina*, janvier. — Louis Aragon, *Littérature*, janvier. — Jacques Rivière, «Le prix Goncourt», *La Nouvelle Revue française*, janvier. — Charles de Saint - Cyr, «À propos du prix Goncourt. Et le roman? Et la jeunesse?», *La Renaissance du livre*, janvier. — Comtesse Laetitia, «À l'Ombre des Jeunes Filles en Fleurs», *Simple revue*, janvier-mars. — Marcel Azaïs, «À l'ombre des jeunes filles en fleurs», *Essais critiques*, 1$^{er}$ janvier. — Rachilde, *Mercure de France*, 1$^{er}$ janvier. — Georges

Le Cardonnel, «À propos du prix Goncourt et du prix de la Vie Heureuse», *La Minerve française*, 1er janvier. — Paul Souday, «Les livres», *Le Temps*, 1er janvier. — Paul - André Benoit, «D'un seul prix Goncourt on fait deux volumes», *Bonsoir*, 2 janvier. — Jean de Pierrefeu, *Journal des débats*, 2 et 3 janvier. — Jean Bernier, «Les Livres», *L'Europe nouvelle*, 3 janvier. — Maurice Verne, «La galerie des écrivains contemporains. M. Marcel Proust», *L'Information*, 3 janvier. — Eugène Marsan, «Le premier Livre de Marcel Proust», *Le Gaulois*, 3 janvier. — «Lettre à l'Académie des Concours», *La Vie parisienne*, 3 janvier. — «Le plus grand critique français», *L'Ère nouvelle*, 6 janvier. — La Voyante, «Un critique qui s'ignore», *Le Populaire*, 9 janvier. — Jacques Boulenger, «Sur Marcel Proust», *L'Opinion*, 10 janvier. — André Thérive, «Des lauréats», *La Revue critique des idées et des livres*, 10 janvier. — A. M. [A. de Montgon?], *Le Charivari*, 11 janvier. — Marcel Boulenger, «La noblesse magique», *Comœdia*, 12 janvier. — André Varagnac, «Le Cas Marcel Proust. Un maître indésirable», *Le Crapouillot*, 15 janvier. — André Warnod, «Du Testament à l'Académie Goncourt», *Le Crapouillot*, 15 janvier. — Georges Le Cardonnel, «Les œuvres de M. Marcel Proust», *La Minerve française*, 15 janvier. — Talleyrand - Metternich, «Littérature ou littératuture», *Les Potins de Paris*, 15 janvier. — Fernand Vandérem, «Les lettres et la vie», *La Revue de Paris*, 15 janvier. — Charles Bourdon, «Les Romans», *Romans - Revue*, 15 janvier. — Louis Handler, «Hommage à Mme Réjane», *Comœdia*, 20 janvier. — «Nouvelles des arts et des lettres», *Le Progrès*, 23 janvier. — Jean - Louis Vaudoyer, «La Leçon du Louvre», *L'Opinion*, 24 janvier. — J. Lasserre, «Échos artistiques et littéraires», *Les Échos de France*, 25 janvier.

Jacques Rivière, «Marcel Proust et la tradition classique», *La Nouvelle*

*Revue française*, février. — Lénis, «La quinzaine des livres», *Le Médecin français*, 1ᵉʳ février. — Léon Bocquet, «Lettre de Paris», *La Renaissance d'Occident*, 1ᵉʳ février. — Charles Cousin, *Rythme et synthèse*, février. — *Le Livre des livres*, 1ᵉʳ février. — Maurice Mérall, «Encéphalite léthargique», *Les Potins de Paris*, 5 février. — *Les Jours nouveaux*, 5 février. — Maurice Levaillant, «Du côté de chez les Goncourt», *Le Figaro*, 8 février. — «Double Prix Goncourt en 1919?», *La Liberté*, 15 février. — Gonzague Truc, «De quelques déformations de l'art littéraire», *La Minerve française*, 15 février. — M. D., «Un scandale littéraire», *Le Journal amusant*, 21 février. — Joseph Gahier, «À l'Ombre des jeunes Filles en Fleurs», *Le Nouvelliste de Bretagne*, 23 février. — Félicien Pascal, «Revue des revues», *Le Gaulois*, 28 février. — Maurice Levaillant, «Quelques revues», *Le Figaro*, 29 février.

Gustave – Louis Tautain, «Prix littéraires», *Le Carnet critique*, mars. — Pierre Mélèze, «À propos du prix Goncourt 1919», *Le Scarabée*, mars. — Wieland Mayr, «Montaigne (et M. Proust) contre Buffon (Essai sur le Style)», *Les Feuilles libres*, mars-avril. — Talleyrand – Metternich, «Les belles relations», *Les Potins de Paris*, 25 mars. — Le Gardien du collier, «Le collier de perles», *Le Journal amusant*, 27 mars. — Pierre Lafue, «Le mouvement intellectuel en France», *La Gazette de Lausanne* (Suisse), 28 mars.

«Le prix Goncourt», *La Mouette*, avril. — L.J.F., *La Revue mondiale*, 1ᵉʳ avril. — Charles Du Bos, «Letters from Paris I: Le Prix Goncourt», *The Athenaeum* (Londres), 9 avril. — René Salomé, «Les revues», *Revue des jeunes*, 10 avril. — «L'Élixir de jouvence», *L'Ère nouvelle*, 13 avril. — Albert Thibaudet, «Marcel Proust and the analytic novel», *London Mercury* (Londres), mai.

«Il n'y a qu'un prix Goncourt», *Le Matin*, 2 juin. — *Comœdia*, 3 juin. — *Le Temps*, 3 juin. — «Duel d'éditeurs», *L'Intransigeant*, 4 juin. — Félix Guirand, *Larousse mensuel illustré*, juillet. — *La Publicité*, juillet-août. — «Échos», *Le Journal amusant*, 3 juillet. — Pierre Lasserre, «Marcel Proust humoriste et moraliste», *La Revue universelle*, 15 juillet. Alexander Guy Holborn Spiers, «Proust the Much – Discussed and Others», *The Bookman* (New York), septembre. — Jacques Rivière, «M. Pierre Lasserre contre Marcel Proust», *La Nouvelle Revue française*, septembre. — Gilbert Charles, «Marcel Proust», *La Revue critique des idées et des livres*, 25 septembre. — «Un maître de l'analyse sentimentale. M. Marcel Proust», *Femina*, 1er octobre. — Lucien Descaves, «Autour du prix Goncourt» *Le Journal*, 28 novembre. — Jacques Boulenger, «Le prix Goncourt», *L'Opinion*, 18 décembre.

## 致　谢

　　1981年，我开始研究1919年龚古尔奖，得到了龚古尔文学院秘书阿尔芒·拉努（Armand Lanoux）、菲利普·科尔布（Philip Kolb），以及——当时就如此幸运——让-伊夫·达迪耶（Jean-Yves Tadié）的鼓励。将近四十年后，我重拾这些研究，发现在此期间，一切，或几乎一切都两样了，仿佛我本来要讲的是另一个故事。我怀疑自己四十年后还能对这个令我如此沉醉的课题再做一番总结，但如有必要，我仍会乐此不疲，因为届时将轮到我自己庆祝百岁诞辰。

　　在这天来临——该什么时候来就什么时候来——之前，我谨向哲罗姆·巴斯蒂亚内利（Jérôme Bastianelli）、蒂耶里·布沙尔（Thierry Bouchard）、安德烈·戴瓦尔（André Derval，当代出版记忆研究院）、米舍琳娜和利奥奈尔·迪普莱（Micheline et Lionel Dupray）、哲罗姆·勒鲁瓦（Jérôme Leroy，巴约市多媒体图书馆）、皮埃尔·米歇尔（Pierre Michel）、保拉·莫洪（Paule Moron）、雅克·雷达（Jacques Réda）、威廉·特里（William Théry）、吉斯莱娜·圣捷

(Ghislaine Saintier),以及阿里亚娜·拉热(Ariane Laget)和巴蒂斯特·拉热(Baptiste Lagct)致谢,是他们使我有幸能为这幅画卷补上新的色彩。

图书在版编目（CIP）数据

普鲁斯特，龚古尔奖：一场文学骚乱/(法) 蒂耶里·拉热著；赵一凡译.
-- 上海：上海文艺出版社,2020
ISBN 978-7-5321-7696-0
Ⅰ.①普… Ⅱ.①蒂… ②赵… Ⅲ.①普鲁斯特－人物研究 Ⅳ.①K835.655.6
中国版本图书馆CIP数据核字(2020)第150790号

Proust, Prix Goncourt by Thierry Laget
© Éditions Gallimard, 2019
著作权合同登记图字：09-2019-807号

发 行 人：毕　胜
责任编辑：曹　晴
封面设计：朱云雁

书　　名：普鲁斯特，龚古尔奖：一场文学骚乱
作　　者：(法) 蒂耶里·拉热
译　　者：赵一凡
出　　版：上海世纪出版集团　上海文艺出版社
地　　址：上海市绍兴路7号　200020
发　　行：上海文艺出版社发行中心
　　　　　上海市绍兴路50号　200020　www.ewen.co
印　　刷：上海华教印务有限公司
开　　本：889×1194　1/32
印　　张：8.625
插　　页：2
字　　数：140,000
印　　次：2020年9月第1版　2020年9月第1次印刷
Ｉ Ｓ Ｂ Ｎ：978-7-5321-7696-0/K·414
定　　价：49.00元
告 读 者：如发现本书有质量问题请与印刷厂质量科联系　T：021-66243241